Die Europäische Sozialcharta

Springer
Berlin
Heidelberg
New York
Barcelona
Hongkong
London
Mailand
Paris
Tokio

Europarat
(Herausgeber)

Die Europäische Sozialcharta

Ein Leitfaden

Springer

COUNCIL OF EUROPE CONSEIL DE L'EUROPE

Council of Europe
F-67075 Strasbourg Cedex
Frankreich

Übersetzt von Ralph Czarnecki, Berlin

ISBN 3-540-43273-6 Springer-Verlag Berlin Heidelberg New York

Die Deutsche Bibliothek - CIP-Einheitsaufnahme
Die europäische Sozialcharta: ein Leitfaden / Hrsg.: Council of Europe. - Berlin; Heidelberg; New York; Barcelona; Hongkong; London; Mailand; Paris; Tokio: Springer, 2002
ISBN 3-540-43273-6

Springer-Verlag Berlin Heidelberg New York
ein Unternehmen der BertelsmannSpringer Science+Business Media GmbH

Umschlaggestaltung: Erich Kirchner, Heidelberg

SPIN 10861717 64/2202-5 4 3 2 1 0 – Gedruckt auf säurefreiem Papier

Der Europarat

Der Europarat wurde 1949 gegründet, um nach dem Zweiten Weltkrieg den europäischen Wiederaufbau auf Grundlage gemeinsamer Werte zu stärken, deren Missachtung eine Zeit der Konflikte und der Barbarei herbeigeführt hatte.

Zur Zeit umfasst die Organisation 41 Mitgliedstaaten – mit anderen Worten, fast alle Länder des europäischen Kontinents, 800 Millionen Europäer repräsentierend. Seit 1989 war der Rat einer der treibenden Kräfte bei der Zusammenführung von West-, Mittel- und Osteuropa. Er arbeitet darauf hin, einen gemeinsamen demokratischen und rechtlichen Raum zu schaffen, der auf Grundlage der Europäischen Menschenrechtskonvention strukturiert ist. Er entwickelt viele Formen der Zusammenarbeit für eine große Bandbreite an Themen, mit denen sich unsere Gesellschaften heute auseinandersetzen, einschließlich Bildung, sozialen Zusammenhalts, Schutzes nationaler Minderheiten, Kampfs gegen alle Formen der Intoleranz, Verhütung von Kriminalität and Korruption, Festigung örtlicher Demokratie und Stärkung des europäischen Kulturerbes.

Für weitere Informationen besuchen Sie bitte die Webseite: http://book.coe.fr

Vorwort

Dieser Leitfaden zur Europäischen Sozialcharta wurde erstellt vom Sekretariat der Generaldirektion II – Menschenrechte des Europarats als Antwort auf die Bedürfnisse, die von Staaten zum Ausdruck gebracht wurden, welche die Sozialcharta ratifiziert haben oder die Ratifizierung vorbereiten.

Insbesondere ist der Leitfaden das Ergebnis einer Initiative der bulgarischen Behörden, die in einem Seminar, das im Februar 1999 im Rahmen des ADACS-Programms stattfand, ihre Hoffnung zum Ausdruck brachten, dass ein Buch dieser Art erscheinen solle.

Sein Ziel ist es, in Form von leicht handhabbaren Informationsblättern sowohl kompakte als auch genaue Informationen darüber zu liefern, wie das Überwachungssystem der Sozialcharta funktioniert, und über die Hauptlinien der Rechtsprechung des Europäischen Sozialrechtsausschusses. Ein weiteres und ebenso wichtiges Kapitel behandelt die Wirkung der Sozialcharta auf die Staaten während der Vorbereitung der Ratifikation oder kurz danach.

Die drei Hauptteile des Leitfadens werden schließlich ergänzt durch praktische Informationen, einschließlich fünfzig Fragen zur Charta.

Daneben ist der Leitfaden allgemein ein Beitrag zu den Veröffentlichungen des Europarats zur Europäischen Sozialcharta, welche die nach Möglichkeit umfassendsten Erläuterungen zur Funktionsweise und Realität dieses Vertrages geben sollen. Die Bandbreite der Veröffentlichungen umfasst insbesondere die folgenden Titel:

- Die Sozialcharta des 21. Jahrhunderts (Kolloquium im Menschenrechtsgebäude am 14.-16. Mai 1997);
- Soziale Grundrechte - Rechtsprechung zur Europäischen Sozialcharta, von Lenia Samuel (2. Auflage 2000);
- Europäische Sozialcharta - Textsammlung (2. Auflage 2000).

Daneben konzentriert sich die Sammlung von Monographien zur Sozialcharta auf verschiedene Aspekte der Charta, fasst die Rechtsprechung zusammen und erläutert den Einfluss der Charta in verschiedenen Bereichen:

- Nr. 1: Die Familie
- Nr. 2: Gleichheit zwischen Männern und Frauen (2. Auflage)
- Nr. 3: Kinder und Jugendliche
- Nr. 4: Wanderarbeitnehmer und ihre Familien
- Nr. 5: Die Vereinigungsfreiheit und das Recht auf Kollektivverhandlungen
- Nr. 6: Arbeitsbedingungen (2. Auflage)

- Nr. 7: Sozialer Schutz
- Nr. 8: Arbeit, Berufsberatung und berufliche Ausbildung
- Nr. 9: Sitzungsbericht des multilateralen Seminars zum Entwurf des ersten Berichts zur Anwendung der Europäischen Sozialcharta (Straßburg, 6.-8. September 1999)
- Nr. 10: Kollektivbeschwerde Nr. 1/1998 - Internationale Juristenkommission (ICJ) gegen Portugal - Dokumente.

Schließlich sind weitere Informationen erhältlich auf der Webseite der Sozialcharta unter: http://www.socialcharter.coe.int

Sekretariat der Europäischen Sozialcharta
Mai 2000

Inhalt

Definitionen und Terminologie

Beratende Versammlung

Das beratende Organ des Europarats, bestehend aus Vertretern und Stellvertretern, die von den Abgeordneten der jeweiligen Landesparlamente ausgewählt werden.

Gemeinschaftscharta

1989 angenommene Erklärung der Staatsoberhäupter von elf Mitgliedstaten der Europäischen Union.

Europäische Sozialcharta

1961 angenommener Vertrag, nach dem die Mitgliedstaaten des Europarats als Vertragsparteien der Charta sich verpflichten, soziale and wirtschaftliche Menschenrechte zu achten.

Europäische Kommission

Das Exekutivorgan der Europäischen Union. Sie hat ihren Sitz in Brüssel und stellt sicher, dass die Vertragsbestimmungen und Entscheidungen der Organe der Europäischen Union richtig durchgeführt werden. Sie hat das Recht, Rechtssetzungsmaßnahmen einzuleiten.

Europäische Gemeinschaften

Gemeinschaft für Kohle und Stahl (1951), Wirtschaftsgemeinschaft und Atomenergiegemeinschaft (1957).

Ministerkomitee

Ein Organ bestehend aus den Außenministern der Mitgliedstaaten des Europarats.

Europarat

Eine 1949 gegründete internationale Organisation mit Sitz in Straßburg, der einundvierzig europäische Staaten angehören.

Rat der Europäischen Union (oder auch: Ministerrat)

Ein Organ bestehend aus Ministern der Mitgliedstaaten der Europäischen Union.

Europäischer Rat

Regelmäßige Treffen der Staats- und Regierungschefs der Mitgliedstaaten der Europäischen Union

Europäische Menschenrechtskonvention

Ein 1950 angenommener Vertrag, in dem Mitgliedstaaten des Europarats sich verpflichten, bürgerliche und politische Rechte und Freiheiten zu achten.

Europäischer Gerichtshof für Menschenrechte

Ein Gericht mit einundvierzig Richtern und Sitz in Straßburg, das die Erfüllung der Verpflichtungen unter der Europäischen Menschenrechtskonvention durch die Mitgliedstaaten des Europarats überwacht.

Gerichtshof der Europäischen Gemeinschaften

Ein Gericht mit Sitz in Luxemburg, das Europäisches Gemeinschaftsrecht durchsetzt und die Verträge der Europäischen Union interpretiert und anwendet.

Internationaler Gerichtshof

Das Gericht der Vereinten Nationen mit Sitz in Den Haag, das Streitigkeiten beilegt, die ihm von den Mitgliedstaaten vorgelegt werden, und in den Fällen entscheidet, die in der Charta der Vereinten Nationen vorgesehen sind.

Allgemeine Erklärung der Menschenrechte

Eine von der Generalversammlung der Vereinten Nationen 1948 angenommene Resolution, in der die grundlegenden bürgerlichen, politischen, wirtschaftlichen und sozialen Menschenrechte anerkannt werden.

Organisation für Sicherheit und Zusammenarbeit in Europa (OSZE)

Internationale Sicherheitsorganisation mit fünfundfünfzig Mitgliedstaaten. Ihre Ziele sind Konfliktverhütung, Krisenmanagement und Wiedereingliederung nach Konflikten.

Europäisches Parlament

Das Parlament der Europäischen Union. Seine Mitglieder werden von den Bürgern der Europäischen Union in allgemeiner Wahl aus den Mitgliedstaaten der Europäischen Union gewählt.

Europäische Union

Gegründet 1992 auf Grundlage des Europäischen Unionsvertrags. Umfasst zur Zeit fünfzehn europäische Staaten.

Teil A

Vorstellung und Erläuterung der Europäischen Sozialcharta

Informationsblatt A – 1

Die Europäische Sozialcharta

1. Die Sozialcharta und ihre Protokolle

Die Europäische Sozialcharta ist ein europäischer Vertrag, der 1961 zur Unterzeichnung aufgelegt wurde und 1965 in Kraft trat. Die Europäische Sozialcharta schützt soziale und wirtschaftliche Grundrechte und ergänzt die Europäische Menschenrechtskonvention, die den Schutz von bürgerlichen und politischen Rechten garantiert.

Die Charta ist heute in einundzwanzig europäischen Staaten umgesetzt:[1] Belgien, Dänemark, Deutschland, Finnland, Griechenland, Irland, Island, Luxemburg, Malta, Niederlande, Norwegen, Polen, Portugal, Slowakei, Spanien, Türkei, Österreich, Tschechische Republik, Ungarn, das Vereinigte Königreich und Zypern.

Andere Staaten haben die Charta unterzeichnet, aber noch nicht ratifiziert:[2] Diese sind Kroatien, Lettland, Liechtenstein, Schweiz und die „ehemalige jugoslawische Republik Mazedonien“.

Die Charta ist durch drei Protokolle ergänzt worden:

- Das Zusatzprotokoll vom 5. Mai 1988 (Protokoll Nr. 1, Informationsblatt A – 3) garantiert vier Gruppen von neuen Rechten; es trat 1992 in Kraft;
- Das Änderungsprotokoll vom 21. Oktober 1991 (Protokoll Nr. 2, Informationsblatt A – 5) oder Turiner Protokoll, hat das Überwachungssystem geändert;
- Das Zusatzprotokoll vom 9. November 1995 (Protokoll Nr. 3, Informationsblatt A – 7) hat ein System von Kollektivbeschwerden geregelt: Es trat am 1. Juli 1998 in Kraft.

Die revidierte Sozialcharta wurde 1996 zur Unterschrift aufgelegt, trat am 1. Juli 1999 in Kraft und wird die Charta von 1961 ersetzen (vgl. Informationsblatt A – 4).

---

1 Siehe Informationsblatt A – 4 für eine Liste der Vertragsparteien der revidierten Charta.

2 Diese Liste umfasst Staaten, welche die Charta unterzeichnet haben, nicht aber die revidierte Charta. Für eine Liste der Unterzeichnerstaaten der revidierten Charta, siehe Informationsblatt A – 4.

2. Von der Charta garantierte Rechte

Die Charta und ihr Zusatzprotokoll von 1991 garantieren eine Reihe von Grundrechten in Bezug auf Wohnung, Gesundheit, Bildung, Arbeit, sozialen Schutz und Nichtdiskriminierung. Diese können in zwei Kategorien eingeteilt werden:

a. Arbeitsbedingungen

- Nichtdiskriminierung in der Beschäftigung, Verbot der Zwangsarbeit;
- Gewerkschaftsrechte, das Recht auf Kollektivverhandlungen, das Recht der Arbeitnehmer auf Information und Anhörung sowie das Recht der Beteiligung bei der Festlegung und Verbesserung der Arbeitsbedingungen und der Arbeitsumwelt;
- das Recht auf gerechte Arbeitsbedingungen und auf ein gerechtes Arbeitsentgelt, einschließlich des Rechts von Männern und Frauen auf gleiches Entgelt für gleichwertige Arbeit;
- das Recht auf Berufsberatung und Berufsausbildung und die Integration behinderter Menschen in die Arbeitswelt;
- Verbot der Anstellung von Kindern unter fünfzehn Jahren und Schutz von Kindern zwischen fünfzehn und achtzehn Jahren;
- Rechte in Bezug auf Mutterschaft;
- Gleichbehandlung von Wanderarbeitnehmern.

b. Sozialer Zusammenhalt

- Das Recht auf Schutz der Gesundheit, das Recht auf soziale Sicherheit, das Recht auf Fürsorge und das Recht auf Inanspruchnahme sozialer Dienste;
- das Recht von Kindern und Jugendlichen auf Schutz vor körperlichen und sittlichen Gefahren;
- das Recht der Familien und ihrer einzelnen Mitglieder auf rechtlichen, sozialen und wirtschaftlichen Schutz;
- das Recht der Wanderarbeitnehmer und ihrer Familien auf Schutz und Beistand;
- das Recht älterer Menschen auf sozialen Schutz.

Im Zeitpunkt der Ratifikation der Charta kann sich jeder Staat entscheiden, nur eine bestimmte Anzahl von Verpflichtungen anzunehmen, wobei es eine Mindestanzahl von bindenden Verpflichtungen gibt. Zu diesen gehören mindestens fünf der sieben Artikel, die zum Schutz der grundlegendsten Menschenrechte gezählt werden. Die sieben Artikel, allgemein „Kernbestimmungen" genannt, sind das Recht auf Arbeit (Artikel 1), die Vereinigungsfreiheit (Artikel 5), das Recht auf Kollektivverhandlungen (Artikel 6), das Recht auf Soziale Sicherheit (Artikel 12), das Recht auf Fürsorge (Artikel 13), das Recht der Familie auf sozialen, gesetzlichen und wirtschaftlichen Schutz (Artikel 16) und das Recht der Wanderarbeitnehmer und ihrer Familien (siehe Informationsblatt B – 2).

Das in der Charta geregelte Überwachungssystem basiert auf Berichten, die von den Vertragsparteien vorgelegt werden[3] (siehe Informationsblatt A – 5). Seit dem Inkrafttreten des Protokolls, das ein System für Kollektivbeschwerden regelt, am 1. Juli 1998, wird es außerdem durchgeführt anhand der Prüfung von Kollektivbeschwerden, die von den Sozialpartnern und bestimmten Nichtregierungsorganisationen beim Europäischen Sozialrechtsausschuss eingelegt werden (siehe Informationsblätter A – 13 und A – 14).

[3] Vertragspartei: Staat, der die Charta ratifiziert hat und an diese Übereinkunft gebunden ist.

Informationsblatt A – 2

Die Europäische Sozialcharta und die Gemeinschaftscharta der sozialen Grundrechte der Arbeitnehmer

1. Die Sozialcharta und die Gemeinschaftscharta

Die Europäische Sozialcharta ist ein völkerrechtlicher Vertrag, der für die Staaten, die ihn ratifiziert haben, bindend ist und der bestimmte rechtliche Verpflichtungen für diese enthält (siehe Informationsblatt A – 1).

Im Gegensatz dazu ist die Gemeinschaftscharta der sozialen Grundrechte der Arbeitnehmer eine politische Erklärung, die keine rechtlichen Verpflichtungen enthält: Ihre Durchführung wird in anderen Texten geregelt, z. B. Richtlinien der Europäischen Union.

Die Gemeinschaftscharta der sozialen Grundrechte der Arbeitnehmer wurde in Straßburg am 9. Dezember 1989 von den Staatsoberhäuptern und Regierungschefs von elf Mitgliedstaaten der Europäischen Union verabschiedet: Belgien, Dänemark, Deutschland, Frankreich, Griechenland, Irland, Italien, Luxemburg, Niederlande, Portugal und Spanien (zu dieser Zeit alle Mitgliedstaaten der Europäischen Union, mit Ausnahme des Vereinigten Königreichs). Mittlerweile haben die drei neuen Mitgliedstaaten (Finnland, Österreich und Schweden) und das Vereinigte Königreich die Erklärung angenommen.

Die Gemeinschaftscharta, allgemein bekannt als die „Sozialcharta", wird häufig mit der Europäischen Sozialcharta des Europarats verwechselt, auf der sie in Wirklichkeit basiert. Die Verwirrung ist um so größer, als dieser Text – eine Demonstration des politischen Willens der Mitgliedstaaten der Europäischen Union, soziale Belange der Europäischen Gemeinschaft zu fördern – eine Anzahl von Rechten festlegt, die allen europäischen Bürgern garantiert werden sollen. Hauptsächlich berühren sie jedoch eher Rechte in Bezug auf Arbeit als Rechte in Bezug auf sozialen Zusammenhalt, die weniger direkt behandelt werden (siehe Informationsblatt A – 1).

2. Die in der Gemeinschaftscharta niedergelegten sozialen Grundrechte

- Freizügigkeit der Arbeitnehmer;
- Beschäftigung und Arbeitsentgelt (Verbot der Zwangsarbeit, gerechtes Arbeitsentgelt);
- Verbesserung der Lebens- und Arbeitsbedingungen;
- Schutz der sozialen Wohlfahrt;
- Gesundheit und Sicherheit am Arbeitsplatz;
- Schutz der Kinder und Jugendlichen;
- Schutz der älteren Menschen;
- Schutz der Behinderten.

3. Umsetzung der Gemeinschaftscharta

Die Verantwortung für die Durchsetzung der in der Gemeinschaftscharta dargelegten Rechte liegt bei den Mitgliedstaaten und der Kommission der Europäischen Gemeinschaften, die Initiativen vorbereitet, um die Verabschiedung der Richtlinien und Verordnungen sicherzustellen, die zur Umsetzung dieser Rechte erforderlich sind.

Insofern wurden einige Richtlinien verabschiedet:

- Richtlinie 91/383 zur Ergänzung der Maßnahmen zur Verbesserung der Sicherheit und des Gesundheitsschutzes von Arbeitnehmern mit befristetem Arbeitsverhältnis oder Leiharbeitsverhältnis;
- Richtlinie 91/533 über die Pflicht des Arbeitgebers zur Unterrichtung des Arbeitnehmers über die für seinen Arbeitsvertrag oder sein Arbeitsverhältnis geltenden Bedingungen;
- Richtlinie 92/85 über die Durchführung von Maßnahmen zur Verbesserung der Sicherheit und des Gesundheitsschutzes von schwangeren Arbeitnehmerinnen, Wöchnerinnen und stillenden Arbeitnehmerinnen am Arbeitsplatz;
- Richtlinie 93/104 über bestimmte Aspekte der Arbeitszeitgestaltung;
- Richtlinie 94/33 über den Jugendarbeitsschutz;
- Richtlinie 94/45 über die Einsetzung eines Europäischen Betriebsrats oder die Schaffung eines Verfahrens zur Unterrichtung und Anhörung der Arbeitnehmer in gemeinschaftsweit operierenden Unternehmen und Unternehmensgruppen.

Die Kommission muss außerdem einen Jahresbericht erstellen über die Anwendung der Gemeinschaftscharta in den Mitgliedstaaten und der Europäischen Gemeinschaft. In der Praxis funktionierte dieses System nur zwischen 1990 und 1993 und ist seitdem aufgegeben worden.

4. Anwendungsbereich

Die Europäische Sozialcharta des Europarats hat einen viel weiteren Anwendungsbereich als die Gemeinschaftscharta. Sie garantiert soziale Rechte für die Bevölkerung als ganzes (nicht nur für Arbeitnehmer).

5. Die Charta des Europarats und die Europäische Union

Die Europäische Sozialcharta des Europarats ist von den fünfzehn Mitgliedstaaten der Europäischen Union ratifiziert worden und wird seit dem Inkrafttreten des Vertrags von Amsterdam am 1. Mai 1999 direkt in Bezug genommen durch die Präambel und Artikel 136 (früher Artikel 117) des Europäischen Unionsvertrags.

Präambel:
„(...) In Bestätigung der Bedeutung, die sie den sozialen Grundrechten beimessen, wie sie in der am 18. Oktober 1961 in Turin unterzeichneten Europäischen Sozialcharta und in der Gemeinschaftscharta der sozialen Grundrechte der Arbeitnehmer von 1989 festgelegt sind (...)"
Artikel 136 Absatz 1:
„Die Gemeinschaft und die Mitgliedstaaten verfolgen eingedenk der sozialen Grundrechte, wie sie in der am 18. Oktober 1961 in Turin unterzeichneten Europäischen Sozialcharta und in der Gemeinschaftscharta der sozialen Grundrechte der Arbeitnehmer von 1989 festgelegt sind, folgende Ziele: die Förderung der Beschäftigung, die Verbesserung der Lebens- und Arbeitsbedingungen, um dadurch auf dem Weg des Fortschritts ihre Angleichung zu ermöglichen, einen angemessenen sozialen Schutz, den sozialen Dialog, die Entwicklung des Arbeitskräftepotentials im Hinblick auf ein dauerhaft hohes Beschäftigungsniveau und die Bekämpfung von Ausgrenzungen."

Die Umsetzung von neuen Bestimmungen des Europäischen Unionsvertrags wird für die nächsten Monate und Jahre eine Verbindung zwischen den Rechtssystemen der Europäischen Union und des Europarats sicherstellen. Zusammen werden die beiden Verträge den europäischen Bürgern den vollen Nutzen aller Grundrechte der Einzelnen vermitteln.

Informationsblatt A – 3

Das Zusatzprotokoll von 1988

Das Zusatzprotokoll von 1988 erweiterte den sachlichen Anwendungsbereich der Charta von 1961, indem es den neunzehn Artikeln der Charta in vier neue Artikel aufgeteilte Rechte hinzufügte.

Diese Rechte sind:

- Das Recht auf Chancengleichheit und Gleichbehandlung in Beschäftigung und Beruf ohne Diskriminierung aufgrund des Geschlechts (Artikel 1);
- Das Recht auf Information und Anhörung (Artikel 2);
- Das Recht auf Beteiligung an der Festlegung und Verbesserung der Arbeitsbedingungen und der Arbeitsumwelt (Artikel 3);
- Das Recht älterer Menschen auf sozialen Schutz (Artikel 4).

Zur Zeit haben Dänemark, Finnland, Griechenland, Niederlande, Norwegen, Slowakei, Spanien und die Tschechische Republik das Protokoll ratifiziert. Staaten, die das Protokoll vor kurzem ratifiziert haben, haben Berichte über die Anwendung seiner Bestimmungen vorgelegt, die während der Überwachungszyklen XIII-3, XIII-5 und XIV-2 und XV-1 geprüft wurden.

Die durch diese Artikel garantierten Rechte sind in die revidierte Sozialcharta von 1996 aufgenommen worden; sie entsprechen den Artikeln 20, 21, 22 und 23. In dieser Form haben die Vertragsstaaten der revidierten Charta sie akzeptiert: Bulgarien, Frankreich, Italien, Rumänien, Schweden und Slowenien.

Das Protokoll von 1988 ist daher zur Zeit in vierzehn Ländern in Kraft.

Informationsblatt A – 4

Die revidierte Europäische Sozialcharta

Während der 98. Sitzung des Ministerkomitees am 3. Mai 1996 wurde die Europäische Sozialcharta zur Unterschrift aufgelegt. Sie ist mittlerweile von Bulgarien, Frankreich, Italien, Rumänien, Schweden und Slowenien ratifiziert und wurde unterzeichnet von Albanien, Belgien, Dänemark, Estland, Finnland, Griechenland, Island, Litauen, Österreich, dem Vereinigten Königreich und Zypern.

Die revidierte Charta trat am 1. Juli 1999 in Kraft.

Der Text verbindet in einem einzigen Dokument die von der Charta von 1961 garantierten Rechte mit einer bestimmten Anzahl von Änderungen, plus den Rechten, die von dem Zusatzprotokoll von 1988 garantiert werden, und neuen Rechten.

1. Liste der geänderten Bestimmungen

Artikel 2 – Das Recht auf gerechte Arbeitsbedingungen

Die Mindestdauer des bezahlten Jahresurlaubs wird in der revidierten Charta von zwei Wochen auf vier Wochen angehoben.

Artikel 2 Abs. 4, nach dem Arbeitnehmer, die mit gefährlichen oder gesundheitsschädlichen Arbeiten beschäftigt sind, in den Genuss verkürzter Arbeitszeit und zusätzlicher bezahlter Urlaubstage kommen, wurde geändert, um den derzeitigen Trend zur Abschaffung der Risiken, denen Arbeitnehmer ausgesetzt sind, widerzuspiegeln.

Ein neuer Absatz in diesem Artikel verpflichtet die Vertragsparteien, sicherzustellen, dass Arbeitnehmer über die wesentlichen Aspekte ihres Arbeitsvertrags oder Beschäftigungsverhältnisses unterrichtet werden.

Ein weiterer neuer Absatz bestimmt, dass Arbeitnehmer, die Nachtarbeit verrichten, in den Genuss von Maßnahmen kommen, mit denen der besonderen Art dieser Arbeit Rechnung getragen wird.

Artikel 3 – Das Recht auf sichere und gesunde Arbeitsbedingungen

Durch seine neuen Bestimmungen verpflichtet dieser Artikel die Vertragsparteien, eine kohärente nationale Politik auf dem Gebiet der Arbeitssicherheit und -gesundheit und der Arbeitsumwelt zu definieren, umzusetzen und in periodischen Abständen zu überprüfen. Artikel 3 Abs. 4 verpflichtet die Vertragsparteien, die schrittweise Entwicklung von betriebsärztlichen Diensten mit im wesentlichen präventiven und beratenden Funktionen zu fördern.

Artikel 7 – Das Recht der Kinder und Jugendlichen auf Schutz

Das Mindestalter für die Zulassung zu einer Beschäftigung für bestimmte Berufe, die als gefährlich oder gesundheitsschädlich gelten, war in der Charta nicht geregelt und wurde nun auf achtzehn Jahre festgelegt.

Das Alter, bis zu dem die Arbeitszeit beschränkt sein muss, wurde von sechzehn Jahren in der Charta auf achtzehn Jahre in der revidierten Charta angehoben.

Die Mindestlänge des bezahlten Jahresurlaubs für Arbeitnehmer unter achtzehn Jahren wurde von drei Wochen in der Charta auf vier Wochen in der revidierten Charta angehoben.

Artikel 8 – Das Recht der Arbeitnehmerinnen auf Mutterschutz

Die Länge des Mutterschutzes wurde von zwölf Wochen in der Charta auf vierzehn Wochen in der revidierten Charta angehoben.

Artikel 8 Abs. 2 der revidierten Charta verlängert den Zeitraum, während dessen einer schwangeren Frau nicht gekündigt werden darf. Er beginnt nun mit dem Zeitpunkt, in dem sie ihren Arbeitgeber von ihrer Schwangerschaft in Kenntnis setzt, und dauert bis zum Ende des Mutterschaftsurlaubs.

Um den Grundsatz der Gleichberechtigung von Mann und Frau zu berücksichtigen, wurde dieser Artikel so geändert, dass er Arbeitnehmerinnen ausdrücklich nur in Situationen schützt, die mit der Mutterschaft in Zusammenhang stehen. Er verlangt die Regelung der Nachtarbeit von schwangeren Frauen, Frauen kurz nach der Geburt und stillenden Frauen, sowie das Verbot ihrer Beschäftigung in Untertagearbeit in Bergwerken und in jeder anderen gefährlichen, gesundheitsschädlichen oder beschwerlichen Arbeit.

Artikel 10 – Das Recht auf Berufsberatung

Der Anstieg der Langzeitarbeitslosigkeit erforderte einen neuen Absatz 4, der diesem Artikel hinzugefügt wurde; sein Ziel ist es, besondere Maßnahmen zur Umschulung und Wiedereingliederung der Langzeitarbeitslosen zu treffen oder zu fördern.

Artikel 12 – Das Recht auf soziale Sicherheit

Der zweite Absatz von Artikel 12 wurde geändert. Er bezieht sich nun auf die Europäische Ordnung der Sozialen Sicherheit und nicht länger auf die ILO Konvention Nr. 102 über Mindeststandards der sozialen Sicherheit.

Artikel 15 – Das Recht der Behinderten auf Unabhängigkeit, soziale Eingliederung und Teilhabe am Leben der Gemeinschaft

Im Vergleich zu Artikel 15 der Charta wurde der Schutz der Behinderten ausgeweitet: die revidierte Charta bezieht sich nun nicht mehr nur auf Beraufsausbildung und Wiedereingliederung, sondern bestimmt das Recht von Behinderten auf individuelle soziale Eingliederung, persönliche Unabhängigkeit und Teilhabe am Leben der Gemeinschaft.

Artikel 17 – Das Recht von Kindern und Jugendlichen auf sozialen, rechtlichen und wirtschaftlichen Schutz

Die Neuformulierung des Artikels 17 in der revidierten Charta garantiert Kindern und Jugendlichen Schutz, der über den Zusammenhang mit der Beschäftigung hinausgeht und die besonderen Bedürfnisse befriedigen soll, die sich aus ihrer Verletzlichkeit ergeben. Die Bestimmungen dieses Artikels gelten für alle Kinder, ob ehelich oder unehelich. Der durch Artikel 17 der Charta gewährte Schutz (Recht der Mütter und Kinder auf sozialen und wirtschaftlichen Schutz) wird von Artikel 16 der revidierten Charta abgedeckt, dem ein Anhang hinzugefügt wurde.

Artikel 19 – Das Recht der Wanderarbeitnehmer und ihrer Familien auf Schutz und Beistand

Im Anhang zu Artikel 19 Abs. 6 wurde die Definition der „Familie des Wanderarbeitnehmers" geändert. Erstens erfasst diese Bestimmung nicht mehr nur die Ehefrau des Arbeiternehmers, sondern den Ehepartner des Arbeitnehmers, ob männlich oder weiblich. Zweitens sind die Kinder, die zur Familienzusammenführung zugelassen werden, nicht länger nur unterhaltsberechtigte Kinder unter 21 Jahren, sondern unverheiratete unterhaltsberechtigte Kinder, so lange sie im Gastland als minderjährig gelten. Zwei neue Absätze wurden zu Artikel 19 hinzugefügt: Absatz 11, der auf die Förderung und Erleichterung des Unterrichts der Nationalsprache des Aufnahmestaats für Wanderarbeitnehmer und Mitglieder ihrer Familien gerichtet ist, und Absatz 12, der die gleichen Regelungen trifft in Bezug auf den Unterricht der Muttersprache des Wanderarbeitnehmers für dessen Kinder.

2. Die neuen Rechte der revidierten Charta

Das Recht auf Schutz im Falle der Beendigung des Arbeitsverhältnisses (Artikel 24)

Dieser Artikel schützt Arbeitnehmer vor ungerechtfertigter Kündigung. Die Arbeitnehmer haben ein Recht darauf, dass ihr Arbeitsverhältnis nicht ohne gültige Gründe beendet wird. Dieses Recht muss die Möglichkeit eines Widerspruchs und einer Entschädigung umfassen.

Das Recht der Arbeitnehmer auf Schutz ihrer Ansprüche im Falle der Zahlungsunfähigkeit ihres Arbeitgebers (Artikel 25)

Nach diesem Artikel müssen die Ansprüche der Arbeitnehmer, die sich aus Arbeitsverträgen oder Arbeitsverhältnissen ergeben, durch eine Garantieeinrichtung oder eine andere wirksame Schutzform garantiert werden.

Das Recht auf Würde am Arbeitsplatz (Artikel 26)

Die revidierte Sozialcharta verlangt Maßnahmen zur Förderung des Bewusstseins, der Information und der Vorsorgemaßnahmen zum Schutz der Arbeitnehmer vor sexueller Belästigung oder allen anderen Formen von gegen sie gerichtetem beleidigenden Verhalten.

Das Recht der Arbeitnehmer mit Familienpflichten auf Chancengleichheit und Gleichbehandlung (Artikel 27)

Das Ziel dieses Artikels ist es, zu vermeiden, dass Familienpflichten das berufliche Fortkommen der Arbeitnehmer beeinträchtigen. Er verlangt, dass in Bezug auf Kinderbetreuung und Erziehungsurlaub besondere Maßnahmen getroffen werden, insbesondere zu erleichtern, im Erwerbsleben zu bleiben oder nach Abwesenheit wiedereinzutreten.

Das Recht der Arbeitnehmervertreter auf Schutz im Betrieb und auf ihnen zu gewährende Erleichterungen (Artikel 28)

Die Vereinigungsfreiheit wird in der revidierten Charta verstärkt: Arbeitnehmervertreter werden vor allen ihnen nachteiligen Maßnahmen besonders geschützt, die auf ihrer Mitgliedschaft in einer Gewerkschaft beruhen. Weiterhin sind ihnen

Erleichterungen und Einrichtungen zu gewähren, die es ihnen erlauben, ihre Pflichten effizient auszuüben.

Das Recht auf Information und Anhörung in Massenentlassungsverfahren (Artikel 29)

Das Recht auf Information und Anhörung ist schon durch Artikel 12 abgedeckt. Der allgemeine Anwendungsbereich dieses Artikels wird in der revidierten Charta durch Artikel 29 ergänzt, der konkret die Massenentlassungsverfahren betrifft.

Das Recht auf Schutz vor Armut und sozialer Ausgrenzung (Artikel 30)

Akute Armut und ihre zersetzende Kraft auf den sozialen Zusammenhalt gehören zu den ernstesten Bedrohungen unserer heutigen Gesellschaften. Die revidierte Sozialcharta berücksichtigt diese neue Entwicklung und bekämpft sie dadurch, dass sie von allen Vertragsparteien die Durchsetzung einer globalen und koordinierten Politik gegen soziale Ausgrenzung verlangt.

Das Recht auf Wohnung (Artikel 31)

Das Recht auf Wohnung ist Teil des Plans zur Bekämpfung der Armut und der sozialen Ausgrenzung. Artikel 31 verlangt verschiedene Maßnahmen, insbesondere im Bereich des Zugangs zu Wohnungen.

Weiterhin enthält die revidierte Charta geänderte Bestimmungen aus der Charta von 1961. Diese sind insbesondere:

- Artikel E, der nun eine Nichtdiskriminierungsklausel ist (entsprechend Artikel 14 der Europäischen Menschenrechtskonvention); der Verweis auf Nichtdiskriminierung tauchte in der Charta in der Präambel auf;
- Artikel J, der das Verfahren für Änderungen enthält: In Zukunft wird es möglich sein, neue Rechte zu der revidierten Charta hinzuzufügen.
- Außerdem wurden zwei neue Bestimmungen, Artikel 7 und 20, zu den Artikeln hinzugefügt, welche die Kernbestimmungen der revidierten Charta bilden.

3. Der Überwachungsmechanismus der revidierten Charta

Der Überwachungsmechanismus der revidierten Charta ist der gleiche wie der der alten Charta, d.h. er beruht auf Berichten, die von den Vertragsparteien[1] vorgelegt

[1] Vertragsparteien: Staaten, welche die revidierte Charta ratifiziert haben und an diesen Vertrag gebunden sind.

werden, und auf einem System von Kollektivbeschwerden für die Staaten, die das Zusatzprotokoll zur Charta von 1995 ratifiziert haben oder die in Artikel D der revidierten Charta geregelte Erklärung abgegeben haben.

Informationsblatt A – 5

Das Verfahren zur Prüfung der Staatenberichte und das Änderungsprotokoll von 1991

Die Überwachung der Umsetzung der Verpflichtungen der Charta von 1961 (und derjenigen der revidierten Charta) geschieht durch internationale Kontrolle auf der Grundlage von Staatenberichten, welche die Vertragsparteien in regelmäßigen Abständen vorlegen (Artikel 21 der Charta von 1961 und Teil IV, Artikel C der revidierten Sozialcharta).

Die Berichte werden gemäß dem im zweiten Teil dieses Buches beschriebenen System (siehe Informationsblatt B – 7) vorgelegt. Der Referenzzeitraum beträgt zwei Jahre für die Kernbestimmungen und vier Jahre für die anderen Bestimmungen.

Das Protokoll zur Änderung der Europäischen Sozialcharta (sog. Turiner Protokoll) wurde 1991 angenommen, um das Überwachungssystem der Sozialcharta zu verbessern. Es wird offiziell in Kraft treten, sobald alle Vertragsparteien es ratifiziert haben. Es ist allerdings schon teilweise umgesetzt worden im Zuge einer Entscheidung des Ministerkomitees vom Dezember 1991, welche die Überwachungsorgane aufforderte, es vor Inkrafttreten insoweit anzuwenden, wie es der Text der Charta erlaubt.[1]

Das Turiner Protokoll führt folgende Änderungen ein:

- Es klärt die jeweiligen Rollen des Regierungsausschusses und des Europäischen Sozialrechtsausschusses, dem Ausschuss unabhängiger Sachverständiger der Sozialcharta: Gemäß Artikel 2 des Protokolls ist nur der Europäische Sozialrechtsausschuss zuständig, aus rechtlicher Sicht die Übereinstimmung des innerstaatlichen Rechts und der innerstaatlichen Praxis mit den Verpflichtungen, die sich aus der Charta ergeben, festzustellen.
- Es verbessert das Verfahren für die Abstimmung mit NGOs und Arbeitgeber- und Gewerkschaftsorganisationen: Die Vertragsparteien müssen nunmehr eine Kopie ihrer Berichte an diejenigen nationalen Organisationen weiterleiten, die

---

[1] In der Praxis werden alle Bestimmungen des Änderungsprotokolls angewendet, mit Ausnahme der Bestimmung, dass der Europäische Sozialrechtsausschuss von der Beratenden Versammlung gewählt wird (Artikel 3).

mit internationalen Organisationen von Arbeitgebern und Gewerkschaften verbunden sind, welche bei den Sitzungen des Regierungsausschusses Beobachterstatus haben. Weiterhin muss eine Kopie der Berichte weitergeleitet werden an internationale NGOs mit Beraterstatus beim Europarat, die in den von der Charta geregelten Bereichen besonderes fachkundig sind.

- Nach Artikel 6 des Änderungsprotokolls ist die Beratende Versammlung nicht länger ein Überwachungsorgan. Sie gehört jedoch weiterhin zum Überwachungsprozess, indem sie die Schlussfolgerungen des Europäischen Sozialrechtsausschusses als Ausgangspunkt für ihre regelmäßigen Debatten über die Sozialpolitik nimmt.
- Es hat das Verfahren für die Annahme einzelner Empfehlungen konkretisiert, indem es die für ihre Annahme durch das Ministerkomitee erforderliche Mehrheit geändert hat: zwei Drittel der Vertragsparteien der Charta, nicht mehr zwei Drittel der Mitgliedstaaten des Europarats, müssen für die Empfehlung stimmen, damit sie angenommen wird.

Die folgenden Überwachungsorgane sind am Überwachungsverfahren beteiligt:[2]

- Der Europäische Sozialrechtsausschuss, d.h. der Ausschuss unabhängiger Sachverständiger der Charta (siehe auch Informationsblatt A – 7), bestehend aus neun vom Ministerkomitee gewählten Sachverständigen und unterstützt von einem Beobachter der Internationalen Arbeitsorganisation. Er prüft die von den Vertragsparteien vorgelegten Berichte und gibt eine rechtliche Beurteilung der Erfüllung der Verpflichtungen durch die Staaten ab;
- der Regierungsausschuss (siehe auch Informationsblatt A – 8), bestehend aus Vertretern der Vertragsparteien der Charta und unterstützt durch Beobachter von europäischen Arbeitnehmer- und Arbeitgeberorganisationen. Er bereitet die Entscheidungen des Ministerkomitees vor und wählt insbesondere auf Grundlage von sozialen, wirtschaftlichen und anderen politischen Erwägungen diejenigen Fälle aus, die Gegenstand von Empfehlungen an die einzelnen Vertragsparteien sein sollen.
- das Ministerkomitee (siehe auch Informationsblatt A – 9), das einen Beschluss für den Überwachungszyklus als Ganzes annimmt und Empfehlungen abgibt (siehe Informationsblatt A – 10), mit denen Staaten aufgefordert werden, ihre Gesetzgebung und Gepflogenheiten zu ändern, um die Charta zu erfüllen.

---

[2] Siehe auch die Übersicht auf der folgenden Seite.

Das Überwachungsverfahren der Europäischen Sozialcharta

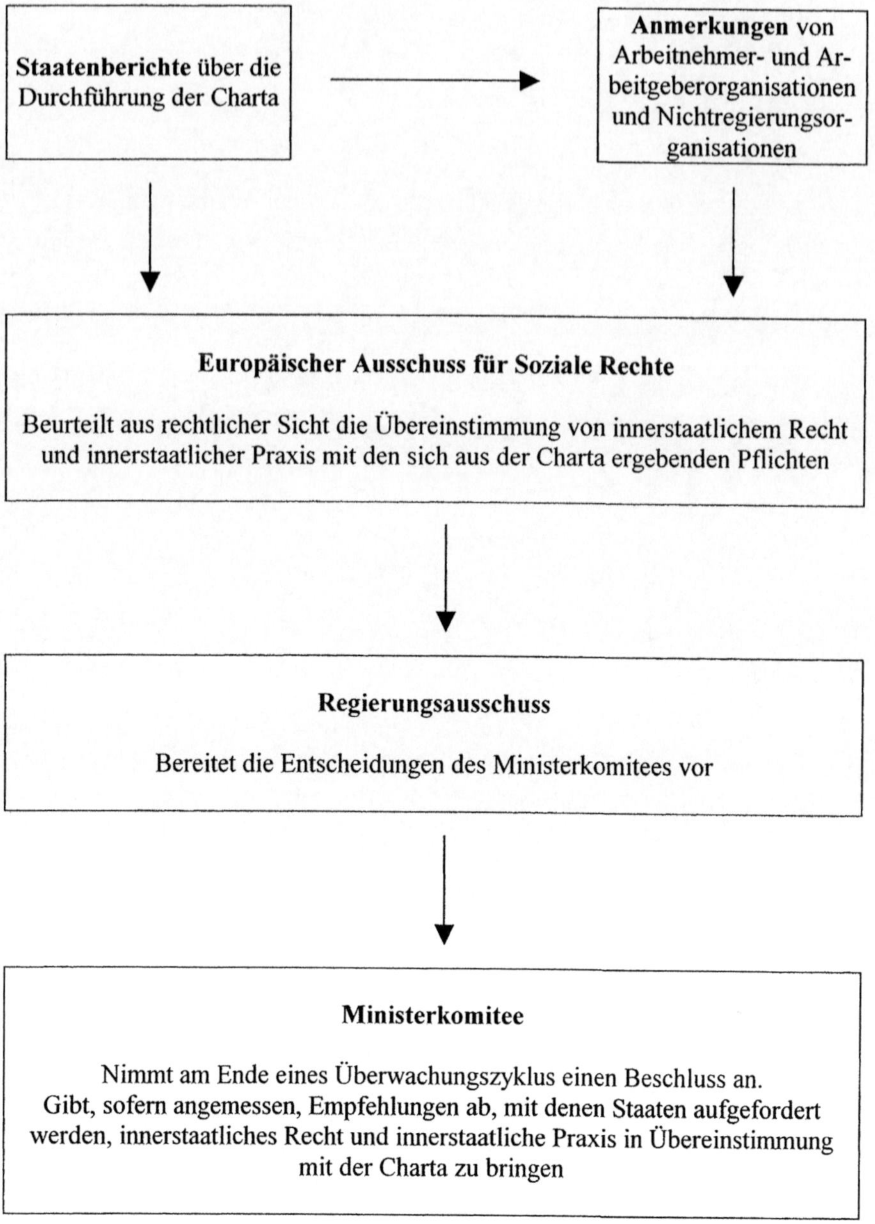

Informationsblatt A – 6

Das Verfahren nach Artikel 22 (nicht angenommene Bestimmungen)

Wie Artikel 20 der Europäischen Sozialcharta klarstellt, sind die Vertragsparteien nicht verpflichtet, deren Bestimmungen in ihrer Gesamtheit anzunehmen, solange sie eine Mindestanzahl von Verpflichtungen sowohl der Kernbestimmungen als auch der anderen Artikel annehmen. Bis heute haben nur drei Staaten (Belgien, Niederlande, Portugal) alle Bestimmungen der Charta angenommen, und ein Staat (Frankreich) hat dies hinsichtlich der revidierten Charta getan. Die Vertragsstaaten können sich natürlich dafür entscheiden, zu einem späteren Zeitpunkt weitere Verpflichtungen anzunehmen, aber dies ist unüblich. In diesem Zusammenhang erhält das Berichtsverfahren für die nicht angenommenen Bestimmungen der Charta (Artikel 22) eine besondere Bedeutung.

Gemäß Artikel 22 kann das Ministerkomitee Staaten auffordern, Berichte vorzulegen über Bestimmungen der Charta, die sie bislang nicht angenommen haben. Bis heute wurde dieses Verfahren bei sechs Anlässen angewendet. Die Berichte werden an den Europäischen Sozialrechtsausschuss übermittelt, der die Gründe der Staaten, die fraglichen Bestimmungen nicht anzunehmen, überprüft. Daraufhin wird ein kurzer Bericht mit den Anmerkungen des Ausschusses veröffentlicht.

In jedem seiner Berichte zu nicht angenommenen Bestimmungen unterstreicht der Ausschuss den Nutzen des Verfahrens nach Artikel 22. Es bietet die Gelegenheit, ein klareres Bild von der Durchführung der verschiedenen in der Charta enthaltenen Standards in den Vertragsstaaten zu erhalten, auch wenn diese nicht formell angenommen worden sind. Die Anmerkungen des Ausschusses geben den Staaten Anhaltspunkte hinsichtlich der Maßnahmen, die sie ergreifen sollten, um eine fragliche Bestimmung anzunehmen. Nach Artikel 23 der Charta sind Staaten verpflichtet, ihre Berichte an bestimmte nationale Arbeitgeber- und Gewerkschaftsorganisationen zu übermitteln, die dazu Kommentare abgeben können (siehe Informationsblatt A – 8).

In dem ersten Verfahren nach Artikel 22 wurden die Staaten aufgefordert, über Artikel 4 Abs. 3 (gleiche Bezahlung für Männer und Frauen), Artikel 7 Abs. 1 (Arbeitsverbot für Kinder unter fünfzehn Jahren), Artikel 8 Abs. 1 (bezahlter Mutterschaftsurlaub) und Artikel 8 Abs. 2 (Kündigungsverbot während des Mutterschaftsurlaubs) zu berichten. Seit der Veröffentlichung dieses Berichts (1981) hat Zypern Artikel 7 Abs. 1 und Artikel 8 Abs. 1 und 2 angenommen.

Das zweite Verfahren betraf Artikel 2 Abs. 4 (zusätzlicher Urlaub oder eingeschränkte Arbeitszeit bei bestimmten gefährlichen oder gesundheitsschädlichen Tätigkeiten), Artikel 8 Abs. 4 (Regelung der Nachtarbeit für Frauen in gewerblichen Betrieben und das Verbot der Untertagearbeit von Frauen in Bergwerken und anderen gefährlichen Tätigkeiten) und Artikel 19 Abs. 8 (Schutz der Wanderarbeitnehmer vor Ausweisung). Seit der Veröffentlichung des Berichts 1982 hat Frankreich Artikel 2 Abs. 4 angenommen.

Das dritte Verfahren betraf Artikel 2 Abs. 1 (angemessene tägliche und wöchentliche Arbeitszeit), Artikel 7 Abs. 5, 6 und 7 (Schutz für jugendliche Arbeitnehmer in verschiedenen Bereichen). Seit der Veröffentlichung des Berichts 1989 hat Zypern Artikel 2 Abs. 1 und Artikel 7 Abs. 7 angenommen.

Das vierte Verfahren nach Artikel 22 untersuchte Artikel 7 Abs. 9 (regelmäßige medizinische Überwachung der jugendlichen Arbeitnehmer in bestimmten festgelegten Bereichen) und Artikel 19 Abs. 4 (Gleichbehandlung von Staatsbürgern und Wanderarbeitnehmern in bestimmten Bereichen). Der Bericht des Ausschusses wurde 1995 veröffentlicht.

Das fünfte Verfahren gem. Artikel 22 behandelte Artikel 4 Abs. 4 (angemessene Kündigungsfrist). Der Bericht wurde 1997 veröffentlicht.

Schließlich behandelte das sechste Verfahren Artikel 5 (die Vereinigungsfreiheit) und Artikel 6 (das Recht auf Kollektivverhandlungen) für Staaten, die nicht alle Bestimmungen dieser Artikel angenommen haben. Der Bericht des Ausschusses wurde 1998 veröffentlicht.

Das siebte Verfahren wird sich mit den Artikeln 5, 6 und 13 und das achte Verfahren mit den Artikeln 3, 4 und 7 beschäftigen.

Sobald die Berichte des Europäischen Ausschusses für Soziale Rechte veröffentlicht sind, werden sie dem Regierungsausschuss vorgelegt, und danach dem Ministerkomitee, welches das Verfahren mit der Annahme einer Resolution abschließt.

Informationsblatt A – 7

Der Europäische Sozialrechtsausschuss

1. Zusammensetzung

Die Mitglieder des Europäischen Sozialrechtsausschusses, dem unter Artikel 25 der Europäische Sozialcharta gebildeten Ausschuss unabhängiger Sachverständiger, werden von dem Ministerkomitee des Europarats gewählt. Als der Ausschuss ins Leben gerufen wurde, legte das Ministerkomitee die Mitgliedzahl auf sieben fest.

Das Änderungsprotokoll von 1991 änderte Artikel 25 der Charta, indem es bestimmte, dass der Ausschuss aus mindestens neun Mitgliedern bestehen, die genaue Zahl aber vom Ministerkomitee festgelegt werden sollte. Nach der Entscheidung des Ministerkomitees, das Änderungsprotokoll vor seinem Inkrafttreten insoweit anzuwenden, wie der Text der Charta es erlaubt, wurde während der 509. Sitzung der Delegierten im März 1994 die Entscheidung getroffen, die Zahl der Ausschussmitglieder von sieben auf neun zu erhöhen.

Um die erhöhte Zahl von Vertragsparteien der Charta mit einzubeziehen und die Teilnahme von Spezialisten aus verschiedenen europäischen Rechtssystemen sicherzustellen, wird über eine weitere Erhöhung der Mitgliederzahl von neun auf zwölf und später fünfzehn nachgedacht. Über das Verfahren für die Erweiterung wird zur Zeit diskutiert.

Der Sozialrechtsausschuss hält acht Sitzungen pro Jahr ab. Um die Untersuchung der ihm vorgelegten Berichte zu rationalisieren, hat der Ausschuss zwei Arbeitsgruppen gebildet (eine besteht aus fünf und die andere aus vier Sachverständigen), die seine Entscheidungen vorbereiten.

Die Mitglieder des Ausschusses werden für sechs Jahre ernannt. Dieses Mandat kann einmal erneuert werden.

Am 1. Januar 2000 war der Ausschuss wie folgt zusammengesetzt:

- H. Matti MIKKOLA, Präsident
  Professor für Arbeitsrecht an den Universitäten Helsinki und Tallinn
  Finne

- H. Rolf BIRK, Erster Vizepräsident
  Professor, Direktor des Instituts für Arbeitsrecht und Arbeitsbeziehungen in der Europäischen Gemeinschaft an der Universität Trier
  Deutscher
- H. Stein EVJU, Zweiter Vizepräsident
  Präsident des Arbeitsgerichts von Norwegen und Professor für Arbeitsrecht an der Universität Oslo
  Norweger
- Fr. Suzanne GRÉVISSE, Allgemeine Berichterstatterin
  Ehrenvorsitzende der Sozialabteilung des Conseil d'Etat
  Französin
- H. Konrad GRILLBERGER
  Professor, Direktor des Instituts für Arbeitsrecht und Sozialgesetzgebung an der Universität Salzburg
  Österreicher
- H. Alfredo BRUTO DA COSTA
  Assistenzprofessor an der Portugiesischen Katholischen Universität Lissabon
  Portugiese
- Fr. Micheline JAMOULLE
  Professor an der Juristischen Fakultät der Universität Lüttich
  Belgierin
- H. Nikitas ALIPRANTIS
  Professor an der Demokrit Universität Thrakien und der Universität Robert Schuman Straßburg
  Grieche
- H. Tekin AKILLIOGLU
  Professor für Öffentliches Recht und Direktor des Menschenrechtszentrums an der Universität Ankara
  Türke

Außerdem vertritt Fr. Jacqueline ANCEL-LENNERS das internationale Arbeitsamt und nimmt als Beraterin an den Sitzungen des Ausschusses teil.

2. Funktionen

Der Europäische Sozialrechtsausschuss bewertet die Erfüllung der Verpflichtungen durch die Vertragsparteien. Die Bewertung erfolgt in der Form von Schlussfolgerungen: eine Schlussfolgerung ist positiv, wenn der Ausschuss die Situation für mit der Charta vereinbar hält, und negativ, wenn eine Situation nicht mit der Charta vereinbar ist. Wenn der Ausschuss keine ausreichenden Informationen hat, um die Situation zu bewerten, wird die Schlussfolgerung auf den nächsten Überwachungszyklus verschoben.

Während der Untersuchung der Staatenberichte kann der Ausschuss Sitzungen mit Vertretern der Vertragsparteien abhalten. Die Sozialpartner sind eingeladen, an diesen Sitzungen teilzunehmen.

Nach dem Zusatzprotokoll von 1995 ist der Ausschuss auch die Stelle, an die Kollektivbeschwerden gerichtet werden: Der Ausschuss ist gem. Artikel 6 und 7 des Protokolls über Kollektivbeschwerden zuständig für die Entscheidung über die Zulässigkeit der Beschwerden und das Abfassen eines Berichts, der seine Schlussfolgerungen über die Vereinbarkeit oder Unvereinbarkeit einer Situation mit der Charta enthält. Während der Untersuchung kann der Ausschuss eine Anhörung der Beschwerdeparteien abhalten.

Informationsblatt A – 8

Der Regierungsausschuss

1. Zusammensetzung

Nach Artikel 27 der Sozialcharta setzt sich der Regierungsausschuss der Charta aus Vertretern aller Vertragsparteien zusammen. Beobachter von zwei internationalen Arbeitgeberorganisationen und von zwei internationalen Gewerkschaftsorganisationen sind eingeladen, in beratender Eigenschaft an den Sitzungen teilzunehmen. Der Regierungsausschuss kann darüber hinaus bis zu zwei Vertreter internationaler Nichtregierungsorganisationen mit Beraterstatus im Europarat zu Fragen anhören, für die diese Organisationen besonders qualifiziert sind, wie zum Beispiel soziale Wohlfahrt und der soziale und wirtschaftliche Schutz der Familie.

Angesichts der Vorbereitungen für die Ratifikation der Europäischen Sozialcharta durch die Mitgliedstaaten aus Ost- und Mitteleuropa ist auch zu bemerken, dass das Ministerkomitee im Oktober 1992 entschieden hat, diejenigen Staaten, welche die Charta unterzeichnet haben, als Beobachter zu den Sitzungen des Regierungsausschusses einzuladen. Gegenwärtig haben die folgenden Länder entweder vor ihrer Ratifikation der Charta als Beobachter an den Sitzungen teilgenommen oder nehmen weiter als Unterzeichnerstaaten teil: Albanien, Bulgarien, Estland, Lettland, Litauen, Kroatien, die „ehemalige jugoslawische Republik Mazedonien“, Moldawien, Rumänien, Slowenien, die Tschechische Republik, Ukraine und Ungarn.

Im Dezember 1998 wurde diese Einladung auf alle Unterzeichnerstaaten erweitert und umfasst daher gegenwärtig auch Liechtenstein und die Schweiz.

2. Funktionen

Die Rolle des Regierungsausschusses besteht gem. Artikel 27 Abs. 3 darin, für das Ministerkomitee einen Bericht über die innerstaatlichen Situationen zu erstellen, die der Europäische Sozialrechtsausschuss als Verstoß gegen die Charta angesehen hat und die Gegenstand von Empfehlungen sein sollen.

3. Arbeitsweise des Ausschusses

A. Mandat des Ausschusses

Nach der Aufforderung in der Abschlussresolution der Ministerkonferenz in Turin und der Entscheidung des Ministerkomitees vom 11. Dezember 1991, dass die Überwachungsorgane das Änderungsprotokoll so weit wie möglich vor seinem Inkrafttreten anwenden, verzichtet der Ausschuss auf die Formulierung von rechtlichen Auslegungen der Bestimmungen der Charta und übernimmt die Aufgaben, die Artikel 4 des Änderungsprotokolls vorsieht. Die fragliche Bestimmung lautet nun wie folgt:

„Artikel 4
3. Der Regierungsausschuss bereitet die Entscheidungen des Ministerkomitees vor. Im Hinblick auf die Berichte des Ausschusses unabhängiger Sachverständiger und der Vertragsparteien wählt er insbesondere gem. Art. 28 der Charta auf Grundlage von sozialen, wirtschaftlichen und anderen politischen Erwägungen die Situationen aus, die seiner Ansicht nach Gegenstand von Empfehlungen an die betreffenden Vertragsparteien sein sollten, wobei er die Gründe für die Auswahl angibt. Er legt dem Ministerkomitee einen Bericht vor, der veröffentlicht wird. Auf Grundlage seiner Ergebnisse zur allgemeinen Umsetzung der Sozialcharta kann der Regierungsausschuss dem Ministerkomitee Vorschläge unterbreiten, die auf Studien zu sozialen Fragen und Artikel der Charta gerichtet sind, die möglicherweise aktualisiert werden könnten."

B. Allgemeine Anmerkungen zu den nationalen Berichten und zu den Schlussfolgerungen des Europäischen Sozialrechtsausschusses

Der Ausschuss nimmt Stellung zu den Staatenberichten und zu den Schlussfolgerungen des Europäischen Sozialrechtsausschusses, insbesondere zur allgemeinen Einführung in die Schlussfolgerungen. Der Ausschuss entwirft eine Einführung, in der er auf die Entwicklungen seit dem vorherigen Überwachungszyklus hinweist und, falls erforderlich, auch auf die Anwendung von Artikel 4 Abs. 4 des Änderungsprotokolls.

C. Untersuchung von negativen Schlussfolgerungen

I. Verfahren

Der Ausschuss:

- behandelt die Schlussfolgerungen Bestimmung für Bestimmung;
- stimmt ab in Bezug auf jede einzelne negative Schlussfolgerung des Europäischen Sozialrechtsausschusses, es sei denn, dass Konsens darüber besteht, nicht abzustimmen; die erste Abstimmung ist über die Frage, ob eine Empfehlung an den betreffenden Staat gerichtet werden soll. Hinsichtlich der Empfehlungen entscheidet der Ausschuss, sich an die selben Abstimmungsregeln zu halten wie

das Ministerkomitee (Zweidrittelmehrheit der abgegebenen Stimmen und einfache Mehrheit der Vertragsparteien);

- stimmt, wenn es keine Mehrheit für eine Empfehlung gibt, auch darüber ab, ob eine Warnung an den betreffenden Staat gerichtet werden soll (Zweidrittelmehrheit der abgegebenen Stimmen). Wenn eine Warnung auf eine negative Schlussfolgerung hin folgt, dient sie als Hinweis an den Staat, dass im nächsten Überwachungszyklus, in dem diese Bestimmung untersucht wird, eine Empfehlung vorgeschlagen werden wird, sofern er keine Maßnahmen trifft, um seine Verpflichtungen aus der Charta zu erfüllen;
- wenn weder eine Empfehlung noch eine Warnung vorgeschlagen wird, kann der Ausschuss es für erforderlich erachten, in seinem Bericht an das Ministerkomitee eine Stellungnahme abzugeben zur staatlichen Lage oder zu den Schlussfolgerungen des Europäischen Sozialrechtsausschusses;
- die Abstimmung des Ausschusses zu einer staatlichen Situation ist endgültig, sofern nicht ein Delegierter ausdrücklich eine weitere Abstimmung am Ende dieses Teils des Zyklus verlangt;
- soweit die Untersuchung eine Vertragspartei betrifft, die ihren ersten Bericht vorlegt, Gegenstand der ersten Reihe von Schlussfolgerungen des Europäischen Sozialrechtsausschusses, gibt der Ausschuss im Falle einer negativen Schlussfolgerung anstelle einer Empfehlung eine Warnung ab. Der Ausschuss hält dieses Vorgehen für erforderlich, um den betreffenden Staaten Zeit zu geben, die Ergebnisse des Sozialrechtsausschusses zu erwägen und darauf zu reagieren.

II. Auswahlkriterien

1. Gehört die fragliche Bestimmung zu den Kernbestimmungen der revidierten Charta?
2. Gehört die Bestimmung zu den Bestimmungen, die durch die revidierte Sozialcharta aktualisiert wurden?
3. Seit welchem Zyklus ist die Situation kritisiert worden?
4. Gibt es eine bedeutende Anzahl von Personen, die nicht geschützt sind und welche sind die Folgen des Verstoßes für die Beteiligten?
5. Für wie ernst hält der Europäische Sozialrechtsausschuss die Situation?
6. Hat die Beratende Versammlung während ihrer periodischen Debatten zur Charta eine Stellungnahme abgegeben zur Bedeutung des Schutzes, den die fragliche Bestimmung gewährt?
7. Haben die Sozialpartner eine Stellungnahme über die Ernstlichkeit dieser Art von Verstoß abgegeben?
8. Was war die Position des Regierungsausschusses als Antwort auf die vorherige Schlussfolgerung des Europäischen Sozialrechtsausschusses zu diesem Punkt? Hat das Ministerkomitee eine Empfehlung angenommen?
9. Ergreift das Land Maßnahmen, um die kritisierte Situation zu ändern oder plant es solche?
10. Betrifft die kritisierte Situation auch eine andere Bestimmung der Charta?
11. Was war die Entscheidung des Ausschusses in ähnlichen Situationen?

D. Untersuchung von Vertagungen aufgrund mangelnder Informationen

I. Verfahren

Der Ausschuss:

- untersucht während seiner Sitzungen nicht mehr die staatlichen Situationen, die nach einer vom Europäischen Sozialrechtsausschuss zum ersten Mal gestellten Frage Gegenstand einer vertagten Schlussfolgerung gewesen sind, es sei denn, dass eine Delegation eine solche Untersuchung verlangt; auf diese Situationen wird jedoch als Erinnerung im Arbeitsdokument und im Bericht an das Ministerkomitee hingewiesen. Die betreffenden Delegierten können jedoch schriftliche Informationen an des Sekretariat übermitteln, die sie im Bericht des Ausschusses enthalten sehen möchten.
- stimmt ab über jede Situation, bei welcher der Europäische Sozialrechtsausschuss wiederholt eine Schlussfolgerung wegen mangelnder Information aufschieben musste; eine Warnung wird mit Zweidrittelmehrheit der abgegebenen Stimmen abgegeben; hinsichtlich einer vertagten Schlussfolgerung wird, wenn Informationen wiederholt fehlten, eine Warnung abgegeben als Anreiz, im nächsten Bericht alle relevanten Informationen vorzulegen. Auch hier wird der Staat darüber informiert, dass im nächsten Zyklus ein Vorschlag für eine Empfehlung folgen wird, wenn die Information nicht vorgelegt wird.

II. Auswahlkriterien

1. Zyklus, seit dem es dem Europäischen Sozialrechtsausschuss wegen mangelnder Information nicht möglich war, eine Schlussfolgerung zu treffen;
2. ob der Regierungsausschuss eine Warnung abgegeben oder eine Empfehlung vorgeschlagen hat und ob eine Empfehlung angenommen wurde;
3. vom betreffenden Staat angegebene praktische Gründe, die sein Versäumnis bei der Beantwortung erklären sollen;
4. Versäumnis, angeforderte Berichte und Informationen fristgerecht vorzulegen;
5. Versäumnis, Berichte den Sozialpartnern vorzulegen und deren Anmerkungen.

E. Bericht an das Ministerkomitee

Der Bericht weist auf Entwicklungen seit dem vorherigen Überwachungszyklus hin, dabei zeigt er positive und negative Veränderungen der staatlichen Situationen auf.

Er enthält unter anderem allgemeine Anmerkungen zu den Maßnahmen, die von den verschiedenen Staaten getroffen wurden, um Empfehlungen des Ministerkomitees nachzukommen, und auch zu den Vorschlägen für individuelle Empfehlungen, die das Ministerkomitee an Staaten richten soll.

Dem Beschlussentwurf werden nur die Vorschläge für erste Empfehlungen beigefügt; die Erneuerung von Empfehlungen, die weiterhin behandelt werden sollen, wird nur im Entwurf des Beschlusses erwähnt, mit dem der Überwachungszyklus endet.

F. Folgemaßnahmen zu individuellen Empfehlungen

Die Vertragsparteien müssen über die Maßnahmen berichten, die sie ergriffen haben, um den Empfehlungen des Ministerkomitees nachzukommen.

Der Regierungsausschuss hat eine untergeordnete Rolle im Verfahren zur Untersuchung von Kollektivbeschwerden: Er wird vom Ministerkomitee nur angehört, wenn die Vertragspartei ausdrücklich verlangt hat, dass der Regierungsausschuss angehört wird, wenn der Bericht des Sozialrechtsausschusses neue Gegenstände aufwirft, und wenn eine Zweidrittelmehrheit der Vertragsparteien der Charta eine solche Anhörung befürwortet.

Informationsblatt A – 9

Das Ministerkomitee

1. Zusammensetzung

Das Ministerkomitee besteht aus einem Vertreter – dem Außenminister – eines jeden Vertragsstaats des Europarats. „Kann ein Außenminister an den Sitzungen nicht teilnehmen, oder lassen andere Umstände es wünschenswert erscheinen, so kann ein Beauftragter bestellt werden, der für ihn tätig wird. Der Beauftragte soll, wenn irgend möglich, ein Mitglied der Regierung seines Landes sein.“[1] Ein Minister kann durch einen Beauftragten vertreten werden, sei es ein anderes Mitglied seiner Regierung (zum Beispiel ein Minister oder Staatssekretär für europäische Angelegenheiten) oder ein hochrangiger Diplomat.

2. Funktionen

I. Das Ministerkomitee, Überwachungsorgan der Charta

Das Ministerkomitee schaltet sich in der letzten Stufe des Überwachungsprozesses ein, sowohl im Staatenberichtsverfahren als auch im Kollektivbeschwerdeverfahren.

II. Berichte

Im auf Staatenberichten beruhenden Überwachungsprozess fasst das Ministerkomitee, nachdem es den Bericht des Regierungsausschusses erhalten hat, dem die Schlussfolgerungen des Europäischen Sozialrechtsausschusses beigefügt sind, einen Beschluss, der die einzelnen Überwachungszyklen abschließt, und richtet – soweit erforderlich – individuelle Empfehlungen an die Vertragsparteien.

---

[1] Satzung des Europarats (European Treaty Series ETS No. 1) Artikel 14. Vgl. auch die Verfahrensordnung des Ministerkomitees, Artikel 10.

Eine Empfehlung des Ministerkomitee wird nun mit Zweidrittelmehrheit der Abstimmenden[2] und nicht länger von der Mehrheit der Mitgliedstaaten des Europarats angenommen. Nur Vertragsparteien der Charta dürfen abstimmen und nicht, wie vorher, alle Mitgliedstaaten des Europarats.[3]

Beide Entscheidungen zu den erwähnten Abstimmungsverfahren erlaubten die Stärkung des politischen Standpunkts des Ministerkomitees. Seit 1993 (zwölfter Überwachungszyklus) hat das Ministerkomitee von der ihm gegebenen Möglichkeit Gebrauch gemacht, Empfehlungen abzugeben. Obwohl diese Empfehlungen keine rechtliche Bindungswirkung haben, gaben sie dem Überwachungsverfahren der Charta ein politisches Mittel für Sanktionen gegen Länder, was diese in einigen Fällen dazu gebracht hat, ihre Gesetzgebung zu ändern, um sie in Übereinstimmung mit den Erfordernissen der Charta zu bringen (vgl. Informationsblatt A – 10 für eine Liste der bis heute an die Staaten gerichteten Empfehlungen).

III. Kollektivbeschwerden

Das Ministerkomitee spielt auch eine Rolle in der letzten Phase des Kollektivbeschwerdeverfahrens. Artikel 9 des Protokolls zur Einführung eines Kollektivbeschwerdeverfahrens bestimmt, dass das Ministerkomitee einen Beschluss fasst, der das Verfahren abschließt und, soweit angemessen, eine Empfehlung an die betreffende Vertragspartei richtet, falls der Europäische Sozialrechtsausschuss einen Verstoß gegen die Charta festgestellt hat.

---

2 Entscheidung über die Annahme von Empfehlungen unter der Europäischen Sozialcharta, angenommen durch das Ministerkomitee bei der 541. Sitzung der Beauftragten der Minister, 19.-22. Juni 1995: Im Anschluss an ihre in der 492. Sitzung angenommene Entscheidung (April 1993, Punkt 15), nach der „nur die Vertreter derjenigen Staaten, welche die Charta ratifiziert haben, im Ministerkomitee abstimmen dürfen, wenn Letzteres als Kontrollorgan bei der Anwendung der Charta handelt", legten die Beauftragten fest, dass Empfehlungen nach der Europäischen Sozialcharta angenommen werden mit Zweidrittelmehrheit der abstimmenden Beauftragten und der Mehrheit der Vertragsparteien (Artikel 9 Abs. 4 i.V.m. Artikel 10 Abs. 3 der Verfahrensordnung für die Sitzungen der Beauftragten).

3 Entscheidung über die Abstimmung im Ministerkomitee, angenommen vom Ministerkomitee im April 1993 auf der 492. Sitzung der Beauftragten der Minister:
Die Beauftragten
1. beschließen einstimmig, die Regel einzuführen, wonach nur die Vertreter derjenigen Staaten, welche die Charta ratifiziert haben, im Ministerkomitee abstimmen dürfen, wenn Letzteres als Kontrollorgan der Charta handelt.

Informationsblatt A – 10

Vom Ministerkomitee angenommene Empfehlungen

Artikel 29 der Charta bestimmt, dass das Ministerkomitee des Europarats alle erforderlichen Empfehlungen an die Vertragsparteien richten kann. Das erste Mal wurde dieses Verfahren am Ende des Überwachungszyklus XII-1 angewendet. Das Ministerkomitee erinnerte daran, dass das Änderungsprotokoll zur Charta die Auswahl von Situationen durch den Regierungsausschuss vorsieht, die nach sozialen, wirtschaftlichen und anderen politischen Erwägungen Gegenstand von Empfehlungen an die einzelnen Vertragsparteien sein sollen. Bislang hat das Ministerkomitee dreiundzwanzig Empfehlungen abgegeben, die an dreizehn Vertragsparteien gerichtet waren. Auf den Inhalt der einzelnen Empfehlungen wird unten hingewiesen. Die Volltexte können auf der Webseite http://www.socialcharter.coe.int gefunden werden.

1. Überwachungszyklus XII-1 (Empfehlungen angenommen am 7. September 1993)

Griechenland

- Artikel 1 Abs. 2: Zwangsarbeit - Handelsflotte, Streitkräfte
- Artikel 13 Abs. 1: Kein subjektives Recht auf soziale Fürsorge
- Artikel 13 Abs. 4: Diskriminierung gegen fremde Staatsbürger

Norwegen

- Artikel 6 Abs. 4: Ungerechtfertigte Schlichtung in einem Streik von Krankenschwestern
- Artikel 7 Abs. 3: Möglichkeit einer unangemessen langen Arbeitswoche für Schulkinder

Vereinigtes Königreich

- Artikel 6 Abs. 4: Möglichkeit, Streikende zu entlassen und selektiv wieder einzustellen

- Artikel 8 Abs. 1: Unangemessene Mutterschaftsleistungen

2. Überwachungszyklus XII-2 (Empfehlungen angenommen am 8. April 1994)

Österreich

- Artikel 5: Kein Schutz vor Entlassung aufgrund von Gewerkschaftstätigkeiten in Unternehmen mit weniger als fünf Beschäftigten
- Artikel 8 Abs. 2: Möglichkeit der Entlassung von häuslichen Beschäftigten nach fünf Monaten Schwangerschaft

Deutschland

- Artikel 19 Abs. 6: Verschiedene Beschränkungen der Familienzusammenführung

Frankreich

- Artikel 1 Abs. 2: Zwangsarbeit - Handelsflotte

Italien

- Artikel 1 Abs. 2: Zwangsarbeit - Handelsflotte, zivile Luftfahrt
- Artikel 3 Abs. 2: Versäumnis, die erforderlichen Informationen zur Bewertung der Situation zu geben
- Artikel 4 Abs. 4: Unangemessene Kündigungsfristen in bestimmten Bereichen
- Artikel 4 Abs. 5: Keine Regelung von Gehaltskürzungen
- Artikel 7 Abs. 1: Kein Arbeitsverbot für Jugendliche unter fünfzehn Jahren in der Landwirtschaft und häuslicher Arbeit
- Artikel 8 Abs. 1: Kein bezahlter Mutterschaftsurlaub für häuslich Beschäftigte
- Artikel 8 Abs. 2: Möglichkeit, häuslich Beschäftigte während des Mutterschaftsurlaubs zu entlassen
- Artikel 8 Abs. 3: Kein Anspruch auf bezahlten Stillurlaub für häusliche Beschäftigte und Heimarbeiter
- Artikel 13 Abs. 1: Kein individueller Anspruch auf soziale Fürsorge

3. Überwachungszyklus XIII-1 (Empfehlungen angenommen am 22. Mai 1995)

Österreich

- Artikel 5: Kein Schutz vor Entlassung aufgrund von Gewerkschaftstätigkeiten in Unternehmen mit weniger als fünf Beschäftigten
- Artikel 8 Abs. 2: Möglichkeit der Entlassung von häuslich Beschäftigten nach fünf Monaten Schwangerschaft

Dänemark

- Artikel 5: Beschränkungen des Rechts auf Vereinigungsfreiheit unter dem dänischen internationalen Schiffsregister
- Artikel 6 Abs. 2: Beschränkungen der Kollektivverhandlungen und Ungleichbehandlung unter dem dänischen internationalen Schiffsregister
- Artikel 6 Abs. 4: Kein Streikrecht für Beamte

Frankreich

- Artikel 1 Abs. 2: Zwangsarbeit - Handelsflotte

Griechenland

- Artikel 1 Abs. 2: Zwangsarbeit - Handelsflotte, Streitkräfte
- Artikel 7 Abs. 1: Kein Mindestalter für die Beschäftigung in landwirtschaftlichen, forstwirtschaftlichen oder Tierzuchtarbeiten in Familienbetrieben
- Artikel 7 Abs. 3: Kein Mindestalter für die Beschäftigung in landwirtschaftlichen, forstwirtschaftlichen oder Tierzuchtarbeiten in Familienbetrieben
- Artikel 19 Abs. 1 Versäumnis, die erforderlichen Informationen für eine Bewertung der Situation zu geben
- Artikel 19 Abs. 8: Kein Recht zur Berufung gegen eine Abschiebeanordnung

Irland

- Artikel 1 Abs. 2: Zwangsarbeit - Handelsflotte
- Artikel 4 Abs. 4: Unangemessene Kündigungsfristen
- Artikel 6 Abs. 4: Ungenügender Schutz für streikende Handelsseeleute
- Artikel 7 Abs. 3: Ungenügende Regulierung der Arbeitszeiten für Kinder, die bei einem Verwandten beschäftigt sind
- Artikel 19 Abs. 8: Kein Recht zur Berufung gegen eine Abschiebeanordnung

Italien

• Artikel 1 Abs. 2:	Zwangsarbeit - Handelsflotte
• Artikel 3 Abs. 1:	Bestimmte selbständig Beschäftigte ohne Schutz in Bereichen der Gesundheit und Sicherheit
• Artikel 3 Abs. 2:	Bestimmte selbständig Beschäftigte ohne Schutz in Bereichen der Gesundheit und Sicherheit
• Artikel 3 Abs. 2:	Versäumnis, die erforderlichen Informationen zur Bewertung der Situation zu geben
• Artikel 4 Abs. 4:	Unangemessene Kündigungsfristen in bestimmten Bereichen
• Artikel 4 Abs. 5:	Keine Regulierung von Gehaltskürzungen

Spanien

• Artikel 1 Abs. 2:	Zwangsarbeit - Handelsflotte und Flugbesatzung

Schweden

• Artikel 19 Abs. 8:	Kein Recht zur Berufung gegen eine Abschiebeanordnung

4. Überwachungszyklus XIII-2 (Empfehlungen angenommen am 14. Dezember 1995)

Griechenland

• Artikel 18 Abs. 2:	Versäumnis, Verfahren in Bezug auf Wanderarbeitnehmer aus Nicht-EU/EWR Staaten zu vereinfachen

Italien

• Artikel 7 Abs. 4:	Unangemessene Regulierung der Arbeitszeit von Personen unter 16 Jahren

5. Überwachungszyklus XIII-3 (Empfehlungen angenommen am 15. Januar 1997)

Malta

• Artikel 5 und 6 Abs. 2:	Pflicht zum Beitritt zum Malteser Polizeiverband. Unmöglichkeit, einer anderen Gewerkschaft oder Vereinigung beizutreten

Türkei

- Artikel 7 Abs. 3: Bestimmte Bereiche nicht vom Verbot der Kinderarbeit erfasst

Vereinigtes Königreich

- Artikel 1 Abs. 2: Zwangsarbeit - Handelsflotte
- Artikel 5 und 6 Abs. 2: Gesetzliche Beschränkungen der Vereinigungsfreiheit und der Kollektivverhandlungen
- Artikel 6 Abs. 4: Möglichkeit, Streikende zu entlassen und selektiv wieder einzustellen

6. Überwachungszyklus XIII-4 (Empfehlungen angenommen am 4. Februar 1998)

Frankreich

- Artikel 17: Ungleichheit des Erbrechts für unehelich geborene Kinder

Deutschland

- Artikel 6 Abs. 4: Beschränkung des Streikrechts

Italien

- Artikel 7 Abs. 2: Zu niedriges Mindestalter für bestimmte gefährliche Tätigkeiten (Benzol)

Türkei

- Artikel 11: Übermäßige Säuglings- und Kindersterblichkeitsrate
- Artikel 16: Rechtliche Ungleichheiten zwischen Elternteilen und geringer Anteil von Familien, die von Familienzuschüssen begünstigt werden

7. Überwachungszyklus XIII-5 (Empfehlungen angenommen am 2. Juli 1998)

Portugal

- Artikel 7 Abs. 1: In der Praxis keine Einhaltung des Verbots der Arbeit von Kindern unter fünfzehn Jahren

8. Überwachungszyklus XIV-1 (Empfehlungen angenommen am 4. März 1999)

Österreich

- Artikel 5: Wahl zu Betriebsräten beschränkt auf Staatsbürger

Irland

- Artikel 5 und 6 Abs. 2: Gesetzliche Beschränkung der Vereinigungsfreiheit und des Rechts auf Kollektivverhandlungen

9. Überwachungszyklus XIV-2 (Empfehlungen angenommen am 27. Oktober 1999)

Türkei

- Artikel 4 Abs. 3: Kein Verbot der Diskriminierung zwischen Männern und Frauen in Bezug auf das Gehalt in bestimmten Wirtschaftsbereichen

Informationsblatt A – 11

Hauptpunkte der Schlussfolgerungen XIV-1 und XIV-2

1. Schlussfolgerungen XIV-1

Die Schlussfolgerungen für den Überwachungszyklus XIV-1 betrafen die Artikel 1, 5, 6, 12, 13, 16 und 19 der Charta. Der Referenzzeitraum war 1994-96. Die Schlussfolgerungen des Komitees werden zum ersten Mal Land für Land vorgestellt anstatt Bestimmung für Bestimmung. Diese Änderung soll es den Lesern einfacher machen, die Erfüllung der Charta durch ihre Länder zu überprüfen. Besondere Aufmerksamkeit sollte auch der allgemeinen Einführung zu den Schlussfolgerungen gewidmet werden, die wie schon früher die Hauptthemen erläutert und die wesentlichen Elemente herausstellt, die jeder untersuchten Bestimmung der Charta zu Grunde liegen.

Im Verhältnis zu Artikel 1 (das Recht auf Arbeit) bemerkte das Komitee, dass die Anzahl der Arbeitslosen in den Vertragsparteien im Referenzzeitraum zwischen 22 und 23 Millionen betrug. Obwohl es keine Schlussfolgerungen trifft zur Übereinstimmung von nationalen Situationen mit Artikel 1 Abs. 1, untersucht das Komitee alle Entwicklungen und Initiativen im Arbeitsbereich. Es bemerkte, dass ernste Probleme hinsichtlich Diskriminierung in der Beschäftigung fortbestehen, auch wenn die rechtliche Situation in den meisten Staaten befriedigend ist. In Bezug auf Zwangsarbeit bestand das Komitee darauf, dass Empfehlungen an die vielen Staaten, welche die Bestimmungen der Charta nicht respektieren, mit mehr Nachdruck formuliert werden.

In Bezug auf Artikel 5 und 6 (die Vereinigungsfreiheit und das Recht auf Kollektivverhandlungen) stellte das Komitee die Bedeutung dieser Bestimmungen heraus und forderte alle Staaten eindringlich auf, sie zu akzeptieren, da sie bei der Erfüllung der anderen Bestimmungen förderlich sind. Beide Artikel waren Gegenstand des sechsten Berichts nach Artikel 22 über nicht angenommene Bestimmungen. Das Komitee richtete allgemeine Fragen an die Staaten zu den Bestimmungen über Vertretung der Gewerkschaften und Beschränkungen der Wählbarkeit ausländischer Gewerkschaftsdelegierter zu offiziellen Dreiparteienorganen.

Im Bewusstsein der wichtigen Entwicklungen, die im Bereich der sozialen Sicherheit aufgetreten sind (Artikel 12), erinnerte das Komitee daran, dass aus sozialen und wirtschaftlichen Gründen möglicherweise Anpassungen an die Systeme der sozialen Sicherheit vorgenommen werden müssten. Dabei müsste jedoch das Schutzniveau gehalten werden und die gewählten Mittel müssten angemessen sein. Es hat die Staaten auch an die Pflicht erinnert, fremde Staatsbürger gleich zu behandeln und die Gewährleistung, Erhaltung und Wiederaufnahme von Rechten der sozialen Sicherheit sicherzustellen, wann immer sich die betroffenen Personen innerhalb des Staatgebiets der Vertragsparteien bewegten.

In Bezug auf Fürsorge (Artikel 13) betonte das Komitee erneut, dass die Charta allen Personen, die angemessenen Beistands bedürfen, ein subjektives Recht darauf gibt. Zudem sind Staaten verpflichtet, auf die Eliminierung von Armut hinzuarbeiten, welche die soziale Fürsorge schließlich unnötig macht.

In Bezug auf Artikel 16 (Schutz der Familie) kritisierte das Komitee erneut das Erfordernis, nach dem ein Kind seinen Wohnsitz im Staatsgebiet haben muss, bevor Kindergeld gezahlt wird. Die Charta verbietet nicht eine Senkung der Leistungen, wenn das Land, in dem das Kind sich aufhält, niedrigere Lebenshaltungskosten hat, sofern die Senkung proportional dazu ist. In ähnlicher Weise erklärte das Komitee, wenn das Erfordernis einer bestimmten Dauer des Wohnsitzes für die Zahlung von Kindergeld nach Artikel 12 Abs. 4 zulässig sei, werde es auch nach Artikel 16 akzeptabel sein.

Schließlich wies das Komitee hinsichtlich Artikel 19 (Rechte der Wanderarbeitnehmer) auf die ernsten Probleme hin, vor die Wanderarbeitnehmer immer noch gestellt werden: Diskriminierung, Beschränkungen der Familienzusammenführung and Abschieberegelungen, die nicht die Kriterien der Charta erfüllen.

Insgesamt berichteten die Vertragsparteien über 489 Situationen. In mehr als der Hälfte der Fälle (281) war das Komitee zufriedengestellt, dass die Charta in vollem Umfang umgesetzt wurde. Negative Schlussfolgerungen wurden in Bezug auf 100 Situationen getroffen.

2. Schlussfolgerungen XIV-2

Die Schlussfolgerungen für den Überwachungszyklus XIV-2 betrafen Artikel 2, 3, 9, 10 und 15 der Charta und Artikel 2 und 3 des Zusatzprotokolls von 1988 für Staaten, die es ratifiziert haben. Der Referenzzeitraum war 1992-96.

Hinsichtlich Artikel 2 betonte das Komitee, dass die Arbeitszeit einschließlich Überstunden angemessen sein müsse, um Gesundheit und Sicherheit der betreffenden Arbeitnehmer nicht zu gefährden. Zum Beispiel hielt es die in staatlicher Gesetzgebung vorgesehene Möglichkeit, in einem Zeitraum von vierundzwanzig Stunden bis zu sechzehn Stunden zu arbeiten, für nicht mit der Charta vereinbar. Es bemerkte auch den wachsenden Gebrauch von flexiblen Arbeitszeitmodellen in vielen Vertragsparteien, vor allem von solchen auf Grundlage einer durchschnittlichen Arbeitszeit in einem Zeitraum von mehr als einer Arbeitswoche. Das Komitee hielt diese Systeme an sich nicht für einen Verstoß gegen die Charta. Jedoch müssen die speziellen Voraussetzungen für die Aufstellung dieser Systeme und die Beschränkungen der Arbeitszeit beachtet werden.

Hinsichtlich Artikel 3 untersuchte der Ausschuss die Regelungen der Risiken in Zusammenhang mit bestimmten Aktivitäten (Fischerei, Dockarbeit, Montage und Bergbau) und gefährlichen Substanzen und Wirkstoffen (vor allem Asbest und ionisierende Strahlung), und der Risiken, denen bestimmte anfällige Kategorien von Arbeitnehmern unterliegen. Es hielt die Entwicklungen in Industrieunfalltrends einschließlich tödlicher Unfälle, und bezüglich der Überwachungshandlungen der staatlichen Arbeitsaufsicht im Allgemeinen für befriedigend, obwohl Probleme bestehen bei bestimmten Vertragsparteien.

In Bezug auf das Recht zu angemessener Bezahlung gem. Artikel 4 bestätigte der Ausschuss das Grundprinzip, dass das Mindestgehalt auf dem Arbeitsmarkt (ob gesetzlich oder in der Praxis nach Verhandlungen festgelegt) nicht unter dem Durchschnittsgehalt liegen sollte. Es hat sich jedoch entschieden, seine Bewertungsmethode zu ändern und wird von nun an auf das Nettogehalt von Vollzeitarbeitnehmern abstellen, d.h. nach Abzug der Sozialabgaben und Steuern. Es hat die Grenze, unter der ein Nettogehalt nicht mehr als angemessen im Sinne der Charta angesehen werden kann, bei 60% des nationalen Durchschnittsnettogehalts festgelegt.

Bei der Bewertung des Engagements der Staaten, die wirksame Ausübung des Rechts auf Berufsberatung in Artikel 9 sicherzustellen, stellte der Ausschuss sowohl die personellen als auch finanziellen investierten Mittel heraus, die Effizienz der Verbreitung und das Prinzip der Gleichbehandlung von Staatsbürgern anderer Vertragsparteien bei der Gewährung von Beratung.

Hinsichtlich Artikel 10 bemerkte der Ausschuss die Anstrengungen, die von den Regierungen gemacht wurden, um den sozialökonomischen und technologischen Herausforderungen für die staatlichen Berufsausbildungssysteme zu begegnen. Es beurteilte die Frage, ob diese Anstrengungen angesichts der Anforderungen der Charta ausreichend sind, unter anderem unter Verweis auf Ausgaben für Berufsausbildung, Beteiligung und Verfügbarkeit von Ausbildungsplätzen. Es wies jedoch darauf hin, dass die Gleichbehandlung von Staatsbürgern anderer Vertragsparteien beim Zugang zur Berufsausbildung und insbesondere zu finanzieller Unterstützung in einer Anzahl von Mitgliedstaaten noch nicht sichergestellt ist.

Das Ziel von Artikel 15 ist es, die wirksame Ausübung des Rechts von Behinderten auf berufliche Ausbildung, Eingliederung und Wiedereingliederung sicherzustellen. Der Ausschuss bemerkte die Priorität, welche in den meisten Staaten für die Integration Behinderter in die gewöhnliche Ausbildungs- und Arbeitsumwelt besteht, warnte aber auch vor dem Risiko der Marginalisierung Behinderter in spezialisierten Einrichtungen. Weiterhin bestehen unter dieser Bestimmung in bestimmten Staaten Probleme der rechtlichen und tatsächlichen Gleichbehandlung von Staatsbürgern anderer Vertragsparteien fort.

Informationsblatt A – 12

Überwachung der Anwendung der Europäischen Sozialcharta: Situation am Ende des Überwachungszyklus XIV-2

Die folgende Tabelle fasst die nach Ländern geordnete rechtliche Bewertung zusammen, die der Europäische Sozialrechtsausschuss zur Übereinstimmung der staatlichen Situationen mit der Europäischen Sozialcharta vorgenommen hat. Sie basiert auf den letzten Schlussfolgerungen des Europäischen Sozialrechtsausschusses (Schlussfolgerungen XVI-1 und XIV-2) zu den einzelnen Bestimmungen der Charta.

Schlüssel:

+	positive Schlussfolgerung
(+)	vorläufige positive Schlussfolgerung
–	negative Schlussfolgerung
0	Aufschub

Schwarz	Nicht angenommene Bestimmungen
Grau	Nicht-Kernbestimmungen: Artikel 2, 3, 4, 9, 10 und 15 plus Artikel 2 und 3 des Zusatzprotokolls (mit Ausnahme der vollständigen Berichte von Italien und Norwegen). Schlussfolgerungen XIV-2, veröffentlicht im Dezember 1998. Nächste Untersuchung in Zyklus XVI-2 (Schlussfolgerungen sollen im Dezember 2002 veröffentlicht werden).
Hellgrau	Kernbestimmungen, die während des Zyklus XIV-1 untersucht wurden (außer Artikel 1.4, der in Zyklus XIV-2 untersucht wurde): Artikel 1, 5, 6, 12, 13, 16 und 19. Die Schlussfolgerungen wurden im Mai 1998 veröffentlicht. Nächste Untersuchung in Zyklus XV-1 (Schlussfolgerungen im April 2000).
Weiß	Nicht-Kernbestimmungen: Artikel 7, 8, 11, 14, 17 und 18, plus Artikel 1 und 4 des Zusatzprotokolls. Nächste Untersuchung in Zyklus XV-2 (Schlussfolgerungen sollen im Dezember 2000 veröffentlicht werden).

Der Ausschuss hat seit dem achten Überwachungszyklus keine Schlussfolgerungen unter Artikel 1.1 angenommen.

Einige Bestimmungen sind Gegenstand von zwei Schlussfolgerungen:

- Artikel 1.2: Eliminierung von allen Formen von Diskriminierung bei der Arbeit (ED) und Verbot der Zwangsarbeit (ZW);
- Artikel 8.1: Recht auf Mutterschaftsurlaub (MU) und Recht auf angemessene Leistungen (AL);
- Artikel 8.4: Regelung der Nachtarbeit in gewerblichen Betrieben (NA) und Verbot der Beschäftigung in gefährlichen Tätigkeiten (GT).

	BE	DA	DE	FI	FR	GR	IR	IS	IT	LU	MA	NL	NO	OE	PO	SL	SP	TU	UK	ZY
1.1																				
1.2ED	+	+	(+)	+	+	0	(+)	+	0	(+)	(+)	+	(+)	0	-	+	0	0	-	0
1.2ZW	-	-	+	+	-	-	-	+	-	(+)	(+)	-	+	+	-	+	+	-	-	-
1.3	0	(+)	+	(+)	+	-	(+)	0	(+)	(+)	0	+	+	+	+	+	(+)	-	+	+
1.4	-	0	+	0	+	0	0	0	0	0	0	+	+	-	0	+	+	-	+	+
2.1	-		0	-	+	-	0	-	0	0	0	-	-		+		-			0
2.2	+	+	+	+	+	0	+		+	+	+	+	+	+	-		+		+	
2.3	+	+	+	+	+	+	+	+	0	+	-	+	+	+	+	+	+		0	+
2.4	-		+	+	+	0	-		-	-		-	+	0	0		0		0	
2.5	+	+	+	0	+	+	0	+	+	+	-	0	+	+	+	+	0		0	+
3.1	+	+	+		0	0	+	0	-	0	+	-	+	+	+	+	0		+	+
3.2	0	+	+		+	0	0	0	0	0	0	0	+	0	-	+	0		+	+
3.3	+	+	0	+	+	+	+	+	+	+	0	0	+	+	+	+	+		+	+
4.1	0	0	0		0	0	-	0	0	0	+	-	0	0	0	0	-		-	
4.2	-	+	+	0	+	+	+	+	+	-	+	+	+	+	+		-		-	
4.3	+	+	+	0	+	0		0	0	0	0	+	0	+	0	+	0	-		
4.4	-				-	-	-	0	-		-	-	+		0	-	-		-	
4.5	+		+	0	+	+	0	+	-	0	0	+	+	+	+		+	0	0	
5	0	-	(+)	0	0		-	-	+	-	-	+	(+)	-	0	-	+		-	+
6.1	+	+	+	(+)	+		0	+	+	+	(+)	+	+	+	(+)	+	+		0	+
6.2	0	-	(+)	(+)	0		-	+	+	+	-	(+)	(+)	+	0	+	0		-	(+)
6.3	+	(+)	+	+	+		+	+	+	+	-	+	-	+	0	+	(+)		+	+
6.4	0	-	-	0	-		-	-	0		0	(+)	-		-	(+)	(+)		-	0
7.1	0			0	-	-			-	+	(+)	+			-	-	-			(+)
7.2	+		+	0	+	+	+		-	0	0	+	+	+	0	+	+		+	
7.3	+		(+)	-	-	-	-		-	+	(+)	-	-	-	-	-	-	-	-	(+)
7.4	0		+	0	+	0	-		-	-	+	(+)		+	0	+	-	-		
7.5	0		0	+	+	+	-		0	-	0	-	0	+	0		-	0	0	
7.6	(+)		+		+	+	+		+	0	+	-	0		(+)		-	0	(+)	

	BE	DA	DE	FI	FR	GR	IR	IS	IT	LU	MA	NL	NO	OE	PO	SL	SP	TU	UK	ZY
7.7	0		+	+	+	+			+	+	+	+	+	+	+	+	+			+
7.8	0		+	+	+	0	(+)		+	+	-	+	0	+	-	+	0	-		-
7.9	+		+		+	+			+	(+)	0	+		+	+	0	-	-	+	
7.10	0		+	+	+	+	+		(+)	+	(+)	(+)	+	(+)	+	+	(+)		+	
8.1MU	+	-	+		+	0	-		+	+	-	-		+	-	-	(+)		-	+
8.1AL	+	0	(+)		+	0	-		-	+	-	-		+	+	+	(+)		-	0
8.2	0			0	(+)	-			-	-	-	(+)		-	+		-			(+)
8.3	-		(+)		0	+			-	+		-		+	+	-	+			
8.4NA	0				0	0	-		0		0	+		+	0		+			
8.4GT	+				0	0	-		-		0	0		+	+					
9	0	+	+	0	+	+	+		0	+	+	0	+	+	0	+	+	0	+	+
10.1	0	+	+	+	+	+	0		0	+	0	+	+	0	0	+	+	0	+	
10.2	0	+	+	0	+	+	0		+	+	0	+	+	-	0	+	+	+	+	
10.3	0	0	+	0	+	+	0		0	+	0	+	+	+	0	+	+	0	+	
10.4	-	0		-	+	0	0		0	0	+	+	+	0	+	+	+	0	+	
11.1	0	+	+	+	+	+		+	0	+	+	+	+	+	+	+	+	-	+	+
11.2	+	+	+	+	+	+		+	+	+	+	+	+	(+)	+	+	+	0	+	(+)
11.3	0	+	+	+	+	+	(+)	+	(+)	+	+	+	+	+	+	+	+	0	+	+
12.1	+	+	+	+	+	+	+	+	+	+	(+)	+	+	+	+	+	+	(+)	+	+
12.2	+	+	+	+	+	(+)		+	0	+		+	+	+	+	+	+	(+)		+
12.3	0	+	0	0	(+)	(+)	+	+	0	+	+	-	+	(+)	+	0	0	0		+
12.4	0	-	0	-	-	0	0	0	-	0		0	0	-	-		0	-		(+)
13.1	(+)	-	-	(+)	-	-	-	0	-	-	-	+	0	(+)	0	+	-	-	-	
13.2	+	0	(+)	+	+	0	+	+	0	+	0	+	+	+	+	+	0	0	(+)	
13.3	+	(+)	-	+	+	0	(+)	(+)	0	+	0	+	0	+	+	+	+	0	(+)	
13.4	+	(+)	(+)	+	+	0	0	0	0	0	-	-	0	0	-	+	-	0	-	
14.1	(+)	0	0	+	(+)	+	(+)	0	(+)	(+)	+	+	+	+	+	+	+	0	+	+
14.2	(+)	+	+	+	+	+	+	0	(+)	+	+	+	+	+	+	+	+	+	+	+
15.1	-	0	0	0	+	0	0	+	+	0	+	+	+	+	0	+	0		+	+

	BE	DA	DE	FI	FR	GR	IR	IS	IT	LU	MA	NL	NO	OE	PO	SL	SP	TU	UK	ZY
15.2	-	+	+	0	+	0	+	0	0	0	+	+	+	+	0	+	0		+	+
16	0	-	-	-	0	0	0	0	-	0	-	0	0	-	0	+	0	-	0	
17	(+)	+	+	+	-	+	(+)	+	+	0	-	+	+	+	+	+	+	0	+	
18.1	0	+	+	+	+	+	+	+	+	0		+		(+)	+	+	(+)	0	+	
18.2	(+)	+	+	+	+	-	0	0	+	0		+		+	+	+	0	-	+	
18.3	0	-	-	(+)	+	-	-	0	+	0		+			+	-	(+)	-	-	
18.4	+	+	+	+	+	0	+	+	+	+	+	+		+	+	+	+	0	+	
19.1	(+)		+	+	+	+	+		+	+		+	+	+	+	+	+	0	+	+
19.2	0		(+)	(+)	+	+	+		+	0		+	+	+	+	+	+	0	+	(+)
19.3	0		+	+	(+)	+	+		+	+		+	-	+	+	+	+	0	+	(+)
19.4	0		-	0	+	0	+		-	+		+	0		-	+	0	-	-	+
19.5	+		+	+	+	+	+		-	+		+	+	+	+	+	+	0	+	+
19.6	-		-	(+)	0	-	-		-	0		0	0	-	0	0	0	0	-	(+)
19.7	+		(+)	+	+	+	+		+	-		+	+		-	+	+	0	+	(+)
19.8	+		0	+	+	0	-		+	0		+			+	-	0	-	-	(+)
19.9	+		+	+	+	+	+		+	+		+	+	+	+	+	+	(+)	+	+
19.10	-		-		0	-	-		-	-		0	-		-	-	0	-	-	(+)
ZP1		(1)		0		(1)			0			0	0			0	(1)			
ZP2		(1)		+		(1)			0			+	0			0	(1)			
ZP3		(1)		+		(1)			0			+	0			+	(1)			
ZP4		(1)		0		(1)			0				0			0	(1)			

Informationsblatt A – 13

Das Verfahren der Kollektivbeschwerde

Das Zusatzprotokoll zur Europäischen Sozialcharta, das ein System von Kollektivbeschwerden einführt, lag am 9. November 1995 zur Unterzeichnung auf. Es trat am 1. Juli 1998 in Kraft. Bislang haben es sieben Staaten ratifiziert: Finnland, Griechenland, Italien, Norwegen, Portugal, Schweden und Zypern. Slowenien hat in Anwendung von Artikel D Abs. 2 der revidierten Charta akzeptiert, an das Verfahren gebunden zu sein.

Der Zweck des Protokolls ist es, die Leistungsfähigkeit des Überwachungsmechanismus der Sozialcharta zu verbessern, indem es zusätzlich zum gegenwärtigen Verfahren zur Untersuchung von Berichten der Regierungen die Behandlung von Kollektivbeschwerden zulässt, in denen Verstöße gegen die Charta behauptet werden.

1. Kollektivbeschwerden können erhoben werden von:

- internationalen Organisationen von Arbeitgebern und Gewerkschaften, die an der Arbeit des Regierungsausschusses gem. Artikel 27 Abs. 2 der Charta beteiligt sind, d.h. die Europäische Gewerkschaftskonföderation (ETUC), die Vereinigung der Industrie- und Arbeitgeberkonföderationen Europas (UNICE) und die Internationale Arbeitgeberorganisation (IOE);
- internationalen Nichtregierungsorganisationen mit Beraterstatus beim Europarat, die auf einer Liste stehen, die zu diesem Zweck von dem Regierungsausschuss aufgestellt wurde;[1]
- nationalen Organisationen von Arbeitgebern und Gewerkschaften aus dem betreffenden Staat.

Außerdem kann jeder Staat durch eine Erklärung gegenüber dem Generalsekretär des Europarats nationale Nichtregierungsorganisationen ermächtigen, Beschwerden gegen ihn einzulegen. Bislang hat Finnland eine solche Erklärung abgegeben.

---

[1] Siehe Informationsblatt A – 14.

2. Form

Es gibt kein Standardformular zur Einlegung von Kollektivbeschwerden. Sie werden schriftlich eingelegt und müssen von einem bevollmächtigten Vertreter der Beschwerdeorganisation unterschieben sein.

3. Sprachen

Die Amtsprachen des Europarats sind Englisch und Französisch.

Beschwerden, die eingelegt werden von internationalen Arbeitgeber- und Gewerkschaftsorganisationen, die an der Arbeit des Regierungsausschusses beteiligt sind, d.h. die Europäische Gewerkschaftskonföderation (ETUC), die Vereinigung der Industrie und Arbeitgeber Europas (UNICE) und die Internationale Arbeitgeberorganisation (IOE), oder von internationalen NGOs, die auf einer zu diesem Zweck vom Regierungsausschuss aufgestellten Liste stehen, müssen in Englisch oder Französisch abgefasst sein.

Beschwerden, die von nationalen Arbeitgeber- oder Gewerkschaftsorganisationen oder von nationalen Nichtregierungsorganisationen der betreffenden Vertragspartei eingelegt werden, können in einer anderen als der Amtssprache eingereicht werden.

4. Inhalt

Beschwerden müssen die folgenden Informationen enthalten:

- Name und Kontaktangaben der Organisation, welche die Beschwerde einlegt;
- bei NGOs muss erwähnt werden, dass die Organisation Beraterstatus bei dem Europarat hat und auf der Liste des Regierungsausschusses enthalten ist, und Angaben zu den Bereichen, in denen sie tätig ist;
- die Identität der Vertragspartei, gegen die Beschwerde eingelegt wird (der betreffende Staat muss das Kollektivbeschwerdeverfahren angenommen haben);
- eine Liste der von der Beschwerde betroffenen Bestimmungen der Charta (diese müssen alle von dem betreffenden Staat angenommen worden sein);
- die Art der Beschwerde (in welchem Umfang soll der betreffende Staat die ausreichende Anwendung bestimmter Bestimmungen der Charta nicht sichergestellt haben);
- wesentliche Argumente;
- Kopien der wesentlichen Unterlagen.

5. Verfahren

Kollektivbeschwerden werden vom Europäischen Sozialrechtsausschuss, dem Ausschuss unabhängiger Sachverständiger der Sozialcharta, untersucht, der zuerst nach den im Protokoll aufgeführten Kriterien über ihre Zulässigkeit entscheiden muss.

Wenn die Beschwerde zulässig ist, untersucht der Ausschuss die Begründetheit: Nachdem Informationen vom Beschwerdeführer, vom betreffenden Staat, von den anderen Vertragsparteien der Charta und von beiden Seiten der Wirtschaft eingeholt worden sind, erstellt der Ausschuss einen Bericht für das Ministerkomitee, der eine Schlussfolgerung enthält, ob die Vertragspartei, gegen die die Beschwerde gerichtet ist, in ausreichender Weise sichergestellt hat, dass die Bestimmung der Charta, die Gegenstand der Beschwerde ist, umgesetzt wird.

Danach ist es Aufgabe des Ministerkomitees, eine Resolution anzunehmen, mit dem das Verfahren beendet wird und mit dem ggf. eine Empfehlung an die betreffende Vertragspartei gerichtet wird, falls der Europäische Sozialrechtsausschuss einen Verstoß gegen die Charta festgestellt hat.

Das Ministerkomitee kann unter bestimmten Umständen den Regierungsausschuss zu Rate ziehen (siehe Informationsblatt A – 8).

Europäische Sozialcharta
Verfahren der Kollektivbeschwerde

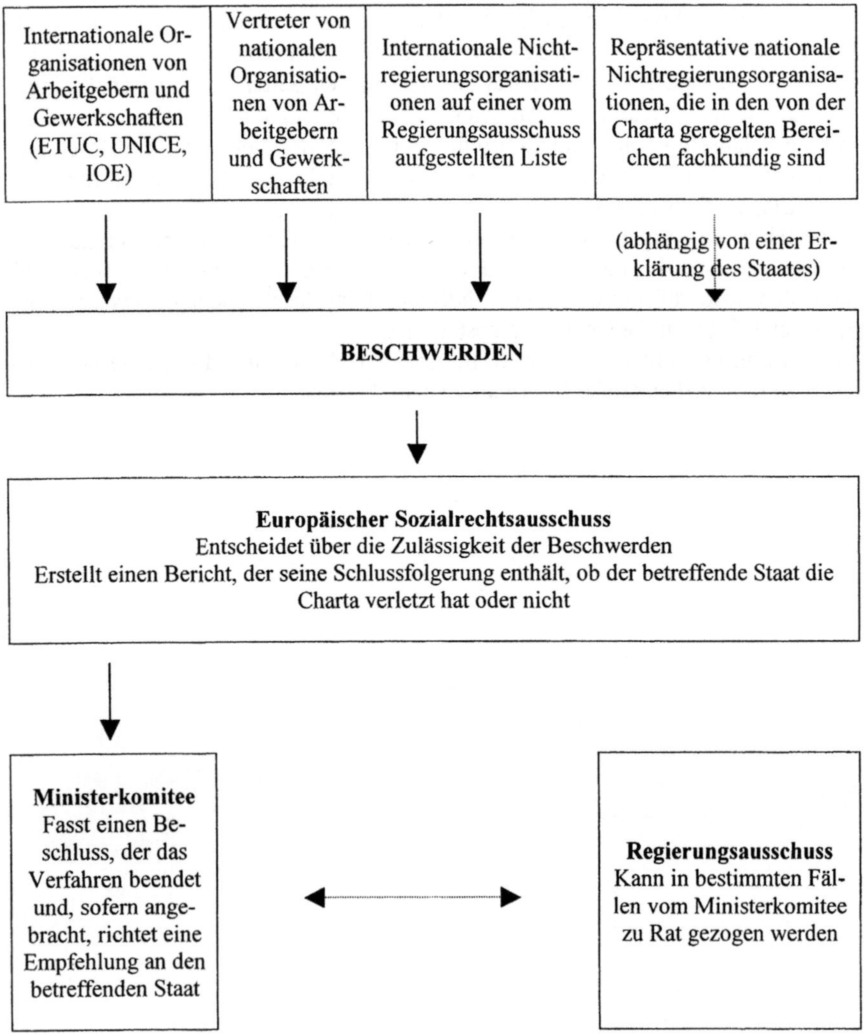

Informationsblatt A – 14

Internationale Nichtregierungsorganisationen, die Kollektivbeschwerden einlegen dürfen

1. Liste von NGOs, die Kollektivbeschwerden einlegen dürfen[1]

Conference of European Churches (KEK)

Eurolink Age

European Action of the Disabled (AEH) (1. Januar 2000)

European Antipoverty Network

European Association for Palliative Care (EAPC)

European Association of Railwaymen

European Centre of the International Council of Women

European Council of Police Trade Unions

European Council of WIZO Federations

European Federation of the Elderly (1. Januar 1999)

European Federation of Employees in Public Services (EUROFEDOP)

European Federation of National Organisations Working with the Homeless (FEANTSA)

European Forum for Child Welfare

---

[1] Vom Regierungsausschuss erstellte Liste im Zuge der Entscheidung des Ministerkomitees vom 22. Juni 1995 (siehe Abs. 20 des erläuternden Berichts zum Protokoll). Die Organisationen werden in englischer alphabetischer Reihenfolge für einen Zeitraum von vier Jahren ab Inkrafttreten des Protokolls (1. Juli 1998) registriert, mit Ausnahme von fünf NGOs, für die der Beginn des Zeitraums von vier Jahren ab dem 1. Januar 1999 bzw. dem 1. Januar 2000 angegeben ist.

Education International (1. Januar 1999)

European Movement

European Non-Governmental Sports Organisation (ENGSO) (1. Januar 1999)

European Ombudsman Institute

European Organisation of Military Associations (EUROMIL)

European Regional Council of the World Federation for Mental Health

Eurotalent

European Union of Rechtspfleger (1. Januar 1999)

European Women's Lobby

International Association Autism-Europe

International Association of the Third-Age Universities

International Catholic Society for Girls

International Centre for the Legal Protection of Human Rights (INTERIGHTS)

International Commission of Jurists

International Confederation of Catholic Charities
(CARITAS INTERNATIONALIS) (1. Januar 2000)

International Council of Environmental Law (ICEL) (1. Januar 2000)

International Council of Nurses

International Council on Social Welfare

International Federation of Educative Communities (FICE)

International Federation of Human Rights Leagues

International Federation for Hydrocephalus and Spina Bifida

International Federation of Musicians

International Federation for Parent Education (1. Januar 1999)

International Federation of Settlements and Neighbourhood Centres

International Humanist and Ethical Union

International Movement ATD – Fourth World

International Planned Parenthood Federation – Europe Region (IPPF)

International Road Safety

International Scientific Conference of Minorities for Europe of Tomorrow (ISCOMET)

Marangopoulos Foundation for Human Rights (MFHR) (1. Januar 2000)

Public Services International

Quaker Council for European Affairs (QCEA)

Standing Committee of the Hospitals of the European Union

World Confederation of Teachers

2. Tätigkeiten[2]

Conference of European Churches (KEK)

Die Conference of European Churches ist eine regionale ökumenische Organisation von Kirchen der Anglikaner, Baptisten, Methodisten, Orthodoxen, Reformierten und Pfingstlern. Ihr Ziel ist die Vertretung der Ansicht der Kirchen zu einer großen Bandbreite von sozialen Themen wie Menschenrechte, Religionsfreiheit, europäische Integration, Wirtschaft, Umwelt etc.

Eurolink Age

Eurolink Age ist ein europäisches Netzwerk, das sich der Förderung und Verteidigung der Rechte und Interessen von älteren Menschen widmet.

European Action of the Disabled (AEH)

European Action of the Disabled fasst eine Anzahl von europäischen Organisationen zusammen, die gleiche Rechte und Möglichkeiten für Behinderte fördern und die Lebensbedingungen behinderter Menschen und ihrer Familien verbessern wollen.

European Antipoverty Network

Das Ziel des European Antipoverty Network ist es, abgestimmte Politiken und Aktionen zu fördern und zu entwickeln, um jegliche Form der Armut und sozialer Ausgrenzung zu bekämpfen.

---

[2] Diese kurze Beschreibung der Tätigkeiten wurde vom Sekretariat auf Grundlage von Informationen entworfen, welche die NGOs bei ihrer Bewerbung vorgelegt haben.

European Association for Palliative Care (EAPC)

Die European Association for Palliative Care fördert die Bereiche, die mit der Pflege todkranker Patienten zu tun haben, gibt ihnen Unterstützung am Ende ihres Lebens und unterstützt ihre Familien.

European Association of Railwaymen

Die European Association of Railwaymen verteidigt die sozialen und wirtschaftlichen Rechte von Eisenbahnern, um ihre Arbeitsbedingungen zu verbessern und anzugleichen.

European Centre of the International Council of Women

Das European Centre of the International Council of Women fasst nationale Frauenräte zusammen, die an der Förderung gleicher Rechte und Möglichkeiten von Frauen in der Gesellschaft arbeiten.

European Council of Police Trade Unions

Der European Council of Police Trade Unions verteidigt die Rechte und Freiheiten von Polizisten und Polizistinnen, einschließlich des Rechts, Gewerkschaften beizutreten.

European Council of WIZO Federations

Diese internationale Organisation von zionistischen Frauengruppen besteht aus europäischen Organisationen, die sich mit der Förderung gleicher Rechte und Möglichkeiten zwischen Männern und Frauen und der Bekämpfung von Rassismus, Fremdenfeindlichkeit und Antisemitismus befassen.

European Federation of the Elderly

Die European Federation of the Elderly verteidigt die Rechte und Interessen älterer Menschen.

European Federation of Employees in Public Services (EUROFEDOP)

Die European Federation of Employees in Public Services umfasst nationale Gewerkschaftsorganisationen, die Beschäftigte im öffentlichen Dienst vertreten und deren Rechte verteidigen.

European Federation of National Organisations Working with the Homeless (FEANTSA)

Die European Federation of National Organisations Working with the Homeless besteht aus nationalen und regionalen Organisationen, die zusammenarbeiten, um die Obdachlosigkeit in Europa und deren Ursachen zu bekämpfen und abzuschaffen.

European Forum for Child Welfare

Das European Forum for Child Welfare bringt NGOs zusammen, die in der Förderung und Verteidigung von Kinderrechten engagiert sind.

Education International

Education International ist eine Vereinigung von nationalen Organisationen, welche die Rechte und Interessen von Lehrern vertreten und verteidigen.

European Movement

Die European Movement ist eine Gruppe von nationalen Räten und europäischen Organisationen, deren gemeinsames Ziel die Schaffung der demokratischen Vereinigten Staaten von Europa ist.

European Non-Governmental Sports Organisation (ENGSO)

Die European Non-Governmental Sports Organisation umfasst nationale Sportkonföderationen und Olympische Komitees, deren Ziel es ist, durch eine europäische Sportpolitik demokratische Prinzipien und sozialen Zusammenhalt zu fördern.

European Ombudsman Institute

Das European Ombudsman Institute ist eine Vereinigung europäischer Bürgerbeauftragter, die zusammenarbeiten in den Bereichen Menschenrechte, Schutz von Bürgern und der Rolle der Bürgerbeauftragten.

European Organisation of Military Associations (EUROMIL)

Die European Organisation of Military Associations fasst europäische Militärvereinigungen zusammen, die sich mit der Förderung und Verteidigung der Grundrechte und -freiheiten von Mitgliedern der Streitkräfte befassen, einschließlich der Vereinigungsfreiheit.

European Regional Council of the World Federation for Mental Health

Der European Regional Council of the World Federation for Mental Health vereinigt europäische Organisationen mit dem Zweck, die Rechte von Menschen zu verteidigen, die an geistigen Störungen leiden.

Eurotalent

Eurotalent ist eine Gruppe von europäischen Vereinigungen, die sich für die Förderung des Bewusstseins und Hilfe im Hinblick auf die besonderen Probleme und Bedürfnisse von hochbegabten Kindern und Erwachsenen einsetzen.

European Union of Rechtspfleger

Die European Union of Rechtspfleger fasst die beruflichen Organisationen von Gerichtsangestellten mit Rechtsprechungs- oder Verwaltungsaufgaben zusammen. Die Vereinigung vertritt und verteidigt die Rechte und Interessen ihrer Mitglieder.

European Women's Lobby

Die European Women's Lobby ist eine Vereinigung von NGOs, die wirksame gleiche Rechte und Möglichkeiten von Männern und Frauen erreichen wollen.

International Association Autism-Europe

Die International Association Autism-Europe besteht aus Vereinigungen von Eltern von autistischen Kindern.

International Association of Third-Age Universities

Die International Association of Third-Age Universities ist eine Vereinigung von Universitäten zur Förderung und Entwicklung der sozialen Eingliederung älterer Menschen durch ein weites Netzwerk von kulturellem und sozialem Austausch und Informationsnetzwerken.

International Catholic Society for Girls

Die International Catholic Society for Girls leistet Beratung und Beistand für junge Frauen, um ihnen zu helfen, ihren Platz im Leben und in der Gesellschaft zu finden und dort ihren Weg zu gehen.

International Centre for the Legal Protection of Human Rights (INTERIGHTS)

„INTERIGHTS" hat die Aufgabe, Grund- und Menschenrechte zu schützen, z.B. durch Hilfe für Opfer, ihre Fälle vor nationalen und internationalen Gerichten vorzubereiten und zu verteidigen.

International Commission of Jurists

Die International Commission of Jurists ist eine Menschenrechtsorganisation zum Schutz und zur Förderung von Grund- und Menschenrechten.

International Confederation of Catholic Charities (CARITAS INTERNATIONALIS)

„CARITAS" ist eine katholische Wohltätigkeitvereinigung, die alle Formen der Armut und sozialen Ausgrenzung bekämpft und zur Förderung sozialer und wirtschaftlicher Rechte sowie besserer Lebensbedingungen für die Ärmsten beiträgt.

International Council of Environmental Law (ICEL)

Der International Council of Environmental Law ist ein Zentrum des Informationsaustauschs zwischen Menschen und Organisationen, die sich mit den rechtlichen, administrativen und politischen Aspekten des Umweltschutzes beschäftigen.

International Council of Nurses

Der International Council of Nurses fasst nationale Krankenschwestervereinigungen zusammen, um die Rechte und Interessen von Mitgliedern der Krankenpflegeberufe zu verteidigen.

International Council on Social Welfare

Der International Council on Social Welfare bringt nationale Komitees und internationale Ausschüsse zusammen, die sich mit den wirtschaftlichen und sozialen Rechten der verletzlichsten Mitglieder der Gesellschaft beschäftigen.

International Federation of Educative Communities

Die International Federation of Educative Communities verteidigt die Rechte von Kindern und fördert alle Formen von Erziehungsbeistand für Kinder und Familien.

International Federation of Human Rights Leagues

Die International Federation of Human Rights Leagues ist eine Organisation zur Förderung der Grund- und Menschenrechte.

International Federation for Hydrocephalus and Spina Bifida

Die International Federation for Hydrocephalus and Spina Bifida fasst nationale Vereinigungen zusammen, die für die Verbesserung der Lebensbedingungen von daran leidenden Personen arbeiten.

International Federation of Musicians

Die International Federation of Musicians ist ein Zusammenschluss von europäischen Musikergewerkschaften, welche die Rechte und Interessen ihrer Mitglieder verteidigt, vor allem das Recht, Gewerkschaften beizutreten, und gerechte Arbeitsbedingungen.

International Federation for Parent Education

Die International Federation for Parent Education ist eine Gruppe von nationalen Vereinigungen, die Studien und Forschung über Familienerziehung entwickelt, um Eltern in ihrer Erziehungsrolle zu informieren und unterstützen.

International Federation of Settlements and Neighbourhood Centres

Die International Federation of Settlements and Neighbourhood Centres will soziale Diskriminierung abschaffen, Chancengleichheit zwischen Menschen verschiedener ethnischer Herkunft fördern, öffentliche Aufklärung fördern und Menschen in Schwierigkeiten helfen.

International Humanist and Ethical Union

Durch ihre nationalen und regionalen Vereinigungen verteidigt die International Humanist and Ethical Union die in der Allgemeinen Erklärung der Menschenrechte niedergelegten Grundsätze und Rechte, insbesondere die Gedankenfreiheit.

International Movement ATD – Fourth World

International Movement ATD – Fourth World vertritt und verteidigt die Rechte und Interessen von unterprivilegierten Familien und bekämpft Armut und soziale Ausgrenzung.

International Planned Parenthood Federation – Europe Region (IPPF)

Die International Planned Parenthood Federation umfasst Vereinigungen, deren Ziel die Förderung und Verteidigung der Rechte aller Menschen ist, in Angelegenheiten der Sexualität und Reproduktion frei zu entscheiden.

International Road Safety

International Road Safety will die Zusammenarbeit von nationalen Institutionen der Sicherheit im Straßenverkehr und die Unfallverhütung fördern, z.B. durch Aufklärung, Information und Forschung.

International Scientific Conference of Minorities for Europe of Tomorrow (ISCOMET)

Die International Scientific Conference of Minorities for Europe of Tomorrow bringt nationale Vereinigungen zusammen, die auf die Förderung und Verteidigung der Rechte und Interessen von Minderheiten und ethnischen Gruppen.

Marangopoulos Foundation for Human Rights (MFHR)

Die Marangopoulos Foundation for Human Rights ist eine europäische Stiftung zur Verteidigung, Förderung und zum Schutz der Grund- und Menschenrechten.

Public Services International

Public Services International ist ein Zusammenschluss von Gewerkschaften des öffentlichen Dienstes aus ungefähr einhundert Ländern. Seine Rolle ist die Verteidigung der Rechte und Interessen seiner Mitglieder.

Quaker Council for European Affairs (QCEA)

Der Quaker Council for European Affairs ist eine internationale Vereinigung religiöser, erzieherischer und philanthropischer Natur, gerichtet auf die Förderung der Werte der Religious Society of Friends in einem Europäischen Zusammenhang.

Standing Committee of the Hospitals of the European Union

Der Standing Committee of the Hospitals of the European Union fasst nationale Krankenhausvereinigungen und Vertreter der nationalen oder regionalen Gesundheitsbehörden zusammen, um die Volksgesundheit zu fördern.

World Confederation of Teachers

Die World Confederation of Teachers umfasst Lehrergewerkschaften, welche die Rechte und Interessen ihrer Mitglieder vertreten und verteidigen.

Teil B

Die Umsetzung der Charta durch die Staaten

Informationsblatt B – 1

Unterzeichnung der Europäischen Sozialcharta oder der revidierten Sozialcharta

1. Die Wahl der Übereinkunft

In seinen Stellungnahmen zu den Anträgen der Staaten auf Mitgliedschaft in der Organisation in den letzten sieben Jahren hat die Beratende Versammlung des Europarats die Staaten eingeladen, sich mit der Sozialcharta zu beschäftigen im Hinblick auf die Vorbereitung ihrer Ratifikation, und in diesem Zusammenhang Politiken umzusetzen, die in Übereinstimmung mit den im Vertrag festgelegten Grundsätzen stehen. Als Litauen und Andorra 1993 und 1994 Mitglieder wurden, zeigte die Beratende Versammlung an, dass sie die zügige Unterzeichnung und Ratifikation der Charta durch die Organe der beiden Länder erwarte. Später setzte die Beratende Versammlung eine genaue Frist für das Verfahren. Demnach wurde Georgien im April 1999 das einundvierzigste Mitglied des Europarats und hat sich verpflichtet, die Charta in einer Frist von drei Jahren zu unterzeichnen und zu ratifizieren. Außerdem erzielte die von der Versammlung im Mai 1997 gestartete Kampagne, welche die größtmögliche Anzahl von Ratifikationen der Charta und revidierten Charta durch die Staaten erreichen sollte, positive Ergebnisse.

Siebenunddreißig der einundvierzig Staaten in der Organisation haben die Charta oder die revidierte Charta mittlerweile unterzeichnet oder ratifiziert; die anderen Staaten haben ihre Absicht angezeigt, dies in sehr naher Zukunft zu tun.

Die neuen Staaten haben die Wahl, welches Dokument sie ratifizieren wollen: die Sozialcharta von 1961 oder die revidierte Charta von 1996?

Mehrere der neuen Staaten haben dies schon beantwortet: am 26. Juni 1997 hat Polen als erster Staat aus Mittel- und Osteuropa die Charta von 1961 ratifiziert, gefolgt von der Slowakei am 22. Juni 1998, Ungarn am 8. Juli 1999 und der Tschechischen Republik am 3. November 1999.

Andere Staaten zogen es vor, sich unmittelbar an die revidierte Charta von 1996 zu halten, so wie Bulgarien, Rumänien, Slowenien. Albanien, Litauen, Moldawien und die Ukraine haben sich ebenfalls für die revidierte Charta entschieden, die sie unterzeichnet haben und deren Ratifikation sie vorbereiten.

2. Warum die revidierte Charta von 1996?

Die Staatsorgane können den Vertrag wählen und müssen sich zudem angesichts von Gesetzgebung und Praxis entscheiden, welche Bestimmungen sie annehmen wollen.

Bis zum Inkrafttreten der revidierten Charta am 1. Juli 1999 erschien es den neuen Mitgliedstaaten verfrüht, einen Text auszuwählen, der noch nicht die zum Inkrafttreten erforderlich Anzahl von Ratifikationen hatte.

Die revidierte Charta ist der einzige Vertrag, der alle Bereiche grundlegender sozialer und wirtschaftlicher Rechte garantiert. Unter Berücksichtigung der Veränderungen, die in den letzten dreißig Jahren im Bereich der sozialen Rechte eingetreten sind, hat dieses moderne Dokument die Lücken in der Charta von 1961 geschlossen und ist nunmehr ein Dokument zu Schutz der Menschenrechte, das vollständig an die Realitäten des 21. Jahrhunderst angepasst ist.

Weiterhin kombiniert der Vertrag in einem einzigen Dokument alle Rechte, die in der Charta von 1961 und dem Zusatzprotokoll von 1988 garantiert sind sowie die Änderungen dieser Rechte und neue Rechte. Es erlaubt Staaten, durch Abgabe einer Erklärung an das Zusatzprotokoll gebunden zu sein, welches ein System der Kollektivbeschwerden vorsieht. Das Ratifikationsverfahren der nationalen Parlamente wird dadurch erheblich vereinfacht.

Die revidierte Charta von 1996 soll eines Tages die Charta von 1961 ersetzen, obwohl beide für einen bestimmten Zeitraum nebeneinander bestehen werden. Es erscheint daher angebracht, dass neue Mitgliedstaaten direkt zur Unterzeichnung und Ratifikation der revidierten Charta übergehen.

3. Wie unterzeichnen Staaten die Charta?

Wie bei allen Verträgen innerhalb des Europarats können die Sozialcharta, ihre Protokolle und die revidierte Charta unterzeichnet werden von:

- dem Regierungschef oder Außenminister des betreffenden Staates;
- einem Minister oder Botschafter des betreffenden Staates, der dazu ermächtigt ist und der vom Außenminister mit umfassender Bevollmächtigung ausgestattet worden ist.

Die Unterzeichnung kann jederzeit stattfinden, in Anwesenheit des Generalsekretärs des Europarats oder seines oder ihres Vertreters.

Wenn die Entscheidung zur Unterzeichnung getroffen wurde und die internen Formalitäten abgeschlossen sind, muss der betreffende Staat im Wege der Vermittlung durch das Vertragsbüro der Generaldirektion I – Rechtsabteilung – einen Termin mit dem Generalsekretär vereinbaren.

Bei der Unterzeichnung müssen die Bestimmungen, deren Annahme der Staat bei der Ratifikation beabsichtigt, nicht mitgeteilt werden.

Es sollte darauf hingewiesen werden, dass die Unterzeichnung vor allem eine politische Geste ist, welche die Absicht eines Staates zeigt, den Vertrag im Hinblick auf seine Ratifikation zu untersuchen und den Text dem Parlament zu diesem Zweck vorzulegen.

Im Völkerrecht verpflichtet die Unterzeichnung einen Staat noch nicht, den Vertrag umzusetzen, bedeutet aber, dass der Staat diesbezüglich nach „Treu und Glauben" handeln soll. Unterzeichnerstaaten sind außerdem in gleicher Weise wie Ratifikationsstaaten berechtigt, Einsprüche gegen Vorbehalte einzulegen, die von anderen Staaten erklärt wurden, welche die Charta oder revidierte Charta ratifiziert haben. Solche Einsprüche sind unter der Bedingung möglich, dass der Unterzeichnerstaat einen Vorbehalt als gegen Ziel und Zweck des Vertrages gerichtet ansieht.

4. Die Folgen der Unterzeichnung

Ein Staat, der die Charta oder revidierte Charta unterzeichnet, ist eingeladen, an Sitzungen des Regierungsausschusses der Sozialcharta als Beobachter teilzunehmen (siehe Informationsblatt A – 8)

Informationsblatt B – 2

Auswahl der Artikel

1. Verpflichtung, eine Mindestanzahl von Bestimmungen anzunehmen

Eine der ersten Aufgaben der Staaten, die den Ratifikationsprozess der Charta beginnen, ist die Festlegung, ob sie in der Lage sind, alle Bestimmungen des Vertrags anzunehmen oder ob eine Auswahl von Bestimmungen getroffen werden soll.

Unter Berücksichtigung der Unterschiede in den sozialen und wirtschaftlichen Strukturen der europäischen Staaten besteht die Charta nicht auf der sofortigen Annahme aller ihrer Artikel. Ein flexibles System erlaubt den Staaten, unter den Artikeln auszuwählen, während es sie gleichzeitig verpflichtet, einen Kern von Verpflichtungen anzunehmen, die als grundlegend angesehen werden: sie können in dieser Weise ihre Verpflichtungen zu einem späteren Zeitpunkt fortschreitend erweitern.

Die Mindestanzahl von Bestimmungen, die angenommen werden müssen, variiert je nach dem gewählten Dokument.

Nach Artikel 20 der Charta von 1961 müssen Staaten mindestens fünf der folgenden sieben Artikel annehmen: Artikel 1, 5, 6, 12, 13, 16 und 19 (diese Artikel werden „Kernbestimmungen" genannt) und eine Reihe von ergänzenden Artikeln oder nummerierten Absätzen. Die Gesamtzahl der Artikel oder nummerierten Absätze darf nicht weniger als zehn Artikel oder fünfundvierzig nummerierte Absätze betragen.

Artikel A der revidierten Charta – der Artikel 20 der Charta von 1961 entspricht – hat Artikel 7 und 20 zum „Kern" hinzugefügt. Der „Kern" der revidierten Charta besteht somit aus Artikel 1, 5, 6, 7, 12, 13, 16, 19 und 20, von denen die Staaten mindestens sechs Artikel annehmen müssen: Zusätzlich müssen Staaten eine weitere Anzahl von Bestimmungen annehmen, um die Gesamtzahl der angenommenen Bestimmungen auf mindestens sechzehn Artikel oder dreiundsechzig nummerierte Absätze zu bringen.

Zwei Wege der Annahme sind möglich:

- Es kann nur eine begrenzte Zahl von Bestimmungen angenommen werden, zum Beispiel das von der Charta von 1961 oder der revidierten Charta verlangte Minimum. In diesem Fall wird ein Staat die Bestimmungen auswählen, die keine Schwierigkeit darstellen. Man hofft, dass der Staat danach weitere Bestimmungen oder Absätze annimmt, wenn es legislativen, sozialen und wirtschaftlichen Fortschritt gibt. Weitere Bestimmungen können jederzeit durch Benachrichtigung des Generalsekretärs des Europarats angenommen werden.
- Alle Bestimmungen der Charta oder revidierten Charta können sofort angenommen werden. Da die Charta ein Dokument zur Verteidigung der Menschenrechte ist, sollte jeder Staat Anstrengungen unternehmen, um den höchsten Grad von Verpflichtungen zu erreichen. Das zweijährige Intervall zwischen Ratifikation und Vorlage des ersten Berichts über die Anwendung der Charta kann sinnvoll genutzt werden, um Lücken zu schließen, die in innerstaatlicher Gesetzgebung und Praxis bestehen.

Sechs Staaten haben bislang alle Bestimmungen der Charta angenommen, entweder bei Ratifikation oder durch spätere Annahme ergänzender Bestimmungen: Belgien, Frankreich, Italien, Niederlande, Portugal und Spanien.

Zur Zeit ist Frankreich das einzige Land, das alle Bestimmungen der revidierten Charta angenommen hat.

2. Wie werden die Bestimmungen ausgewählt?

Die erste Stufe besteht aus der Untersuchung der Bestimmungen der Charta und dem Vergleich mit innerstaatlichem Recht sowie innerstaatlicher Praxis und Rechtsprechung. Üblicherweise werden von den Beamten, die für das Ratifikationsverfahren verantwortlich sind, Studien zur Vereinbarkeit erstellt. Zu diesem Zweck werden interministerielle Ausschüsse gebildet, bestehend aus Vertretern verschiedener Ministerien, Sozialpartnern, NGOs und Sachverständigen.

Es ist wichtig, alle betroffenen Personen in die Vorbereitungsphase einzubeziehen, vor allem die Vertreter der Arbeitgeber und Gewerkschaften und der wichtigsten nationalen NGOs, die eine Rolle spielen bei den Folgemaßnahmen zur Überwachung der Verpflichtungen aus der Charta.

Während der zweiten Stufe wird eine detailliertere Untersuchung durchgeführt, die bestimmte Punkte der Rechtsprechung klären soll, manchmal mit Hilfe des Europarats. Auf Anfrage der staatlichen Behörden wird ein Team von Sachverständigen der Charta gebildet, um die Übereinstimmung von innerstaatlichem Recht und innerstaatlicher Praxis mit der Charta zu bewerten, und um die Rechtsprechung des Europäischen Sozialrechtsausschusses im Einzelnen vorzustellen. Seit 1996 wurden Seminare dieser Art in den meisten der neuen Mitgliedstaaten durchgeführt.

Vereinbarkeitsstudien gibt es in verschiedenen Formen: Workshops, die sich auf bestimmte Bestimmungen der Charta konzentrieren, Workshops zu besonderen Bereichen der innerstaatlichen Gesetzgebung oder Praxis des betreffenden Staats oder zu Themen mit besonderer Bedeutung für diesen Staat. Rechtliche

Bewertungen können abgegeben werden zu Gesetzen oder Gesetzentwürfen in Bezug auf die Charta, oder um zu entscheiden, welche Vorschläge angenommen werden sollten, um bestehende Normen in Übereinstimmung zu bringen. Auf diese Weise kann das Ratifikationsverfahren zur Beschleunigung des auf den Weg gebrachten Reformprozesses beitragen.

Nach Fertigstellung dieser Studien müssen die zuständigen Behörden entscheiden, welche Artikel sie bei der Ratifikation annehmen werden.

Informationsblatt B – 3

Ratifikation der Europäischen Sozialcharta und der revidierten Sozialcharta

Die Europäische Sozialcharta tritt in einem Staat in Kraft, wenn die Regierung sie durch Hinterlegung einer Ratifikationsurkunde ratifiziert. Das Ratifikationsverfahren in den einzelnen Staaten hängt von seinem Verfassungsrecht ab. Normalerweise wird nach Zustimmung der Regierung die Vorlage eines Ratifikationsgesetzes in das Parlament eingebracht.

Nach Verabschiedung der Ratifikationsvorlage erstellt der Staat eine Ratifikationsurkunde.

Die Ratifikationsurkunde muss angeben, welche Bestimmungen der Staat angenommen hat und in welchen Teilen seines Staatsgebiets der Vertrag gelten wird. Diese Information kann auch in einem Brief erfolgen, der die Ratifikationsurkunde begleitet. Andere Erklärungen oder Vorbehalte können ebenfalls beigefügt werden (siehe Informationsblatt B – 4).

Die Ratifikationsurkunde wird beim Generalsekretär des Europarats hinterlegt.

1. Verfahren zur Hinterlegung einer Ratifikationsurkunde

Um seine Ratifikationsurkunde zu hinterlegen, muss ein Staat über das Vertragsbüro der Generaldirektion I – Rechtsabteilung – einen Termin mit dem Generalsekretär vereinbaren. Jede durch den betreffenden Staat dazu bevollmächtigte Person kann die Urkunde hinterlegen.

Es ist üblicherweise der Ständige Vertreter beim Europarat, der dies vornimmt, aber es kann auch ein Minister oder manchmal der Regierungschef sein.

Die Ratifikationszeremonie kann jederzeit stattfinden. Um ihr eine gewisse Feierlichkeit zu verleihen, kann sie so geplant werden, dass sie mit dem alle zwei Jahre stattfindenden Treffen der Außenminister, oder mit einer Sitzung der Beratenden Versammlung des Europarats zusammenfällt.

2. Inkrafttreten

Die Charta und die revidierte Charta enthalten Bestimmungen hinsichtlich ihres Inkrafttretens für eine neue Vertragspartei:

- Gem. Artikel 35 der Charta tritt der Vertrag am dreißigsten Tag nach Hinterlegung der Ratifikations- oder Genehmigungsurkunde in Kraft;
- Artikel K der revidierten Charta bestimmt, dass sie am ersten Tag des Monats, der auf den Ablauf eines Monats nach dem Tag der Hinterlegung der Ratifikations-, Annahme- oder Genehmigungsurkunde folgt, in Kraft tritt.

Informationsblatt B – 4

Erklärungen und Vorbehalte

1. Definition einer Erklärung

Eine Erklärung ist eine Handlung, durch die ein Staat bei der Ratifikation, Annahme oder Genehmigung der Charta oder der revidierten Charta oder zu einem beliebigen späteren Zeitpunkt, den Anwendungsbereich der von ihm angenommenen Verpflichtungen näher bestimmt.

2. Zwingende Erklärung bei Ratifikation

Ein Staat muss erklären, welche Bestimmungen der Charta oder revidierten Charta er annimmt.

Diese Erklärung muss zum Zeitpunkt der Ratifikation abgegeben werden. Sie kann auch zum Zeitpunkt der Unterzeichnung abgegeben werden, aber dies ist keine Verpflichtung.

3. Freiwillige Erklärungen

A. Territoriale Anwendung

Staaten können die Anwendung der Charta oder revidierten Charta durch Erklärung auf bestimmte nicht zum Mutterland gehörende Teile ihres Hoheitsgebiets ausweiten.

B. Ausweitung des persönlichen Anwendungsbereichs

Staaten können erklären, dass die Charta oder revidierte Charta auch auf Personen Anwendung findet, die nicht vom Anhang erfasst sind (zum Beispiel auf alle Personen in den Grenzen ihrer Gerichtsbarkeit).

C. Protokoll zur Einführung eines Systems von Kollektivbeschwerden

Staaten können erklären, dass repräsentative nationale Nichtregierungsorganisationen in den Grenzen ihrer Zuständigkeit das Recht haben, Kollektivbeschwerden gegen sie zu erheben.

D. Revidierte Charta: Kollektivbeschwerden

Staaten, die nicht durch das Protokoll zur Einführung eines Systems von Kollektivbeschwerden gebunden sind, können bei Hinterlegung der Ratifikations-, Annahme- oder Genehmigungsurkunde oder zu einem beliebigen späteren Zeitpunkt erklären, dass sie die Überwachung ihrer Verpflichtungen nach der revidierten Charta nach dem in diesem Protokoll vorgesehenen Verfahren annehmen.

E. Annahme neuer Bestimmungen

Staaten können jederzeit erklären, dass sie zusätzliche Artikel oder nummerierte Absätze annehmen.

4. Definition eines Vorbehalts

Ein Vorbehalt ist eine Erklärung, durch die ein Staat bei der Ratifikation, Annahme oder Genehmigung der Charta oder revidierten Charta die Rechtswirkung bestimmter Bestimmungen des Vertrages hinsichtlich seiner Anwendung im Hoheitsgebiet dieses Staates ausschließt oder abändert.

Vorbehalte können nur anlässlich der Hinterlegung der Ratifikationsurkunde erklärt werden.

Weiterhin kann ein Staat keine Vorbehalte erklären bei der Annahme der Mindestanzahl von Bestimmungen zur Erfüllung von Artikel 20 der Charta oder Artikel A der revidierten Charta. Vorbehalte können demnach von einem Staat nur in Bezug auf von ihm angenommene zusätzliche Bestimmungen angebracht werden.

Für den vollständigen Text der Erklärungen und Vorbehalte der Staaten, welche die Charta, ihr Protokoll oder die revidierte Charta ratifiziert haben, siehe die vom Europarat veröffentlichte Textsammlung (neue Auflage) und die Webseite der Charta unter http://www.socialcharter.coe.int.

Informationsblatt B – 5

Ratifikation der revidierten Charta durch Staaten, die vorher die Charta und/oder Protokoll Nr. 1 ratifiziert haben

1. Verpflichtung, mindestens die gleichen Bestimmungen anzunehmen

Um sicherzustellen, dass Staaten bei der Ratifikation der revidierten Charta nicht implizit bestimmte Artikel der Charta und/oder des Protokolls Nr. 1 oder Absätze kündigen, die sie vorher angenommen hatten, verlangt Artikel B des Teils III der revidierten Charta, dass sie mindestens die Bestimmungen annehmen, die denjenigen der Charta und/oder des Protokolls Nr. 1 entsprechen, an die sie vorher gebunden waren.

Vor der Ratifikation der revidierten Charta ist es jedoch für Staaten immer möglich, bestimmte Bestimmungen der Charta und/oder des Protokolls Nr. 1 zu kündigen, aber sie müssen dies ausdrücklich tun und dem in den Artikel 37 der Charta und Artikel 11 des Protokolls Nr. 1 niedergelegten Verfahren folgen.

2. Entsprechungen der Bestimmungen

Die Bestimmungen der revidierten Charta entsprechen denen mit derselben Artikel- oder Absatznummer der Charta, mit Ausnahme der folgenden:

- Artikel 3 Abs. 2 der revidierten Charta entspricht Artikel 3 Abs. 1 und 3 der Charta;
- Artikel 3 Abs. 3 der revidierten Charta entspricht Artikel 3 Abs. 2 und 3 der Charta;
- Artikel 10 Abs. 5 der revidierten Charta entspricht Artikel 10 Abs. 4 der Charta;
- Artikel 17 Abs. 1 der revidierten Charta entspricht Artikel 17 der Charta.

- Artikel 20 bis 23 der revidierten Charta entsprechen den Bestimmungen in Artikel 1 bis 4 des Protokolls Nr. 1.

3. Übergang von einem Berichtssystem zum anderen

Wenn ein durch die Charta gebundener Staat die revidierte Charta ratifiziert, betrifft der letzte Bericht, den er zur Charta vorlegen muss, den Referenzzeitraum, der vor dem Tag des Inkrafttretens der revidierten Charta für diesen Staat liegt (siehe Informationsblatt B – 7 (1))

Danach legt er Berichte über die Anwendung der revidierten Charta vor (siehe Informationsblatt B – 7 (2)).

Informationsblatt B – 6

Folgemaßnahmen zur Ratifikation

Die Ratifikation der Charta zieht mehrere Verpflichtungen nach sich. Zu den Haupterfordernissen gehört es, die erforderlichen Schritte einleiten, um die Anwendung der angenommenen Bestimmungen sicherzustellen, den ersten Bericht über die Umsetzung der Charta zu erstellen und an den Sitzungen des Regierungsausschusses teilzunehmen.

1. Die Anwendung der Charta

Während der Vorbereitung auf die Ratifikation muss ein vollständiges Verzeichnis der gegenwärtigen Gesetzgebung und Praxis erstellt werden. Zwischen dem Inkrafttreten der Charta und der Vorlage des ersten Berichts über ihre Anwendung besteht die Möglichkeit fort, Diskrepanzen zwischen den Verpflichtungen unter der Charta und dem Stand von Recht und Praxis zu beseitigen und angemessene Maßnahmen einzuführen, die den angenommenen Bestimmungen volle Wirksamkeit verleihen.

Zusätzlich müssen Überwachungsmechanismen hinsichtlich der Verpflichtungen eingeführt werden; insbesondere die Abteilungen der Arbeitsaufsicht müssen ihre Pflichten ordnungsgemäß ausführen und falls erforderlich mit angemessenen finanziellen und personellen Mitteln ausgestattet werden.

Eine Anzahl von staatlichen Stellen (Ministerien, Arbeitsaufsicht, Gerichte und Regierungsbehörden) muss informiert werden, dass die Charta in Kraft getreten ist, und die betroffenen Abteilungen müssen angemessene Anleitungen in Bezug auf das Verwaltungsverfahren erhalten (zum Beispiel sicherstellen, dass Staatsbürger aller anderen Vertragsparteien wirksame Gleichbehandlung erfahren.)

2. Berichte erstellen

Die Hauptpflicht besteht dann darin, den ersten Bericht und die nachfolgenden periodischen Berichte zu erstellen.

Viele verschiedene Ministerien und Institutionen sind an der Erstellung der Berichte beteiligt – die Ministerien für Arbeit, Soziales, Gesundheit und Justiz, die Arbeitsaufsicht, örtliche und regionale Behörden etc. –, so dass Zusammenarbeit ein wichtiger Aspekt ist.

Die Rolle des Koordinators oder der Koordinationsabteilung ist es, alle Informationen zu sammeln, die für den Entwurf des Berichts erforderlich sind und sicherzustellen, dass repräsentative Arbeitgeber- und Arbeitnehmerorganisationen angehört und Fristen eingehalten werden. Es ist wichtig, dass Berichte rechtzeitig und in einer der Amtssprachen des Europarats (Englisch oder Französisch) vorgelegt werden.

In einer späteren Phase wird die Koordinationsabteilung die Schlussfolgerungen des Europäischen Sozialrechtsausschusses an die zuständigen Regierungsbehörden weiterleiten, sobald sie empfangen werden, und dabei auf allgemeine und spezifische Fragen hinweisen, die im nächsten Bericht beantwortet werden müssen. Sie wird auch alle Informationen zusammentragen, die der Vertreter im Regierungsausschuss brauchen wird.

3. Sitzungen des Regierungsausschusses

Sobald die Charta oder die revidierte Charta unterzeichnet worden ist, sind die Staaten eingeladen, einen Vertreter zu ernennen, der an den Sitzungen des Regierungsausschusses als Beobachter teilnimmt.[1]

Der Regierungsausschuss tagt jedes Jahr drei- oder viermal. Die Sitzungen dauern üblicherweise vier oder fünf Tage und finden nach einem vom Regierungsausschuss vereinbarten Sitzungsplan im Menschenrechtsgebäude in Straßburg statt. Beobachter spielen eine aktive Rolle in den Sitzungen, da sie frei sprechen und ihren Standpunkt darlegen können, aber sie haben kein Stimmrecht.

Sobald die Charta oder revidierte Charta ratifiziert worden ist, können Regierungsvertreter in vollem Umfang am Überwachungsmechanismus der Charta teilnehmen und müssen, manchmal im Wege der Abstimmung, ein Meinung abgeben zu allen Themen und innerstaatlichen Lagen, so wie sie vor den Regierungsausschuss gelangen. Es ist die Aufgabe des Vertreters des untersuchten Staats, dem Regierungsausschuss alle nützlichen Informationen zu geben, die es ihm erlauben, auf der Grundlage von sozialen, wirtschaftlichen und politischen Erwägungen zu entscheiden, welche Maßnahmen den Schlussfolgerungen des Europäischen Sozialrechtsausschusses folgen sollen (siehe Informationsblätter A – 8 und B – 9).

---

[1] Es kann im Ausschuss mehrere Vertreter eines jeden Staates geben, aber der Europarat trägt nur die Reisekosten und Spesen für einen Sachverständigen pro Land (für Staaten, welche die Charta oder revidierte Charta ratifiziert haben und für Staaten aus Mittel- und Osteuropa, die einen der beiden Verträge unterzeichnet haben).

Informationsblatt B – 7

Das System zur Vorlage der Berichte

1. Sozialcharta

A. Allgemeine Bemerkungen

Gem. Artikel 21 der Sozialcharta müssen die Vertragsparteien dem Generalsekretär des Europarats alle zwei Jahre einen Bericht übermitteln betreffend die Umsetzung der von ihnen angenommenen Bestimmungen der Charta. Ein vom Ministerkomitee verabschiedetes Formular für die Berichte dient als Rahmen für die Übermittlung von Informationen, die erforderlich sind, um die Erfüllung der Bestimmungen der Charta durch die Staaten bewerten zu können. Das Überwachungssystem hat die ersten acht Überwachungszyklen auf dieser Grundlage funktioniert (1965-1981).

B. Hintergrund

Die ständig wachsende Zahl der Vertragsparteien begann, Verzögerungen im Funktionieren des Überwachungsmechanismus zu verursachen. Eine Lösung wurde 1984 vom Ministerkomitee verabschiedet, wonach Staaten in zwei Gruppen unterteilt wurden, die ihre Berichte in abwechselnden Jahren vorlegen. Deshalb wurden die Schlussfolgerungen des neunten bis zwölften Überwachungszyklus in zwei Teilen veröffentlicht, die jeweils eine der beiden Staatengruppen betreffen.

Angesichts der noch größeren Zahl von Vertragsparteien waren 1992 weitere Maßnahmen erforderlich. Das Ministerkomitee entschied sich deshalb dafür, für eine Probezeit von vier Jahren ein neues Berichtssystem einzuführen, nach dem die Vertragsparteien jedes Jahr einen Bericht über ausgewählte Bestimmungen vorlegen müssen. Jedoch nahmen nicht alle Vertragsparteien dieses System an: Es wurde entschieden, dass Deutschland alle zwei Jahre einen vollständigen Bericht vorlegen würde.

Die neuen Vertragsparteien wurden aufgefordert, vor der Teilnahme an dem System mit Teilberichten zwei vollständige Berichte vorzulegen.

C. Derzeitiges System

Nach dem Ende der Probezeit wurde von den Vertragsparteien der Charta ein neues System für die Vorlage der Berichte einstimmig vereinbart. Nach diesem System berichten alle Vertragsparteien gleichzeitig über die selben Bestimmungen. Der Vorteil dieses Systems ist, dass es in Bezug auf jede Bestimmung der Charta einen Vergleich zwischen den verschiedenen innerstaatlichen Situationen erlaubt.

Nach der Ratifikation der Charta muss eine neue Vertragspartei einen ersten Bericht vorlegen, der alle Bestimmungen der Charta abdeckt. Ein zweiter vollständiger Bericht muss zwei Jahre nach dem ersten Bericht vorgelegt werden. Die Staaten folgen danach dem normalen Zyklus für die Vorlage der Berichte, d.h. alle zwei Jahre ein Bericht über die Kernbestimmungen und alle vier Jahre ein Bericht über die Bestimmungen außerhalb des Kerns.

Wie in den Tabellen unten gezeigt, können die Vertragsparteien jedes Jahr einen Bericht vorlegen oder ihre Berichte über die Kernbestimmungen und die anderen Bestimmungen zu einer Vorlage alle zwei Jahre verbinden. Dieses System trat im Juni 1997 in Kraft.

Überwachungszyklus XV

Betreffende Staaten	**Artikel**	**Referenzzeitraum**	**Vorlage der Berichte**	**Veröffentlichung der Schlussfolgerungen**	**Veröffentlichung der Berichte des Regierungsausschusses**	**Entscheidungen des Ministerkomitees**
Alle Vertragsparteien XV-1	1. Kern: Artikel 1, 5, 6, 12, 13, 16 und 19 (mit Ausnahme von Artikel 1 Abs. 4)	1997-1998*	30. Juni 1999	28. Februar 2000	Oktober 2000	Dezember 2000
Alle Vertragsparteien XV-2	2. Die Hälfte der Nicht-Kernbestimmungen: Artikel 7, 8, 11, 14, 17 und 18 + Artikel 1 und 4 des Zusatzprotokolls	1995-1998*	entweder 30. Juni 1999 oder 31. März 2000	31. Dezember 2000	Oktober 2000	Dezember 2001

* Der Beginn des Referenzzeitraums hängt von dem Referenzzeitraum des letzten Berichts der betreffenden Bestimmung ab.

Überwachungszyklus XVI

Betreffende Staaten	**Artikel**	**Referenz-zeitraum**	**Vorlage der Berichte**	**Veröffentlichung der Schlussfolge-rungen**	**Veröffentlichung der Berichte des Regierungsaus-schusses**	**Entscheidun-gen des Minis-ter-komitees**
Alle Ver-tragsparteien XVI-1	1. Kern	1999-2000	30. Juni 2001	28. Februar 2002	Oktober 2002	Dezember 2002
Alle Ver-tragsparteien XVI-2	2. Die Hälfte der Nicht-Kernbestimmungen: Artikel 2, 3, 4, 9, 10 und 15 + Artikel 2 und 3 des Zusatzproto-kolls	1997-2000	entweder 30. Juni 2001 oder 31. März 2002	31. Dezember 2002	Oktober 2003	Dezember 2003

System für die Vorlage der Berichte über die Anwendung der Europäischen Sozialcharta aus Zyklus XV-1

Überwachungszyklen	**Vorlagedatum der Berichte**	**Erste 20 Vertragsparteien**	**Polen**	**Slowakei**	**Ungarn, Tschechische Republik**	**Staaten, die zwischen 1.4.2000 und 30.6.2001 ratifizieren**
XV-1	30. Juni 1999	Kern	1. Bericht (vollständig)			
XV-2	31. März 2000	1. Teil der anderen Bestimmungen[1]		31. Juli 2000 1. Bericht (vollständig)		
XVI-1	30. Juni 2001	Kern[2]	2. Bericht (vollständig)			
XVI-2	31. März 2002	2. Teil der anderen Bestimmungen[3]	3. Bericht (2. Teil der anderen Bestimmungen)	31. Juli 2000 2. Bericht (vollständig)	1. Bericht (vollständig)	
XVII-1	30. Juni 2003	Kern[4]	4. Bericht (Kern)	3. Bericht (Kern)		1. Bericht (vollständig)

[1] Letzter Bericht über die Sozialcharta von 1961 von Schweden, Italien und Frankreich.

[2] Die ersten 20 Vertragsparteien der Charta mit Ausnahme von Schweden, Italien und Frankreich (1. Berichte über den Kern der revidierten Charta).

[3] Letzter Bericht über die Sozialcharta von 1961 für Staaten, welche die revidierte Sozialcharta zwischen dem 1.7.1999 und dem 31.3.2000 ratifiziert haben.

[4] Letzter Bericht über die Sozialcharta von 1961 für Staaten, welche die revidierte Sozialcharta zwischen dem 1.4.2000 und dem 30.6.2001 ratifiziert haben.

Überwachungszyklen	**Vorlagedatum der Berichte**	**Erste 20 Vertragsparteien**	**Polen**	**Slowakei**	**Ungarn, Tschechische Republik**	**Staaten, die zwischen 1.4.2000 und 30.6.2001 ratifizieren**
XVII-2	31. März 2004	1. Teil der anderen Bestimmungen[5]	5. Bericht (1. Teil d0er anderen Bestimmungen)	4. Bericht (1. Teil der anderen Bestimmungen)	2. Bericht (vollständig)	
XVIII-1	30. Juni 2005	Kern	6. Bericht (Kern)	5. Bericht (Kern)	3. Bericht (Kern)	2. Bericht (vollständig)
XVIII-2	31. März 2006	2. Teil der anderen Bestimmungen	7. Bericht (2. Teil der anderen Bestimmungen)	6. Bericht (2. Teil der anderen Bestimmungen)	4. Bericht (2. Teil der anderen Bestimmungen)	3. Bericht (2. Teil der anderen Bestimmungen)

[5] Letzter Bericht über die Sozialcharta von 1961 für Staaten, welche die revidierte Sozialcharta zwischen dem 1.7.2000 und dem 31.3.2002 ratifiziert haben.

2. Revidierte Sozialcharta

Das Ministerkomitee hat parallel zum System unter der Charta ein System für die Vorlage der Berichte über die revidierte Charta angenommen.

Das System funktioniert wie folgt:

- alle zwei Jahre ein Bericht über die Kernbestimmungen (30. Juni bei ungeraden Jahreszahlen);
- alle vier Jahre ein Bericht über die anderen Bestimmungen (31. März bei geraden Jahreszahlen, abwechselnd mit der anderen Hälfte der betreffenden Bestimmungen).

Die Kernbestimmungen sind die Artikel 1, 5, 6, 7, 12, 13, 16, 19 und 20.

Die anderen Bestimmungen sind in zwei Gruppen unterteilt:

- Artikel 2, 3, 4, 9, 10, 15, 21, 22, 24, 26, 28, 29, d.h. 12 Artikel und 31 Absätze;
- Artikel 8, 11, 14, 17, 18, 23, 25, 27, 30 und 31, d.h. 10 Artikel und 26 Absätze.

Die ersten Berichte werden vorgelegt:

- bis zum 30. Juni 2001 für die Kernbestimmungen;
- bis zum 31. März 2002 für die erste Hälfte der anderen Bestimmungen;
- bis zum 30. Juni 2003 für die Kernbestimmungen;
- bis zum 31. März 2004 für die zweite Hälfte der anderen Bestimmungen usw.

Im Gegensatz zur Situation unter der Sozialcharta sind Staaten, welche die revidierte Charta ratifizieren, nicht verpflichtet, zwei vollständige Berichte vorzulegen, bevor sie das System der Teilberichte annehmen.

Um jedoch einen zu langen Zeitraum verstreichen zu lassen zwischen dem Inkrafttreten und dem Zeitpunkt, in dem der Europäische Sozialrechtsausschuss zum ersten Mal Gelegenheit hat, alle von einem Staat angenommenen Bestimmungen zu überprüfen, deckt der erste Bericht über die Nicht-Kernbestimmungen ausnahmsweise alle ab. Diese Berichte sind in der folgenden Tabelle fett dargestellt.

System für die Vorlage von Berichten über die Anwendung der revidierten Sozialcharta: Vorschlag des Europäischen Sozialrechtsausschusses.

System für die Vorlage der Berichte über die Anwendung der revidierten Sozialcharta

Überwachungszyklen	**Vorlagedatum der Berichte**	**Bestimmungen**	**Referenzzeitraum***	**Frankreich, Italien, Rumänien, Slowenien und Schweden**	**Bulgarien**	**Estland, Zypern und Staaten, die vor dem 30.6.2001 ratifiziert haben**	**Staaten, die zwischen 1.7.2001 und 31.3.2002 ratifizieren**
1	30. Juni 2001	Kern	1999-2000	1. Bericht			
2	31. März 2002	1. Teil der anderen Bestimmungen	1999-2000	**2. Bericht****	1. Bericht**		
3	30. Juni 2003	Kern	2001-2002	3. Bericht	**2. Bericht**	1. Bericht	
4	31. März 2004	2. Teil der anderen Bestimmungen	2001-2002	4. Bericht	3. Bericht	2. Bericht	**1. Bericht****
5	30. Juni 2005	Kern	2003-2004	5. Bericht	4. Bericht	3. Bericht	2. Bericht
6	31. März 2006	1. Teil der anderen Bestimmungen	2001-2004	6. Bericht	5. Bericht	4. Bericht	3. Bericht
7	30. Juni 2007	Kern	2005-2006	7. Bericht	6. Bericht	5. Bericht	4. Bericht
8	31. März 2008	2. Teil der anderen Bestimmungen	2003-2006	8. Bericht	7. Bericht	6. Bericht	5. Bericht

* Wird gem. dem Datum des Inkrafttretens der revidierten Sozialcharta für jeden Staat angepasst.

** Fett gedruckte Berichte bedeuten, dass der erste Bericht ausnahmsweise alle Nicht-Kernbestimmungen abdeckt.

Informationsblatt B – 8

Staatenberichte

Nach Ratifikation der Charta oder revidierten Charta müssen die Vertragsparteien dem Generalsekretär des Europarats einen ersten Bericht und später in regelmäßigen Abständen weitere Berichte vorlegen, die beschreiben, wie nationales Recht und Praxis die Umsetzung der angenommenen Bestimmungen sicherstellen.

Die Berichte werden durch einen Brief des Sekretariats des Europarats an die ständigen Vertretungen der Staaten beim Europarat angefordert. Eine Kopie des Briefes wird an die Regierungsvertreter im Regierungsausschuss weitergeleitet. Der Brief listet die vom Bericht zu behandelnden Artikel und den Referenzzeitraum, eine Erinnerung an allgemeine Fragen, die vom Europäischen Sozialrechtsausschuss während dem vorhergehenden Überwachungszyklus gestellt wurden, und die Vorlagefrist auf.

Berichte werden nach den Vorgaben von Formularen erstellt. Es gibt drei Formulare für die Vorstellung von Staatenberichten: eins für die Charta von 1961, das kürzlich revidiert wurde;[1] eins für das Zusatzprotokoll von 1988 und ein weiteres für die revidierte Charta. Für den Text der Formulare siehe die vom Europarat veröffentlichte Textsammlung (neue Auflage). Jeder Bericht muss Informationen auf alle Fragen enthalten, die im Formular und vom Europäischen Sozialrechtsausschuss gestellt werden. Jede Gesetzgebung, Statistik und andere relevanten Dokumente müssen als Anhänge beigefügt werden.

Berichte müssen in einer der beiden Amtssprachen des Europarats vorgelegt werden (Französisch oder Englisch). Das gleiche gilt, soweit möglich, für die Anhänge. Die Berichte müssen im Format Word für PC per E-Mail an die folgende Adresse geschickt werden: social.charter@coe.int, oder sie können in Papierformat in fünffacher Ausfertigung (zwei für die Anhänge) vorgelegt werden.

Statistische Angaben, die für andere internationale Organisationen (ILO, OECD oder EUROSTAT) zusammengestellt wurden, können zur Information beigefügt werden. Es kann auch nützlich sein, Kopien von Berichten beizufügen, die für die ILO oder die Vereinten Nationen erstellt wurden, soweit sie sich auf Bestimmungen beziehen, die denen der Charta ähnlich sind.

---

[1] Das revidierte Formular für Berichte über die Sozialcharta wird ab Überwachungszyklus XVI-1 (bis zum 20. Juni 2001 vorgelegte Berichte) gelten. Dies ist auch das Datum für die Vorlage von ersten Berichten über die Anwendung der revidierten Sozialcharta.

Kopien der Berichte müssen an Arbeitgeber- und Arbeitnehmerorganisationen geschickt werden, die an Organisationen mit Beobachterstatus beim Regierungsausschuss (ETUC, UNICE, IOE) angegliedert sind. Dies muss hinreichend früh geschehen, um diesen Organisationen zu erlauben, ihre Anmerkungen innerhalb der Frist einzureichen. Es ist zulässig, solche Anmerkungen direkt zum Generalsekretär des Europarats zu schicken. Das Sekretariat der Charta wird dann eine Kopie an die betreffende Regierung weiterleiten, damit diese antworten kann. Kopien der Berichte können auch an innerstaatliche NGOs geschickt werden.

Sobald ein Bericht vom Generalsekretär erhalten wird, wird er veröffentlicht. Er wird an jeden Anfragenden verteilt und erscheint im Internet (http://socialcharter.coe.int).

Informationsblatt B – 9

Folgemaßnahmen zu Schlussfolgerungen

Sobald der Europäische Sozialrechtsausschuss seine Schlussfolgerungen angenommen hat, werden sie an die Vertragsparteien übermittelt und veröffentlicht. Es gibt drei Arten von Schlussfolgerungen – positive, negative und aufgeschobene. Staaten sollten alle Schlussfolgerungen, die sie betreffen, genau studieren. Ebenso sollten Staaten die allgemeine Einführung zu jedem Band der Schlussfolgerungen lesen, um zu sehen, ob Punkte oder Fragen von allgemeiner Bedeutung vom Ausschuss angesprochen worden sind.

1. Positive Schlussfolgerung

Eine positive Schlussfolgerung zeigt die angemessene Umsetzung der betreffenden Bestimmungen der Charta an. Dennoch fügt der Ausschuss häufig Fragen an die Regierung ein oder verlangt Informationen. In diesem Fall bestehen die Folgemaßnahmen darin, im nächsten Bericht zu dieser Bestimmung alle verlangten Informationen und Erläuterungen zu geben.

2. Verschobene Schlussfolgerung

Eine Schlussfolgerung wird verschoben, wenn der Ausschuss nicht die erforderlichen Informationen hat, um eine Bewertung der Erfüllung abzugeben. Die erforderlichen Teile müssen im nächsten Bericht vorgelegt werden. Wenn dem nicht nachgekommen wird, kann es zu einer negativen Schlussfolgerung führen, weil der Staat seine Erfüllung der Charta nicht gezeigt hat. Wiederholtes Fehlen von Informationen kann den Regierungsausschuss dazu bringen, eine Warnung auszusprechen oder vorzuschlagen, dass das Ministerkomitee eine Empfehlung an den betreffenden Staat ausspricht.

3. Negative Schlussfolgerung

Eine negative Schlussfolgerung bedeutet, dass die Situation im betreffenden Staat nicht in Einklang mit der Charta steht. Die angemessenen Schritte, um dafür Abhilfe zu schaffen, hängen von der Ursache und der Art des Problems ab (Gesetzgebung, Verwaltungspraxis, Rechtsprechung etc.). Da der Regierungsausschuss in den auf die Veröffentlichung folgenden Monaten sich mit allen negativen Schlussfolgerungen beschäftigt, sollte der betreffende Staat zu dieser Zeit in der Lage sein, die Schritte zu beschreiben, die er zur Korrektur der Situation ergreifen wird. Der nächste Staatenbericht zu der betreffenden Bestimmung sollte ebenfalls die Maßnahmen anzeigen, die ergriffen wurden, um die Situation in Einklang mit der Charta zu bringen.

Informationsblatt B – 10

Folgemaßnahmen zu Warnungen

Der Regierungsausschuss kann gemäß seiner Arbeitsweise Warnungen an die Staaten richten, die sich nicht in Übereinstimmung mit der Charta befinden oder die nicht die Informationen mitteilen, die der Europäische Sozialrechtsausschuss benötigt, um die Vereinbarkeit der innerstaatlichen Situation mit der Charta zu bewerten (siehe Informationsblatt A – 7).

1. Warnung im Falle einer negativen Schlussfolgerung (Nichtübereinstimmung mit der Charta)

Jede negative Schlussfolgerung des Europäischen Sozialrechtsausschusses wird vom Regierungsausschuss untersucht. Nach Diskussion und im Licht der vom Vertreter des Landes gegebenen Informationen stimmt der Regierungsausschuss üblicherweise darüber ab, ob er vorschlagen soll, eine Empfehlung an den betreffenden Staat zu richten. Wenn es keine Mehrheit für eine Empfehlung gibt, kann der Regierungsausschuss entscheiden, eine Warnung an den Staat zu richten.

Wenn die kritisierte innerstaatliche Situation eine Vertragspartei betrifft, deren Bericht Gegenstand der ersten Schlussfolgerung des Europäischen Sozialrechtsausschusses zu einer bestimmten Bestimmung ist, richtet der Regierungsausschuss eine Warnung an den Staat, anstatt eine Empfehlung vorzuschlagen. Dies gibt dem Staat Zeit, die Schlussfolgerung zu studieren und die erforderlichen Schritte einzuleiten.

Wenn eine Warnung auf eine negative Schlussfolgerung folgt, zeigt dies an, dass der Staat Schritte einleiten sollte, um seine Verpflichtungen aus der Charta zu erfüllen. Falls er das nicht tut, könnte bei der Gelegenheit des nächsten Überwachungszyklus eine Empfehlung vorgeschlagen werden.

2. Warnung im Falle einer verschobenen Schlussfolgerung (wiederholtes Fehlen von Informationen)

Innerstaatliche Situationen, bei denen der Europäische Sozialrechtsausschuss seine Schlussfolgerung mehrere Male verschieben musste, weil zum wiederholten Mal Informationen fehlten, werden vom Regierungsausschuss untersucht, der sich dafür entscheiden kann, eine Warnung abzugeben, um das Land dazu zu bringen, alle relevanten Informationen in seinem nächsten Bericht vorzulegen. Wenn die angeforderten Informationen immer noch nicht gegeben werden, kann bei Gelegenheit des nächsten Überwachungszyklus eine Empfehlung vorgeschlagen werden.

Informationsblatt B –11

Folgemaßnahmen zu Empfehlungen

Wenn einer Situation, die Gegenstand einer negativen Schlussfolgerung war, nicht abgeholfen wurde, kann das Ministerkomitee nach Vorschlag des Regierungsausschusses entscheiden, eine Empfehlung an den betreffenden Staat zu richten.

Die Empfehlung verlangt, dass der betreffende Staat angemessene Handlungen vornimmt, um der Situation abzuhelfen. Die Verpflichtung ist in dem Text der Empfehlung enthalten, die verlangt, dass der Staat in angemessener Weise die negative Schlussfolgerung des Europäischen Sozialrechtsausschusses berücksichtigt und in seinem nächsten Bericht Informationen über die von ihm in dieser Hinsicht ergriffenen Maßnahmen erteilt.

Der Europäische Sozialrechtsausschuss überwacht die Folgemaßnahmen, die aufgrund von Empfehlungen getroffen werden, indem er die Schritte untersucht, die zur Abhilfe der kritisierten Situation eingeleitet wurden.

Falls eine negative Schlussfolgerung erneuert wird, kann der Regierungsausschuss seinen Vorschlag für eine Empfehlung wiederholen.

Empfehlungen sind ein wirksames Mittel, um die Einhaltung der Charta zu gewährleisten. Sie wirken abschreckend, da Staaten sich bemühen, angemessene Lösungen für kritisierte Situationen zu finden, sogar bevor eine Empfehlung abgegeben wird, um deren Annahme zu verhindern.

Beispiele für Situationen, in denen die Annahme einer Empfehlung durch das Ministerkomitee zu Veränderungen und Reformplänen geführt hat:

- In Griechenland wird an einem Gesetzentwurf gearbeitet, der die Gesetzgebung zur Strafbarkeit von Seeleuten ändern soll (Empfehlungen RChS (93) 1 und RChS (95) 4).
- In Österreich wurden Mutterschaftsgesetze geändert durch ein Zusatzgesetz zum Recht auf Arbeit, das Hausangestellten identischen Schutz unabhängig davon gewährt, ob sie im Haus ihres Arbeitgebers leben (Empfehlung RChS (94) 1).
- In Frankreich wird eine Reform des Gesetzbuchs über die Handelmarine vorbereitet (Empfehlungen RChS (94) 2 und RChS (95) 3).
- In Italien wird der Bereich der Kinderarbeit reformiert, um der Situation von Kindern abzuhelfen, die in Landwirtschaft und Hausarbeit eingesetzt sind (Empfehlung RChS (94) 4).

- Ebenfalls in Italien wird an einem Gesetzentwurf gearbeitet, um die Bestimmungen des Navigationsgesetzes aufzuheben (Empfehlung RChS (94) 4 und RChS (95) 7). Außerdem wird ein Gesetzentwurf zur Einführung eines Sozialhilfesystems untersucht (Empfehlung RChS (94) 4).
- In Spanien wurde das Straf- und Disziplinargesetz für die Handelsmarine vom 22. Dezember 1955, das Strafen für Seeleute vorsah, durch das Gesetz über Nationale Häfen und die Handelsmarine Nr. 27 vom 24. November 1992 aufgehoben (Empfehlung RChS (94) 5).
- In Griechenland wird das Gesetz über Kinderarbeit von 1989 reformiert, um Kinder zu erfassen, die zur Arbeit in der Familie im Bereich Landwirtschaft, Forstwirtschaft oder Tierzucht eingesetzt sind (Empfehlung RChS (95) 5). Außerdem führte das Gesetz Nr. 2446 vom 20. Oktober 1998 ein Sozialversicherungssystem ein (Empfehlungen RChS (93) 1 und RChS (95) 4).
- In Irland wurden die Bestimmungen im Gesetz über die Handelsmarine von 1894, das Strafen für Seeleute vorsah, durch das Gesetz Nr. 20 über die Handelsmarine aufgehoben (Empfehlung RChS (95) 6).
- In Malta wird die Gesetzgebung geändert, um die Gewerkschaftsrechte von Polizisten zu verbessern und das Verfahren für freiwillige Verhandlungen anzupassen (Empfehlung RChS (97) 1).
- Im Vereinigten Königreich werden die Bestimmungen des Gesetzes über die Handelsmarine, welche die Verhängung von Strafen für Seeleute vorsehen, bald aufgehoben werden (Empfehlung RChS (97) 3).
- In der Türkei wird an einem Gesetzentwurf zur Änderung des Zivilgesetzbuchs gearbeitet (Empfehlung RChS (98) 4).
- In Frankreich wird ein Gesetzentwurf vorbereitet, um die Unterschiede aufzuheben, die zwischen dem Erbrecht ehelicher und nichtehelicher Kinder bestehen (Empfehlung RChS (98) 1).

Informationsblatt B – 12

Die Sozialpartner

Der Text der Charta (Artikel 23) legt den Staaten die Verpflichtung auf, Kopien ihrer Berichte an die Organisationen der Sozialpartner zu übermitteln, die Mitglieder der Organisationen mit Beobachterstatus beim Regierungsausschuss sind, nämlich ETUC, IOE und UNICE. Artikel 1 des Änderungsprotokolls von 1991 ändert Artikel 23 Abs. 2, indem er die direkte Übermittlung der Kommentare der Sozialpartner an den Generalsekretär des Europarats – anstatt durch die Regierung – erlaubt. Er ist schon umgesetzt.

Die Regierungen haben die Möglichkeit, zu den Kommentaren Stellung zu nehmen.

Für die Sozialpartner gibt es mehrere Mittel, an der Erstellung der Berichte beteiligt zu werden. Wenn es zum Beispiel einen Ausschuss von Ministern gibt, der für die Erstellung des Berichts verantwortlich ist, könnten Vertreter der Sozialpartner zur Teilnahme eingeladen werden. Als Alternative könnte vor dem letzten Entwurf des Berichts ein Treffen über die nationale Umsetzung der zu begutachtenden Chartabestimmungen stattfinden. Studien oder Veröffentlichungen von Gewerkschaften oder Arbeitgebern könnten vom Bericht in Bezug genommen oder ihm beigefügt werden in dem Bemühen, die Sicht beider Seiten wiederzugeben.

Die Beteiligung der Sozialpartner wird verfestigt, wenn sie einbezogen sind in die Schlussfolgerungen zu Folgemaßnahmen und in die Verfahren, welche die staatlichen Situationen in Einklang mit der Charta bringen sollen, nachdem es zu einer negativen Schlussfolgerung gekommen ist.

Informationsblatt B – 13

Nichtregierungsorganisationen

Während die Organisationen der Sozialpartner auf Grundlage des Chartatextes angehört werden, ist die Anhörung von Nichtregierungsorganisationen nicht geregelt. Da jedoch der Schutz von bürgerlichen und politischen Menschenrechten weit über Arbeitsfragen hinausgeht, können NGOs einen wichtigen Beitrag zu den Staatenberichten leisten (zum Beispiel Themen der sozialen Wohlfahrt, Familienpolitik, Schutz der Kinder, Gesundheitswesen etc.). Wie bei den Sozialpartnern können auch Veröffentlichungen der NGOs ggf. in Staatenberichten zitiert oder diesen angehängt werden.

Nach dem Änderungsprotokoll von 1991 müssen Staatenberichte an die Organisationen geschickt werden, die Beraterstatus beim Europarat haben. Da Berichte öffentliche Dokumente sind, sind sie tatsächlich jeder Organisation auf Anfrage beim Sekretariat der Sozialcharta zugänglich. Sie sind auch im Internet verfügbar.

Als Geste der Anerkennung der Meinungen der Zivilgesellschaft können Staaten NGOs frühzeitig über den Inhalt des Berichts informieren und sie ermutigen, Anmerkungen abzugeben. Eine diesbezügliche Praxis stünde in Einklang mit der wichtigen Rolle solcher Organisationen – die auch der Europarat anerkannt hat – bei der Verteidigung der Menschenrechte.

Informationsblatt B – 14

Das ADACS-Programm

Seit der Umwandlung Europas 1989 und dem Beitritt neuer Mitgliedstaaten hat der Europarat Anstrengungen unternommen, demokratische Reformen zu verfestigen, was institutionelle, legislative und administrative Überprüfungen zur Folge hat. Diese Förderung hat die Organisation einer großen Bandbreite von Aktivitäten mit sich gebracht, einschließlich Treffen von Sachverständigen, Workshops, Trainingskursen und Studienaufenthalten.

Am Anfang wurden die Aktivitäten organisiert, um den neuen Mitgliedstaaten zu helfen, ihre rechtlichen Verpflichtungen beim Beitritt zum Europarat zu erfüllen, und um Bewerberstaaten die erforderliche Anleitung und Information zu geben, um den Beitritt zu erleichtern. Dazu wurde ein jährliches Programm von Aktivitäten geplant, um zu versuchen, die Bedürfnisse dieser Staaten zu erfüllen.

Da nunmehr die große Mehrzahl der Bewerberstaaten dem Europarat beigetreten ist, haben sich ihre Bedürfnisse geändert und werden denen der anderen Mitgliedstaaten ähnlicher. Zudem setzte das zweite Gipfeltreffen der Staats- und Regierungschefs, das am 10. und 11. Oktober 1997 in Straßburg stattfand, einen besonderen Schwerpunkt darauf, den Beitrag des Europarats zum Zusammenhalt, zur Stabilität und Sicherheit in Europa zu unterstützen. Um diese Veränderungen widerzuspiegeln, entschied das Ministerkomitee im Dezember 1997, diese Aktivitäten „Aktivitäten zur Entwicklung und Festigung der demokratischen Stabilität" (ADACS) zu nennen, und sie auf alle Mitgliedstaaten des Europarats und die Bewerberstaaten auszuweiten.

Das ADACS Programm umfasst verschiedene Themenbereiche, z.B. das Programm zu Menschenrechtsaktivitäten.

Konkrete Aktivitäten zur Europäischen Sozialcharta sind seit 1994 organisiert worden. Die jährlich wachsende Anzahl von Aktivitäten in allen neuen Mitgliedstaaten hat in den letzten Jahren zu einem parallelen Anstieg in der Zahl der Unterzeichnungen und Ratifikationen der Chartaurkunden geführt.

Die Aktivitäten zur Europäischen Sozialcharta umfassen Seminare, Studienaufenthalte sowie die Herstellung und Verteilung von Dokumenten und Übersetzungen.

1. Seminare

Informationsseminare und technische Seminare

In vielen Mitgliedstaaten sind schon Treffen organisiert worden. Das Ziel der ADACS-Aktivitäten in Bezug auf die Charta ist es, Länder auf die Ratifikation vorzubereiten. Die erste Stufe besteht daher darin, in Zusammenarbeit mit den zuständigen nationalen Behörden ein Informationsseminar für die Beamten des betreffenden Landes, Sozialpartner, NGOs und Wissenschaftler zu organisieren. Auch Parlamentarier sind an den Seminaren beteiligt. Ziel ist es, den Inhalt der garantierten Rechte und die Funktionsweise des Überwachungsmechanismus zu erklären. Die zweite Stufe besteht darin, Studien zur Übereinstimmung der innerstaatlichen Gesetzgebung und Praxis mit den Normen der Charta zu erstellen.

Seminare zur Vorbereitung der ersten Berichte

Sobald Staaten die Charta oder revidierte Charta ratifiziert haben, ist diese Aktivität darauf angelegt, ihnen zu helfen, ihren ersten Staatenbericht über die Anwendung der Charta oder revidierten Charta zusammenzustellen, der dem Ausschuss unabhängiger Sachverständiger vorgelegt wird.

2. Studienaufenthalte

Diese werden entweder beim Europarat oder in der Verwaltung der Vertragsparteien für die Beamten der Mitgliedstaaten organisiert, die sich auf die Ratifikation der Charta vorbereiten, um die Gesetzgebung der Vertragsparteien und die Durchführung des Überwachungssystems (Erstellen der Berichte, Folgemaßnahmen zur Überwachung und andere Angelegenheiten in Bezug auf die Charta) zu untersuchen. Diese Aufenthalte erlauben es den Beamten, sich mit dem Europarat und der Charta, der Durchführung des Überwachungssystems, ihrer Rolle als Mitglieder des Regierungsausschusses sowie ihrer Verantwortung für das Erstellen der Berichte vertraut zu machen.

3. Dokumente und Übersetzungen

Zum Programm gehört auch die Dokumentation sozialer Grundrechte, die Übersetzung und Verbreitung der Texte der Charta, ihrer Protokolle und der revidierten Charta sowie von Dokumenten, die sich auf diese Verträge beziehen (grundlegende Texte, Rechtsprechung etc.).

Jedes Jahr im September-Oktober sind Staaten eingeladen, ihre Anfragen für das folgende Jahr einzureichen. Die angenommenen Vorschläge werden im vom Ministerkomitee beschlossenen Haushaltsprogramm aufgeführt.

Teil C

Zusammenfassung der Rechtsprechung des Europäischen Sozialrechtsausschusses

Informationsblatt C – 1

Artikel 1 – Das Recht auf Arbeit

Um die wirksame Ausübung des Rechtes auf Arbeit zu gewährleisten, verpflichten sich die Vertragsparteien,

1. zwecks Verwirklichung der Vollbeschäftigung die Erreichung und Aufrechterhaltung eines möglichst hohen und stabilen Beschäftigungsstandes zu einer ihrer wichtigsten Zielsetzungen und Aufgaben zu machen;
2. das Recht des Arbeitnehmers wirksam zu schützen, seinen Lebensunterhalt durch eine frei übernommene Tätigkeit zu verdienen;
3. unentgeltliche Arbeitsvermittlungsdienste für alle Arbeitnehmer einzurichten oder aufrechtzuerhalten;
4. eine geeignete Berufsberatung, Berufsausbildung und berufliche Wiedereingliederung sicherzustellen oder zu fördern.

Anhang

Artikel 1 Abs. 2
Diese Bestimmung ist nicht so auszulegen, als würden durch sie Schutzklauseln oder Schutzmaßnahmen einer Gewerkschaft verboten oder erlaubt.

Das Recht auf Arbeit nimmt in der Sozialcharta eine zentrale Stellung ein, nicht nur weil es aus sich selbst heraus wichtig ist, sondern auch, weil sich mehrere in dieser Urkunde festgeschriebene grundlegende Rechte auf ein Beschäftigungsverhältnis oder freiberufliche Tätigkeit beziehen.

Das Recht auf Arbeit im Sinne der Charta bedeutet jedoch nicht, dass der Staat jedem Arbeitsuchenden eine Arbeitsstelle garantieren muss, da eine solche Bestimmung eindeutig nicht praktikabel wäre. Das Angebot an Arbeitsstellen hängt von der Situation des Arbeitsmarktes ab und davon, ob dessen Bedürfnisse durch die Fähigkeiten der Arbeitsuchenden gedeckt werden. Artikel 1 Abs. 1 der Charta verlangt von den Vertragsparteien, die Vollbeschäftigung zur vorrangigen Zielsetzung ihrer Wirtschaftspolitik zu machen. Die Absätze 2 bis 4 beinhalten drei konkretere Verpflichtungen.

Absatz 1 – Vollbeschäftigung

Nach dem ersten Absatz des Artikels 1 der Charta verpflichten sich die Vertragsparteien, „zwecks Verwirklichung der Vollbeschäftigung die Erreichung und Aufrechterhaltung eines möglichst hohen und stabilen Beschäftigungsstands zu einer ihrer wichtigsten Zielsetzungen und Aufgaben zu machen".

Staaten müssen eine Wirtschaftspolitik verfolgen, die auf das Erreichen dieses Ziels, d.h. Vollbeschäftigung, zugeschnitten ist. Sie müssen zu diesem Zweck Maßnahmen treffen und ihre Berichte müssen dem Europäischen Sozialrechtsausschuss genug Informationen geben, um die Wirkung dieser Maßnahmen zu bewerten.

Der Ausschuss untersucht verschiedene Parameter, zum Beispiel den Anteil wirtschaftlich aktiver Personen, die Aufteilung der Arbeit nach Sektoren, nach Geschlecht, nach Voll- und Teilzeitverträgen und nach Vertragstyp (unbefristet, befristet, etc.), Trends in der Art der Arbeitsverhältnisse, der Lage der anfälligsten Gruppen auf dem Arbeitsmarkt (Frauen, Jugendliche, Langzeitarbeitslose, Immigranten aus ethnischen Minderheiten), Maßnahmen zur Unterstützung dieser Personen bei der Arbeitsuche sowie Trends bei den Gesamtausgaben für die Beschäftigungspolitik, aufgeteilt nach Maßnahmen oder Programmen, mit Informationen über die relativen Anteile von „aktiven" Maßnahmen (Schaffung von Arbeitsplätzen, Ausbildung etc.) und „passiven" Maßnahmen (finanzieller Ersatz etc.).

Absatz 2 – Das Recht des Arbeiters, seinen Lebensunterhalt durch eine frei übernommene Tätigkeit zu verdienen

Nach diesem Absatz verpflichten sich die Vertragsparteien, „das Recht des Arbeitnehmers wirksam zu schützen, seinen Lebensunterhalt durch eine frei übernommene Tätigkeit zu verdienen".

Der Ausschuss hat diese Bestimmung so interpretiert, dass Diskriminierung bei der Beschäftigung abgeschafft und Zwangsarbeit verboten werden muss.

A. Abschaffung der Diskriminierung am Arbeitsplatz

Artikel 1 Abs. 2 verlangt von den Vertragsparteien, alle Formen der Diskriminierung bei der Beschäftigung abzuschaffen.

Um Artikel 1 Abs. 2 im Bereich der Gleichheit der Geschlechter zu erfüllen, müssen die Parteien alle Hindernisse aus dem Weg räumen, die Frauen den Zugang zu bestimmten Arten von Tätigkeiten verwehren. Sie müssen außerdem Gesetze erlassen, die Diskriminierung zwischen Männern und Frauen am Arbeitsplatz verbieten. Diese müssen nicht unbedingt detailliert sein: Allgemeine Gesetzgebung reicht aus. Dieses Verbot muss durch eine Anzahl von Sicherungen unterstützt werden: Es muss möglich sein, die Nichtigkeit von Klauseln in einem Gesamt- oder Einzelarbeitsvertrag, der den Grundsatz der Gleichheit verletzt, auszusprechen, und Sanktionen müssen existieren und angewendet werden, falls Diskriminierung in der Praxis vorkommt. Die Entlassung wegen der Forderung von Gleichbehandlung muss ebenfalls verboten sein, und jeder, der deswegen entlassen wurde, sollte normalerweise wieder eingestellt werden.

Artikel 1 des Zusatzprotokolls (Nr. 1), der ausschließlich Diskriminierung auf Grund des Geschlechts betrifft, legt den Staaten mehr Verpflichtungen auf als Artikel 1 Abs. 2.

Artikel 1 Abs. 2 verbietet auch die Diskriminierung aus anderen Gründen, z.B. Mitgliedschaft in einer Gewerkschaft, Rasse, Hautfarbe, Religion, politische Ansicht, nationaler Herkunft, Zugehörigkeit zu einer ethnischen Minderheit, soziale Herkunft und Gesundheit.

B. Verbot der Zwangsarbeit

Als Verletzung des Verbots der Zwangsarbeit wurde die Gesetzgebung mehrerer Staaten zur Handelsmarine angesehen, wonach Seeleuten strafrechtliche Sanktionen auferlegt werden können, wenn sie in Umständen, welche die Sicherheit des Schiffs oder Leben und Gesundheit der Menschen an Bord nicht gefährden, ihren Pflichten nicht nachkommen. Die Nichtanwendung dieser Gesetze ändert nichts an ihrer Unvereinbarkeit mit der Charta. Die Tatsache, dass sie in Kraft bleiben, bedeutet, dass sie jederzeit angewendet werden können.

Zu anderen Beispielen von Situationen, die mit dem Verbot der Zwangsarbeit unvereinbar sind, gehören: Aufschieben der Dienstquittierung eines Armeeoffiziers bis zu 25 Jahren, oder sogar unbegrenzt; die Inanspruchnahme des öffentlichen Dienstes oder sogar der ganzen Bevölkerung in Situationen, die über Artikel 31 hinausgehen, und das Erfordernis einer verwaltungsrechtlichen Genehmigung vor der Kündigung der eigenen Arbeitsstelle.

Absatz 3 – freie Arbeitsvermittlungsdienste

Nach diesem Absatz verpflichten sich die Vertragsparteien, „unentgeltliche Arbeitsvermittlungsdienste für alle Arbeitnehmer einzurichten oder aufrechtzuerhalten“.

Diese Bestimmung verlangt, dass die Staaten Arbeitsvermittlungsdienste einrichten und sicherstellen, dass diese in ihrem gesamten Hoheitsgebiet wirksam operieren können. Die Hauptfunktion dieser Dienste ist es, Arbeitssuchende an Arbeitsstellen zu vermitteln. Die Vermittlungstätigkeit muss kostenlos sein sowohl für Arbeitgeber als auch für Arbeitnehmer. Entgeltliche private Vermittlungsdienste dürfen ebenfalls arbeiten, sofern es in allen Wirtschaftssektoren kostenlose Dienste gibt.

Um die Wirksamkeit der öffentlichen Arbeitsvermittlungsdienste zu nachzuprüfen, schaut der Ausschuss besonders auf die Zahl der geleisteten Vermittlungen, die Zahl der freien Stellen und den jeweiligen Marktanteil von öffentlichen und privaten Diensten. Wenn die Leistung des öffentlichen Arbeitsvermittlungsdienstes nach diesen Kriterien als sehr schwach angesehen wird, gilt die Lage als unvereinbar mit der Charta.

Schließlich verlangt Artikel 1 Abs. 3, dass beide Seiten der Wirtschaft an Organisation und Betrieb der Arbeitsvermittlungsdienste beteiligt sind.

Absatz 4 – Berufsberatung, Berufsausbildung und berufliche Wiedereingliederung

Nach diesem Absatz verpflichten sich die Vertragsparteien, „eine geeignete Berufsberatung, Berufsausbildung und berufliche Wiedereingliederung sicherzustellen oder zu fördern".

Artikel 1 Abs. 4 verkörpert ein allgemeines Erfordernis. Da Artikel 1 sicherstellen soll, dass die wirksame Ausübung des Rechts auf Arbeit wirksam garantiert ist, verpflichtet Absatz 4 die Staaten, Dienste zur Berufsberatung, Berufsausbildung und Umschulung zu gewähren sowie sicherzustellen, dass diese Dienste allen interessierten Personen offen stehen, einschließlich Staatsangehörigen anderer Chartastaaten und Behinderten.

Artikel 1 Abs. 4 wird durch Artikel 9, 10 und 15 verstärkt, die konkretere Pflichten in Bezug auf Berufsberatung und Berufsausbildung enthalten (siehe Informationsblätter C – 9, C – 10 und C – 15).

Informationsblatt C – 2

Artikel 2 – Das Recht auf gerechte Arbeitsbedingungen

Um die wirksame Ausübung des Rechtes auf gerechte Arbeitsbedingungen zu gewährleisten, verpflichten sich die Vertragsparteien,

1. für eine angemessene tägliche und wöchentliche Arbeitszeit zu sorgen und die Arbeitswoche fortschreitend zu verkürzen, soweit die Produktivitätssteigerung und andere mitwirkende Faktoren dies gestatten;
2. bezahlte öffentliche Feiertage vorzusehen;
3. die Gewährung eines bezahlten Jahresurlaubs von mindestens zwei Wochen sicherzustellen;
4. für die Gewährung zusätzlicher bezahlter Urlaubstage oder einer verkürzten Arbeitszeit für Arbeitnehmer zu sorgen, die mit bestimmten gefährlichen oder gesundheitsschädlichen Arbeiten beschäftigt sind;
5. eine wöchentliche Ruhezeit sicherzustellen, die, soweit möglich, mit dem Tag zusammenfällt, der in dem betreffenden Land oder Bezirk durch Herkommen oder Brauch als Ruhetag anerkannt ist.

Absatz 1 – Angemessene Arbeitszeit

Der Zweck des Artikel 2 Abs. 1 der Charta, nämlich Gesundheit und Sicherheit der Arbeitnehmer – und damit ihr Leben – zu schützen, bezieht sich direkt auf das Recht auf Leben.

Diese Bestimmung verlangt von Staaten, durch Gesetzgebung, Vorschriften, Gesamtarbeitsverträge oder andere verbindliche Mittel angemessene Grenzen für die tägliche und wöchentliche Arbeitszeit, einschließlich Überstunden, festzulegen. Eine geeignete Behörde muss diese Maßnahmen überwachen, um sicherzustellen, dass diese Grenzen in der Praxis eingehalten werden.

Die Leistung von Überstunden darf nicht einfach im Ermessen des Arbeitgebers oder Arbeitnehmers liegen. Der Grund für Überstunden und ihre Dauer müssen reguliert sein.

Die Charta definiert Überstunden nicht ausdrücklich. Sehr lange Arbeitszeiten (mehr als 16 Stunden an einem Tag oder 60 Stunden in einer Woche) werden jedoch als unangemessen und daher unvereinbar mit der Charta gelten.

In den letzten Jahren haben viele Staaten Regeln über flexible Arbeitszeiten erlassen, welche die Berechnung der Arbeitszeiten über einen Referenzzeitraum von mehreren Monaten erlauben. Diese Maßnahmen sind an sich nicht unvereinbar mit der Charta.

Regelungen dieser Art können unter folgenden Voraussetzungen als mit der Charta vereinbar angesehen werden:

- Die oben genannten maximale täglichen und wöchentlichen Arbeitszeiten werden nie überschritten.
- Flexible Arbeitszeitmodelle müssen eine rechtliche Grundlage haben. Wenn sie in Gesamtarbeitsverträgen festgelegt sind, stellt der Ausschuss fest, auf welcher Ebene diese Verträge unterzeichnet worden sind. Zusätzliche Sicherheitsmaßnahmen sind erforderlich, wenn flexible Arbeitszeiten in Gesamtarbeitsverträgen innerhalb von Betrieben vorgesehen sind.
- Der für die Berechnung der durchschnittlichen Arbeitszeit benutzte Referenzzeitraum darf vier bis sechs Monate nicht überschreiten. Zeiträume von bis zu einem Jahr können in Ausnahmefällen akzeptabel sein.
- Um ihr Privat- und Familienleben zu schützen, müssen Arbeitnehmer klar und rechtzeitig über jede Änderung ihrer Arbeitszeit informiert werden.
- Angemessener Schutz für Teilzeitarbeitnehmer und für Teilzeitkräfte „auf Abruf“ oder mit unregelmäßigen Arbeitszeiten muss gewährleistet sein.
- Die Aktivitäten der Arbeitsaufsicht bei der Überwachung der Einhaltung von Arbeitszeitregulierungen und -vereinbarungen sind Bestandteil der Bewertung der Erfüllung.

Artikel 33 gilt für diese Bestimmung: Dies bedeutet, dass mindestens 80% der Arbeitnehmer das in Artikel 2 Abs. 1 verbürgte Recht genießen müssen. Jedoch verstößt jedes Gesetz, dass die oben genannten Kriterien nicht erfüllt und potentiell auf alle Arbeitnehmer anwendbar ist, gegen Abs. 1 – selbst wenn es in der Praxis weniger als 20% betrifft.

Artikel 2 Abs. 1 verlangt von den Vertragsparteien auch, die Arbeitswoche fortschreitend zu verkürzen, soweit Produktivitätssteigerungen und andere mitwirkende Faktoren dies erlauben. Diese „anderen Faktoren“ können die Art der Arbeit sowie die Sicherheits- und Gesundheitsrisiken sein, denen die Arbeitnehmer ausgesetzt sind. Nach Artikel 2 Abs. 1 steht diese Verpflichtung in enger Beziehung zur angemessenen Arbeitszeit. Die weiträumige Einführung einer Arbeitswoche von weniger als 40 Stunden hat daher das Bedürfnis nach einer Kürzung der wöchentlichen Arbeitszeit erheblich reduziert.

Absatz 2 – Bezahlte öffentliche Feiertage

Die Vertragsparteien müssen zusätzlich zu wöchentlichen Ruhezeiten und Jahresurlaub „bezahlte öffentliche Feiertage vorsehen". Diese öffentlichen Feiertage können durch Gesetze oder Gesamtarbeitsverträge bestimmt werden.

Die Charta legt nicht fest, wie viele öffentliche Feiertage es geben soll. Es wurde noch nie eine Verletzung durch einen Staat festgestellt, weil es zu wenig öffentliche Feiertage gab. Zur Zeit reicht die Anzahl der öffentlichen Feiertage von sechs bis siebzehn Tagen pro Jahr.

In besonderen Fällen ist das Arbeiten an öffentlichen Feiertagen erlaubt; es gelten die Bedingungen für die wöchentlichen Ruhezeiten (s. u.) und die betreffenden Personen müssen eine Ausgleichsruhezeit mindestens gleicher Länge erhalten.

Artikel 33 gilt für diese Bestimmung: Dies bedeutet, dass mindestens 80% der Arbeitnehmer das in Artikel 2 Abs. 1 verbürgte Recht genießen müssen. Jedoch verstößt jedes Gesetz, dass die oben genannten Kriterien nicht erfüllt und potentiell auf alle Arbeitnehmer anwendbar ist, gegen Abs. 1 – selbst wenn es in der Praxis weniger als 20% betrifft.

Absatz 3 – Bezahlter Jahresurlaub

Staaten müssen einen bezahlten Jahresurlaub von mindestens zwei Wochen vorsehen.

Jahresurlaub kann nicht durch finanziellen Ausgleich ersetzt werden, und Arbeitnehmer dürfen nicht die Wahl haben, auf ihren Jahresurlaub zu verzichten.

Es ist zulässig, dass Arbeitnehmer zwölf Monate beschäftigt sein müssen, bevor sie Anspruch auf bezahlten Jahresurlaub haben.

Arbeitnehmer, die während ihres Jahresurlaubs krank werden oder sich verletzen, haben bei Vorlage eines ärztlichen Attests das Recht, die verlorenen Tage zu einer anderen Zeit zu nehmen, so dass sie die von der Charta vorgesehenen zwei Wochen Jahresurlaub erhalten.

Artikel 33 gilt für diese Bestimmung: Dies bedeutet, dass mindestens 80% der Arbeitnehmer das in Artikel 2 Abs. 1 verbürgte Recht genießen müssen. Jedoch verstößt jedes Gesetz, dass die oben genannten Kriterien nicht erfüllt und potentiell auf alle Arbeitnehmer anwendbar ist, gegen Abs. 1 – selbst wenn es in der Praxis weniger als 20% betrifft.

Absatz 4 – Verkürzte Arbeitszeit oder zusätzlicher bezahlter Urlaub für Arbeitnehmer in gefährlichen oder gesundheitsschädlichen Beschäftigungen

Staaten müssen eine Liste von gefährlichen oder gesundheitsschädlichen Beschäftigungen aufstellen, die vom Ausschuss nachgeprüft wird.

Bereiche wie Bergbau, Steinbruch, Stahlherstellung und Schiffsbau wurden schon immer als gefährlich oder gesundheitsschädlich angesehen. Dies gilt weiterhin. Diese Bestimmung gilt darüber hinaus für Beschäftigungen, die zum Beispiel mit ionisierender Strahlung, extremen Temperaturen, Lärm, der Arbeit an Computerbildschirmen usw. zu tun haben. Der wissenschaftliche Fortschritt hat bestimmte Krankheits- oder Risikofaktoren, zum Beispiel Stress, aufgezeigt, die vorher nicht beachtet wurden.

Manche Staaten versuchen, Risiken an der Quelle auszuschalten, anstatt die Arbeitszeit zu verkürzen oder zusätzlichen Urlaub zu gewähren. Jede allgemeine Verkürzung der Arbeitszeit gilt offensichtlich auch für Personen, die in gefährlichen oder gesundheitsschädlichen Bereichen arbeiten, so dass weitere Verkürzungen unnötig scheinen können. In Bereichen, in denen Risiken nicht ganz ausgeschlossen werden können, muss die Arbeitszeit verkürzt oder zusätzlicher Urlaub gewährt werden. Ohne weitere Maßnahmen ist es nicht ausreichend für die Erfüllung von Artikel 2 Abs. 4, wenn nur das Risiko, dem man ausgesetzt ist, verkleinert wird – ebenso wenig wie höhere Bezahlung oder Bonuszahlungen.

Artikel 33 gilt für diese Bestimmung, aber die Formulierung „die überwiegende Mehrheit der betreffenden Arbeitnehmer" (80%) meint die Mehrheit der Arbeitnehmer in gefährlichen oder gesundheitsschädlichen Beschäftigungen, nicht alle Arbeitnehmer.

Absatz 5 – Wöchentliche Ruhezeit

Artikel 2 Abs. 5 verpflichtet die Staaten, zwei Dinge zu tun: eine wöchentliche Ruhezeit zu gewährleisten und wenn möglich sicherzustellen, dass diese mit dem Tag zusammenfällt, der in dem betreffenden Land oder Bezirk durch Brauch oder normalerweise als Ruhetag anerkannt ist, d.h. Sonntag in allen Staaten, die bislang die Charta ratifiziert haben.

Wöchentliche Ruhezeiten können nicht durch Entschädigung ersetzt werden und Arbeitnehmern darf es nicht erlaubt sein, darauf zu verzichten.

Obwohl die Ruhezeit „wöchentlich" sein soll, kann sie auf die folgende Woche verschoben werden, solange kein Arbeitnehmer länger als zwölf Tage hintereinander ohne zwei Tage Ruhezeit arbeiten darf.

Sonntagsarbeit ist unter bestimmten Umständen erlaubt: Die betreffende Person muss eine Ausgleichsruhezeit von mindestens gleicher Länge erhalten.

Informationsblatt C – 3

Artikel 3 – Das Recht auf sichere und gesunde Arbeitsbedingungen

> Um die wirksame Ausübung des Rechtes auf sichere und gesunde Arbeitsbedingungen zu gewährleisten, verpflichten sich die Vertragsparteien,
>
> 1. Sicherheits- und Gesundheitsvorschriften zu erlassen;
> 2. für Kontrollmaßnahmen zur Einhaltung dieser Vorschriften zu sorgen;
> 3. die Arbeitgeber- und Arbeitnehmerorganisationen in geeigneten Fällen bei Maßnahmen zu Rate zu ziehen, die auf eine Verbesserung der Sicherheit und der Gesundheit bei der Arbeit gerichtet sind.

Artikel 3 der Charta, der die Vertragsparteien verpflichtet, das Recht auf sichere und gesunde Arbeitsbedingungen zu gewährleisten, schützt das Recht der einzelnen Person auf physisches und geistiges Wohlbefinden bei der Arbeit. Es betrifft daher das Recht auf Leben selbst.

Absatz 1 – Sicherheits- und Gesundheitsvorschriften

Nationale Gesundheits- und Sicherheitsvorschriften müssen Präventiv- und Schutzmaßnahmen vorsehen gegen die Risiken, die in den internationalen technischen Referenzstandards festgelegt sind, d.h. in den betreffenden ILO-Konventionen und den Richtlinien der Europäischen Gemeinschaft zur Gesundheit und Sicherheit am Arbeitsplatz.

Diese Präventiv- und Schutzmaßnahmen müssen ohne wesentliche Auslassung gelten: Alle Arbeitnehmer – angestellte wie selbständige – müssen geschützt werden, unabhängig von Art der Beschäftigung und Wirtschaftszweig. Andere entscheidende Faktoren sind: der Bestimmtheitsgrad der Vorschriften, die relative Bedeutung der betreffenden Beschäftigungen in der Volkswirtschaft und damit die Anzahl der betroffenen Personen, und inwieweit die Vorschriften dem aktuellem

Wissensstand entsprechen, wie er sich nach internationalen Referenzstandards darstellt.

Zusätzlich zur Rahmengesetzgebung, die allgemeine Pflichten für Arbeitgeber und Arbeitnehmer begründet, müssen Staaten auch Vorschriften erlassen, die Maßnahmen vorsehen, um Risiken und Gefahren in einer Reihe von Bereichen zu bekämpfen. Diese können sich insbesondere durch technische Veränderungen ebenfalls ändern und sind nachfolgendend aufgelistet:

a. Arbeitsplatz – Arbeitsmittel:

- Schutz von Maschinen,
- manuelle Arbeit mit Lasten,
- maximales Gewicht,
- Luftverschmutzung, Lärm und Vibration,
- persönliche Schutzausrüstung,
- Sicherheits- und/oder Gesundheitsschilder am Arbeitsplatz,
- Bildschirme.

b. Gefährliche Wirkstoffe und Substanzen:

- chemische, physische und biologische Wirkstoffe, einschließlich Bleiweiß (Farbe), Benzol, Asbest und ionisierender Strahlung.

c. Risiken im Zusammenhang mit bestimmten Wirtschaftszweigen oder Aktivitäten:

- Dockarbeit,
- Baugewerbe,
- Bergbau und Rohstoffabbau,
- Schiffe und Fischkutter,
- Verhütung von größeren Industrieunfällen.

d. Risiken im Zusammenhang mit bestimmten anfälligen Kategorien von Arbeitnehmern[1]:

Personen in unsicheren Beschäftigungsverhältnissen (Teilzeit- oder Zeitarbeit und Selbständigkeit) sind mehreren Gesundheits- und Sicherheitsgefahren ausgesetzt, sowohl wegen der Art der Arbeit, die ihnen angeboten wird (oft im Bau- und produzierenden Gewerbe) als auch wegen ihres Status. Besondere Regeln sind daher erforderlich, um sicherzustellen, dass sie das gleiche Niveau beim Gesundheitsschutz genießen wie andere Arbeitnehmer.

e. Spezifische Risiken:

i. Asbest

- Maximale Grenzwerte
  Die ILO-Konvention Nr. 162 und die EG-Richtlinie 83/477, geändert durch Richtlinie 91/382, verlangen, dass der Kontakt mit Asbest auf das geringste mögliche Maß reduziert wird und schreiben Grenzwerte vor. Die Richtlinie setzt diese Grenzwerte auf 0.6 Fasern pro ccm für Chrysotil (Bandfasern, die als nicht besonders gefährlich angesehen werden) und auf 0.3 Fasern pro ccm für andere Asbestarten. Nach der ILO-Konvention müssen Grenzwerte regelmäßig überprüft und aktualisiert werden, um mit der Entwicklung in Wissenschaft und Technik Schritt zu halten.
  Um Artikel 3 Abs. 1 zu erfüllen, müssen Grenzwerte gleich oder niedriger sein als die in der Richtlinie festgelegten.

- Verbotsmaßnahmen
  Die ILO-Konvention und die Richtlinie verbieten alle Formen von Asbestversprühung. Die ILO-Konvention verlangt auch, dass das Ersetzen von Asbest durch andere, weniger giftige Stoffe gesetzlich vorgeschrieben sein soll, wenn es notwendig und technisch möglich ist, oder die Verwendung von Asbest ganz oder teilweise verboten sein soll. In jedem Fall muss die Verwendung von einer der gefährlichsten Formen von Asbest (Krokydolith) verboten werden.
  Artikel 3 verlangt nicht, dass Asbest vollständig verboten wird, obwohl der Ausschuss der Ansicht ist, dass dies einen wirksameren Schutz des in Artikel 3 Abs. 1 gewährten Rechts sicherstellen würde.

---

[1] Artikel 7 der Charta enthält Bestimmungen über spezielle Maßnahmen zum Schutz der Gesundheit und Sicherheit von Kindern und Jugendlichen in den Fällen, in denen sie arbeiten dürfen (siehe Informationsblatt C – 7).
Gemäß Artikel 8 Abs. 4 der Charta muss die Beschäftigung von Frauen in gewerblicher Nachtarbeit reguliert werden, außerdem muss die Beschäftigung von Frauen im Untertagebau und, soweit angemessen, in allen anderen Arten von Arbeit, die wegen ihrer gefährlichen, gesundheitsschädlichen oder anstrengenden Art ungeeignet für sie sind, verboten werden (siehe Informationsblatt C – 8).

- Zusätzlich müssen Schritte eingeleitet werden, um ein Verzeichnis aller kontaminierten Gebäude und Stoffe zu erstellen.

ii. Ionisierende Strahlung:

Die von der Internationalen Strahlenschutzkommission 1990 festgelegten maximalen Grenzwerte müssen beachtet werden.

Absatz 2 – Überwachung der Durchsetzung von Sicherheits- und Gesundheitsvorschriften

Der Ausschuss überwacht die Erfüllung dieser Verpflichtung und berücksichtigt dabei Trends in Industrieunfällen und -krankheiten, sowie die Einführung und Erhaltung von wirksamen Aufsichtsmechanismen.

a. Industrieunfälle und -krankheiten

Der Ausschuss berücksichtigt die Gesamtzahl und Häufigkeit (Anzahl pro hundert Arbeitnehmer) von Verletzungen. Wenn der Bericht nicht alle von ihm benötigten Informationen enthält, nimmt er Zahlen von ILO oder Eurostat.

In Fällen mit offensichtlichen Problemen gibt er die Schlussfolgerung ab, dass die Situation nicht mit Artikel 3 Abs. 2 in Einklang steht.

b. Tätigkeiten der Arbeitsaufsicht

Der Ausschuss berücksichtigt die Zahl der Betriebe, die von der Arbeitsaufsicht überwacht werden, die Zahl der von diesen Betrieben beschäftigten Arbeitnehmern, die Zahl der durchgeführten Inspektionen und die Zahl der von diesen Inspektionen erfassten Arbeitnehmer. Der Betrieb eines wirksamen Inspektionssystems hängt von der Durchführung einer Mindestzahl von regelmäßigen Inspektionen ab, um sicherzustellen, dass eine maximale Zahl von Arbeitnehmern das in Artikel 3 gewährleistete Recht wirksam genießt.

Aufsichtsbeamte sollten befugt sein, Zwangsmaßnahmen anzuwenden, wenn sie eine unmittelbare Gefahr für die Sicherheit und Gesundheit der Arbeitnehmer vorfinden. Die Sanktionen für Arbeitgeber müssen hinreichend abschreckend sein.

Absatz 3 – Konsultation von Arbeitgeber- und Arbeitnehmerorganisationen in Fragen der Sicherheit und Gesundheit

Die Verpflichtung, die Sozialpartner zu Rate zu ziehen, gilt für alle Wirtschaftszweige, auch den öffentlichen Sektor. Die Konsultation muss sich auf Maßnahmen zur Verbesserung der Sicherheit und Gesundheit bei der Arbeit konzentrieren und immer dann stattfinden, wenn es nötig ist, insbesondere als Reaktion auf Änderungen der Vorschriften.

Die Vertragsparteien müssen sicherstellen, dass es auf staatlicher Ebene Mechanismen und Verfahren für die Konsultation zwischen Berufsorganisationen und staatlichen Stellen gibt. Das zu diesem Zweck geschaffene Gremium kann entweder ein ständiges oder ein *ad hoc* Konsultationsgremium sein.

Die Berufsorganisationen müssen auch auf der betrieblichen Ebene konsultiert werden.

Informationsblatt C – 4

Artikel 4 – Das Recht auf gerechtes Arbeitsentgelt

Um die wirksame Ausübung des Rechtes auf ein gerechtes Arbeitsentgelt zu gewährleisten, verpflichten sich die Vertragsparteien,

1. das Recht der Arbeitnehmer auf ein Arbeitsentgelt anzuerkennen, welches ausreicht, um ihnen und ihren Familien einen angemessenen Lebensstandard zu sichern;
2. das Recht der Arbeitnehmer auf Zahlung erhöhter Lohnsätze für Überstundenarbeit anzuerkennen, vorbehaltlich von Ausnahmen in bestimmten Fällen;
3. das Recht männlicher und weiblicher Arbeitnehmer auf gleiches Entgelt für gleichwertige Arbeit anzuerkennen;
4. das Recht aller Arbeitnehmer auf eine angemessene Kündigungsfrist im Falle der Beendigung des Arbeitsverhältnisses anzuerkennen;
5. Lohnabzüge nur unter den Bedingungen und in den Grenzen zuzulassen, die in innerstaatlichen Rechtsvorschriften vorgesehen oder durch Gesamtarbeitsvertrag oder Schiedsspruch bestimmt sind.

Die Ausübung dieser Rechte ist durch frei geschlossene Gesamtarbeitsverträge, durch gesetzliche Verfahren der Lohnfestsetzung oder auf jede andere, den Landesverhältnissen entsprechende Weise zu gewährleisten.

Anhang

Artikel 4 Abs. 4
Diese Vorschrift ist dahin zu verstehen, dass sie eine fristlose Entlassung im Falle einer schweren Verfehlung nicht verbietet.

Artikel 4 Abs. 5
Es besteht Einverständnis darüber, dass eine Vertragspartei die in diesem Absatz geforderte Verpflichtung eingehen kann, wenn durch Gesetz, Gesamtarbeitsverträge oder Schiedssprüche Lohnabzüge für die überwiegende Mehrheit der Arbeitnehmer verboten sind und Ausnahmen nur für diejenigen Personen gelten, die in diesen Gesetzen, Verträgen und Schiedssprüchen nicht erfasst sind.

Artikel 4 der Sozialcharta enthält eine Anzahl von grundlegenden Gewährleistungen in Bezug auf das Gehalt und den Schutz des Gehalts. Jeder dieser Gewährleistungen liegt der Grundsatz der Fairness zu Grunde, insbesondere wenn das Gehaltsniveau betroffen ist.

Absatz 1 – Gerechtes Arbeitsentgelt

Diese Bestimmung gewährleistet ein gerechtes (oder auch „angemessenes") Gehalt. Um als gerecht im Sinne von Artikel 4 Abs. 1 zu gelten, darf ein Gehalt nicht zu sehr unter den nationalen Durchschnitt fallen. Die vom Ausschuss angenommene Schwelle beträgt 60%. Gehälter müssen in jedem Fall über der Armutsgrenze des betreffenden Landes liegen.

Das Entgelt, das im Sinne dieser Bestimmung berücksichtigt wird, ist die Gegenleistung – entweder in Geld oder sonstige –, die von einem Arbeitgeber an einen Arbeitnehmer für geleistete Arbeit gezahlt wird. Soweit angemessen werden auch Bonuszahlungen und freiwillige Sonderleistungen berücksichtigt.

Die Berechnungen des Ausschusses basieren auf Nettosummen, d.h. nach Abzug von Steuern und Sozialabgaben. Soziale Transferleistungen (z.B. Freibeträge bei der Sozialversicherung oder Sozialleistungen) werden nur berücksichtigt, wenn sie direkt mit dem Gehalt in Zusammenhang stehen.

Das Nettodurchschnittseinkommen eines Vollzeitarbeitnehmers wird berechnet unter Bezug auf den ganzen Arbeitsmarkt oder, wenn dies nicht möglich ist, auf einen repräsentativen Sektor, z.B. das produzierende Gewerbe.

Ein Nettoeinkommen, das unter die 60% Grenze fällt, gilt nicht automatisch als unfair im Sinne der Charta. Wenn das Gehalt zwischen 50% und 60% liegt, kann ein Staat aufgefordert werden, darzulegen, dass es ausreichend ist, um dem Arbeitnehmer einen angemessenen Lebensstandard zu ermöglichen, z.B. durch detaillierte Informationen zu den Lebenshaltungskosten. Jedoch wird ein Nettoeinkommen von weniger als der Hälfte des durchschnittlichen nationalen Einkommens als ungerecht und somit unvereinbar mit Artikel 4 Abs. 1 gelten.

Absatz 2 – Zahlung erhöhter Lohnsätze für Überstundenarbeit

Dieser Absatz steht in engem Zusammenhang mit Artikel 2 Abs. 1, der die tägliche und wöchentliche Arbeitszeit betrifft. Arbeitnehmer, von denen Überstunden verlangt werden, müssen mehr als den normalen Stundensatz erhalten. Es gibt keinen Hinweis in der Charta darauf, wie hoch die Mindesterhöhung sein muss.

Überstunden dürfen auch mit Freizeit ausgeglichen werden, aber diese muss länger sein als die geleisteten Überstunden. Es genügt mit anderen Worten nicht, der betreffenden Person genauso viel Freizeit wie die geleisteten zusätzlichen Stunden zu geben.

Diese Bestimmung gilt für alle Arbeitnehmer mit Ausnahme von „bestimmten Fällen". Der Ausschuss hat angedeutet, dass diese Ausnahmen, die für bestimmte Kategorien von Beschäftigten im öffentlichen Dienst und in leitenden Positionen gelten können, nur selten vorkommen dürfen.

Es besteht die allgemeine Tendenz in Europa, die Arbeitszeit zu berechnen, indem man den wöchentlichen Durchschnitt über einen Zeitraum von mehreren Monaten bildet. Während dieses Zeitraums kann die Zahl der tatsächlich in einer Woche gearbeiteten Stunden zwischen einer Mindest- und einer Höchstzahl schwanken, ohne dass Überstunden und damit höhere Bezahlung in Betracht kommen. Solche Festsetzungen verstoßen nicht an sich gegen Artikel 4 Abs. 2, sofern die Bedingungen in Art. 2 Abs. 1 beachtet werden (siehe Informationsblatt C – 2).

Absatz 3 – gleiches Entgelt für Männer und Frauen

Das Recht von männlichen und weiblichen Arbeitnehmern auf gleiches Entgelt für gleichwertige Arbeit muss im innerstaatlichen Recht ausdrücklich vorgesehen sein.

Das innerstaatliche Recht muss bestimmen, dass alle Klauseln in Arbeitsverträgen oder Tarifvereinbarungen, die den Grundsatz des gleichen Entgelts verletzen, nichtig sind. Ein Gericht muss ermächtigt sein, sie für nichtig zu erklären.

Arbeitnehmer, die ihr Recht auf gleiches Entgelt fordern, müssen vor Repressalien des Arbeitgebers rechtlich geschützt sein. Die Entlassung aus diesem Grund muss verboten sein. Arbeitnehmer, die Repressalien ausgesetzt sind, müssen Entschädigung erhalten, die ausreicht, nicht nur den Schaden wieder gutzumachen, sondern auch den Arbeitgeber davon abzuschrecken, in Zukunft solche Maßnahmen zu ergreifen. Die Abhilfe für Entlassung sollte normalerweise die Wiedereingliederung sein. In Ausnahmefällen, wenn die Wiedereingliederung unmöglich ist oder die betreffende Person sie nicht wünscht, kann statt dessen Schadenersatz zugesprochen werden.

Absatz 4 – Angemessene Kündigungsfrist

Diese Bestimmung steht in dem Artikel zum Entgelt, weil es der Hauptzweck der angemessenen Kündigungsfrist ist, der betreffenden Person Zeit zu geben, nach Arbeit zu suchen bevor ihre aktuelle Arbeit endet, d.h. während sie noch Geld verdient. Deswegen ist die Zahlung von Gehalt anstelle einer Kündigungsfrist zulässig, sofern die gezahlte Summe derjenigen entspricht, die der Arbeitnehmer während der entsprechenden Kündigungsfrist verdient hätte.

Das Recht auf angemessene Kündigungsfrist gilt für alle Kategorien von Arbeitnehmern, einschließlich der nicht fest angestellten. Es gilt auch während der Probezeit. Das nationale Recht muss weit genug reichen, um sicherzustellen, dass kein Arbeitnehmer ohne Schutz bleibt.

Das Konzept der „angemessenen" Frist ist nicht allgemein definiert. Die Herangehensweise des Ausschusses ist es, anzuzeigen, welche Kündigungsfristen er für unangemessen hält. Das Hauptkriterium – das auch in den meisten nationalen Rechtsordnungen entscheidend ist – ist die Länge des Arbeitsverhältnisses. Der Ausschuss hat zum Beispiel eine Schlussfolgerung abgegeben, nach der die folgenden Fristen mit der Charta unvereinbar sind:

- eine Woche Frist im ersten Arbeitsjahr;
- weniger als ein Monat Frist nach einem Arbeitsjahr;
- dreißig Tage Frist nach mindestens fünf Arbeitsjahren;
- sechs Wochen Frist nach zehn bis fünfzehn Arbeitsjahren;
- acht Wochen Frist nach mehr als fünfzehn Arbeitsjahren.

Der Ausschuss ist der Ansicht, dass Jugendliche Arbeitnehmer das Recht auf die gleichen Kündigungsfristen wie andere Arbeitnehmer haben sollten.

Verfahren, welche die Entscheidung über die Beendigung des Arbeitsverhältnisses verzögern (z.B. Disziplinarverfahren im öffentlichen Dienst oder Anhörung der Gewerkschaft) sind von der Kündigungsfrist ausgeschlossen, die erst beginnt, wenn die Entscheidung getroffen worden ist.

Artikel 4 Abs. 4 gilt nicht nur für Entlassungen, sondern für alle Fälle der Beendigung der Arbeit (z.B. wegen Insolvenz, Ungültigkeit oder Tod des Arbeitgebers).

Der Anhang der Charta erlaubt die sofortige Kündigung (d.h. fristlos) in Fällen einer schweren Verfehlung. Diese Ausnahme wird eng ausgelegt.

Den Arbeitnehmern muss während der Kündigungsfrist Freizeit gegeben werden, um nach einer neuen Arbeit zu suchen.

Absatz 5 – Begrenzung der Lohnabzüge

Nach dieser Bestimmung müssen Staaten sicherstellen, dass von dem Gehalt der Arbeitnehmer nur unter solchen Umständen Abzüge gemacht werden dürfen, die in einem Rechtsakt (Gesetz, Verordnung, Gesamtarbeitsvertrag oder Schiedsspruch) vorgesehen und angemessen begrenzt sind.

Alle Formen der Abzüge werden berücksichtigt, einschließlich Gewerkschaftsbeiträgen, Bußgeldern, Unterhaltszahlungen, Zurückzahlungen oder Gehaltsvorschüssen etc. Die Verfahren hinsichtlich der Abzüge werden auch berücksichtigt, zum Beispiel Konsultation der Arbeitnehmervertreter, das Recht des Arbeitnehmers auf Anhörung und jede Beschwerde bei einer unabhängigen Stelle.

Informationsblatt C – 5

Artikel 5 – Die Vereinigungsfreiheit

> Um die Freiheit der Arbeitnehmer und Arbeitgeber zu gewährleisten oder zu fördern, örtliche, nationale oder internationale Organisationen zum Schutze ihrer wirtschaftlichen und sozialen Interessen zu bilden und diesen Organisationen beizutreten, verpflichten sich die Vertragsparteien, diese Freiheit weder durch das innerstaatliche Recht noch durch dessen Anwendung zu beeinträchtigen. Inwieweit die in diesem Artikel vorgesehenen Garantien auf die Polizei Anwendung finden, bestimmt sich nach innerstaatlichem Recht. Das Prinzip und gegebenenfalls der Umfang der Anwendung dieser Garantien auf die Mitglieder der Streitkräfte bestimmen sich gleichfalls nach innerstaatlichem Recht.

Artikel 5 der Charta gewährleistet Arbeitnehmern und Arbeitgebern das Vereinigungsrecht.

Das Recht umfasst:

1. Die Freiheit, Gewerkschaften zu bilden

a. Erfordernisse betreffend Registrierung und Beiträge, Mindestmitgliederzahl und andere Verwaltungserfordernisse

Eine Anmeldepflicht ist mit Artikel 5 nicht unvereinbar, sofern:

- es angemessene Sicherungen gibt, um sicherzustellen, dass die Befugnis zur Ablehnung der Anmeldung nicht missbraucht wird;
- die Anmeldegebühren angemessen sind;
- Die Voraussetzung einer Mindestmitgliederzahl ebenfalls angemessen festgesetzt wird.

b. Recht einer Gewerkschaft, ihre Mitglieder und Vertreter auszuwählen

Die folgenden Bedingungen sind nicht mit Artikel 5 vereinbar:

- jedes Gesetz, das die Gründe beschränkt, nach denen Gewerkschaften einzelne Personen ablehnen oder ausschließen können, da dies ihre Freiheit, ihre eigenen Mitglieder auszuwählen, stark beschränkt;
- jedes Gesetz, welches die passive Wahlfähigkeit für Gewerkschaftsvertreter an die Bedingung der Nationalität oder des Wohnsitzes knüpft.

c. Das Recht einer Gewerkschaft, ihre eigenen Aktivitäten und interne Leitung zu organisieren

Gewerkschaften müssen frei sein, ihre eigenen Angelegenheiten ohne staatliche Einmischung zu regeln. Jedes Gesetz, das detaillierte Regeln für ihre interne Arbeit enthält, stellt eine ernste Gefahr der Einmischung dar und ist daher mit Artikel 5 unvereinbar.

d. Mitgliedschaft

Arbeitnehmer und Arbeitgeber müssen frei sein, örtliche, nationale oder internationale Vereinigungen zu bilden. Dies bedeutet, dass Staaten nicht die Ebene beschränken dürfen, auf der es Arbeitnehmern erlaubt ist, Vereinigungen zu bilden. Es muss nationalen Vereinigungen auch erlaubt sein, internationalen Vereinigungen beizutreten.

2. Das Recht, einer Gewerkschaft beizutreten oder nicht beizutreten

Nationales Recht muss das Recht auf Beitritt zu einer Gewerkschaft gewährleisten oder schützen, und Personen müssen in der Praxis völlig frei sein, der Gewerkschaft ihrer Wahl beizutreten.

Das Gleiche gilt für das Recht, nicht beizutreten, welches in Rechtsvorschriften (oder der Rechtsprechung) verankert sein muss. Jede Form der rechtlich vorgeschriebenen Pflichtmitgliedschaft ist mit der Charta unvereinbar. Ausschließlichkeitsvereinbarungen („closed shop“, vor oder nach der Einstellung) sind ebenfalls unvereinbar mit Artikel 5. Sie sollten weder rechtlich vorgesehen noch in der Praxis toleriert werden.

3. Gewerkschaftsaktivitäten

a. Kollektivverhandlungen

Dieses Recht ist ein grundlegendes Vorrecht der Gewerkschaften und ist in den Artikeln 5 und 6 der Charta anerkannt.

b. Zugang zur Arbeitsstätte und Versammlungsrecht

Das Recht der Gewerkschaften auf Zugang zu Betrieben zum Zweck der Ausübung ihrer Aktivitäten wird von Artikel 5 gewährleistet. Die Rechte und Interessen der Arbeitgeber müssen berücksichtigt werden. Artikel 5 schützt auch das Recht der Gewerkschaften, Mitgliederversammlungen abzuhalten. Der Ausschuss untersucht die Regeln und die Praxis, mit der dieses Recht umgesetzt wird, im Hinblick auf den privaten und öffentlichen Sektor.

c. Schutz gegen Anti-Gewerkschaftsdiskriminierung und Repressalien wegen Gewerkschaftsaktivitäten

Nach Artikel 5 müssen Arbeitnehmer rechtlich und tatsächlich gegen jede Diskriminierung im Hinblick auf ihre Einstellung, Entlassung und Beförderung auf Grundlage ihrer Zugehörigkeit zu einer Gewerkschaft oder ihrer Tätigkeit geschützt werden.

4. Von Artikel 5 geschützte Personen (persönlicher Anwendungsbereich)

a. Beamte

Artikel 5 verbietet besondere Beschränkungen des Vereinigungsrechts von Beamten. Staaten dürfen dieses Recht zum Beispiel nicht dadurch beschränken, dass sie ihnen nur Mitgliedschaft in einer Gewerkschaft erlauben, in der ausschließlich Beamte Mitglied sind. Jedoch sind nach Artikel 31 der Charta einige Beschränkungen der Vereinigungsfreiheit einiger Kategorien von Beamten mit Artikel 5 vereinbar.[1]

---

[1] Die wirksame Ausübung der in Teil II festgelegten Rechte und Grundsätze darf nicht „anderen Einschränkungen oder Begrenzungen als den in diesen Teilen vorgesehenen unterliegen, mit Ausnahme derjenigen, die gesetzlich vorgeschrieben und in einer demokratischen Gesellschaft zum Schutz der Rechte und Freiheiten anderer oder zum Schutz der öffentlichen Sicherheit und Ordnung, der Sicherheit des Staates, der Volksgesundheit und der Sittlichkeit notwendig sind".

b. Polizei

Artikel 5 erlaubt es Staaten, das Vereinigungsrecht der Polizisten einzuschränken, aber nicht vollständig abzuschaffen. Es ist zulässig, Polizisten zu erlauben, nur Vereinigungen beizutreten, in denen ausschließlich Polizisten Mitglied sind. Diese Vereinigungen müssen jedoch in der Lage sein, bestimmte Vorrechte der Gewerkschaften auszuüben, wie das Recht auf die Aushandlung der Arbeits- und Bezahlungsbedingungen sowie das Versammlungsrecht. Die Mitgliedschaft darf nicht Pflicht sein.

c. Streitkräfte

Artikel 5 erlaubt es den Vertragsparteien, die Vereinigungsfreiheit der Mitglieder der Streitkräfte einzuschränken oder sogar abzuschaffen.

d. Ausländer

Nach dem Anhang gilt die Charta nur für Ausländer, die Staatsangehörige anderer Vertragsstaaten der Charta sind und rechtmäßig im betreffenden Staat leben oder arbeiten. Beschränkungen für Ausländer, die Funktionäre oder Gründungsmitglieder von Gewerkschaften sind, wurden für unvereinbar mit Artikel 5 gehalten. Eine Situation, in der ein Gesamtarbeitsvertrag verlangte, dass Gewerkschaftsfunktionäre eine bestimmte Staatsangehörigkeit haben mussten, wurde ebenfalls als unvereinbar mit Artikel 5 angesehen. Dieser Aspekt von Artikel 5 steht in engem Zusammenhang mit Artikel 19 Abs. 4b, nach dem Staaten sicherstellen müssen, dass Wanderarbeitnehmer nicht weniger günstig behandelt werden als ihre eigenen Staatsangehörigen in Bezug auf die Mitgliedschaft in einer Gewerkschaft und den Genuss der durch Gesamtarbeitsvertrag gebotenen Vorteile.

Informationsblatt C – 6

Artikel 6 – Das Recht auf Kollektivverhandlungen

Um die wirksame Ausübung des Rechtes auf Kollektivverhandlungen zu gewährleisten, verpflichten sich die Vertragsparteien,

1. gemeinsame Beratungen zwischen Arbeitnehmern und Arbeitgebern zu fördern;
2. Verfahren für freiwillige Verhandlungen zwischen Arbeitgebern oder Arbeitgeberorganisationen einerseits und Arbeitnehmerorganisationen andererseits zu fördern, soweit dies notwendig und zweckmäßig ist, mit dem Ziele, die Beschäftigungsbedingungen durch Gesamtarbeitsverträge zu regeln;
3. die Einrichtung und die Benutzung geeigneter Vermittlungs- und freiwilliger Schlichtungsverfahren zur Beilegung von Arbeitsstreitigkeiten zu fördern; und anerkennen
4. das Recht der Arbeitnehmer und der Arbeitgeber auf kollektive Maßnahmen einschließlich des Streikrechts im Falle von Interessenkonflikten, vorbehaltlich etwaiger Verpflichtungen aus geltenden Gesamtarbeitsverträgen.

Anhang

Artikel 6 Abs. 4
Es besteht Einverständnis darüber, dass jede Vertragspartei für sich die Ausübung des Streikrechts durch Gesetz regeln kann, vorausgesetzt, dass jede weitere Einschränkung dieses Rechts auf Grund des Artikels 31 gerechtfertigt werden kann.

Artikel 6 gewährleistet das Recht auf Kollektivverhandlungen im weiten Sinn.

Dieser Artikel soll sicherstellen, dass sowohl Arbeitgeber als auch Arbeitnehmer das Recht auf Kollektivverhandlungen haben. Die vier Absätze behandeln verschiedene Aspekte der Beziehungen zwischen Arbeitgebern und -nehmern und zwischen ihren Vereinigungen sowie die Mittel, die zur Entwicklung dieser Beziehungen benutzt werden sollen.

Absatz 1 – Gemeinsame Beratungen

Artikel 6 Abs. 1 enthält die Verpflichtung, gemeinsame Beratungen zu fördern. Wenn es schon angemessene Beratungen gibt, besteht für den Staat daher kein Anlass zum Eingreifen. Wenn nicht, muss der Staat jedoch Schritte ergreifen, um sie zu fördern. Die fraglichen gemeinsamen Beratungen bedeuten Beratungen zwischen Arbeitnehmern und -gebern, oder den sie vertretenden Organisationen. Artikel 6 Abs. 1 findet keine Anwendung auf Beratungen zwischen Regierungen und Arbeitnehmern und/oder Arbeitgebern oder ihren Organisationen. Jedoch gilt Artikel 6 Abs. 1 als erfüllt bei Beratungen, die innerhalb eines Gremium stattfinden, in dem die Regierung den Vorsitz hat und in dem Arbeitnehmer und -geber gleichermaßen vertreten sind.

Beratungen müssen alle Themen von gemeinsamen Interesse behandeln, insbesondere: Produktivität, Effizienz, Gesundheit, Sicherheit und Wohlfahrt am Arbeitsplatz und andere Beschäftigungsthemen (Arbeitsbedingungen, berufliche Ausbildung etc.), wirtschaftliche Probleme und soziale Themen (Sozialversicherung, soziale Wohlfahrt etc.).

Sie müssen auf mehreren Ebenen stattfinden: national, regional und innerhalb von Betrieben.

Artikel 6 Abs. 1 gilt nicht nur für Arbeitnehmer im privaten Sektor, sondern auch – mit den notwendigen Anpassungen – für den öffentlichen Dienst, einschließlich den Beschäftigten, für die besondere Vorschriften gelten.

Absatz 2 – Freiwillige Verhandlungen

Absatz 2 verlangt von den Vertragsparteien nicht nur, in ihrer Gesetzgebung anzuerkennen, dass Arbeitnehmer und Arbeitgeber ihre Beziehungen durch Gesamtarbeitsverträge regeln können, sondern auch den Abschluss solcher Verträge zu fördern, wenn sie sich nicht von allein ergeben, und insbesondere sicherzustellen, dass jede Seite bereit ist, mit der anderen kollektiv zu verhandeln.

Nach Artikel 6 Abs. 2 untersucht der Ausschuss staatliche Eingriffe in Kollektivverhandlungen und den Gebrauch von Pflichtschlichtungsverfahren: Direkte Handlungen des Staates, die auf die Beendigung der Kollektivverhandlungen gerichtet sind, z.B. durch die Anordnung von Schlichtungsverfahren ohne die Zustimmung der Parteien, sind nur in den von Artikel 31 gezogenen Grenzen zulässig.[1] Außerdem dürfen solche Handlungen nur für die Zeit andauern, die für die

---

[1] Die in Teil II festgelegten Rechte und Grundsätze dürfen nicht „anderen Einschränkungen oder Begrenzungen als den in diesen Teilen vorgesehenen unterliegen, mit Ausnahme derjenigen, die gesetzlich vorgeschrieben und in einer demokratischen Gesellschaft zum Schutz der Rechte und Freiheiten anderer oder zum Schutz der öffentlichen Sicherheit und Ordnung, der Sicherheit des Staates, der Volksgesundheit und der Sittlichkeit notwendig sind“.

Wiederherstellung einer normalen Situation nötig ist; danach muss das Recht auf Kollektivverhandlungen wieder vollständig geachtet werden.

Artikel 6 Abs. 2 steht in engem Zusammenhang mit Artikel 5. Wenn eine Frage in Bezug auf Kollektivverhandlungen unter Artikel 5 auftaucht und zu einer aufgeschobenen Schlussfolgerung oder einer Feststellung der Unvereinbarkeit führt, gilt dieses Ergebnis auch für Artikel 6 Abs. 2.

Artikel 6 Abs. 2 gilt – mit den notwendigen Anpassungen – auch für Beamte. Insbesondere müssen Beamte in gewisser Weise Einfluss auf die Bestimmung ihrer Arbeitsbedingungen nehmen können.

Absatz 3 – Vermittlung und Schlichtung

Artikel 6 Abs. 3 gilt wie Artikel 6 Abs. 4 nur für Interessenkonflikte. Er gilt mit anderen Worten nicht für Rechtsstreitigkeiten (zum Beispiel betreffend die Auslegung von Gesamtarbeitsverträgen) oder politische Streitigkeiten.

Vermittlungs- und Schlichtungsverfahren können durch Gesetz, Gesamtarbeitsvertrag oder betriebliche Praxis eingerichtet werden. Wenn zum Beispiel das durch einen Gesamtarbeitsvertrag eingeführte Vermittlungsverfahren hinreichend wirksam ist, müssen solche Verfahren nicht gesetzlich geregelt werden.

Alle Schlichtungssysteme müssen unabhängig sein, und das Ergebnis der Schlichtung darf nicht durch gesetzliche Kriterien vorgegeben werden.

Artikel 6 Abs. 3 umfasst auch die Pflichtschlichtung. Der Gebrauch von Schlichtungsverfahren ohne die Zustimmung der Parteien kann nur in den von Artikel 31 gezogenen Grenzen als mit der Charta vereinbar angesehen werden.

Vermittlungs- und Schlichtungsverfahren muss es auch im öffentlichen Dienst geben.

Absatz 4 – Kollektivmaßnahmen

Artikel 6 Abs. 4 gewährleistet das Recht der Arbeitnehmer und Arbeitgeber, kollektive Maßnahmen zu ergreifen, einschließlich Streikmaßnahmen. Das Streikrecht wird ausdrücklich erwähnt, ist aber nur eine Art von Maßnahmen, die Arbeitnehmer ergreifen können. Absatz 4 erlaubt kollektive Maßnahmen nur bei Interessenkonflikten.

Jedoch ist das Streikrecht auch im Fall von Interessenkonflikten nicht absolut; Staaten können seine Ausübung regeln, sofern sich Beschränkungen in den von Artikel 31 gezogenen Grenzen halten.

Der Ausschuss hatte Gelegenheit, folgende Beschränkungen und Regelungen zu untersuchen:

- Ankündigungs- oder Beruhigungsfristen, die im Zusammenhang mit Vermittlungsverfahren im Vorfeld eines Streiks gesetzlich vorgeschrieben sind, sind mit der Charta vereinbar, solange ihre Dauer angemessen ist;

- In Gesamtarbeitsverträgen geregelte Beschränkungen des Streikrechts sind mit Artikel 6 Abs. 4 vereinbar, sofern sie nur für die darin erfassten Bereiche und die davon gebundenen Arbeitnehmer gelten;
- Die Voraussetzung, dass der Zweck des Streiks der Abschluss eines Tarifvertrags sein muss, ist unvereinbar mit Artikel 6 Abs. 4;
- Das Erfordernis, dass Streiks von Gewerkschaften ausgerufen oder geführt werden, verletzt ebenfalls Artikel 6 Abs. 4, da dieses Recht von jeder Gesamtheit von Arbeitnehmern ausgeübt werden darf;
- Die Beschränkung des Streikrechts für bestimmten Kategorien des öffentlichen Diensts (z.B. Polizei, Streitkräfte, Justiz) ist nicht mit der Charta unvereinbar, sofern sich diese Beschränkungen in den von Artikel 31 gezogenen Grenzen halten. Jedoch ist der völlige Ausschluss des Streikrechts für Beamte unvereinbar mit Artikel 6 Abs. 4;
- Gesetzgebung, die Personen, die in wesentlichen öffentlichen Diensten arbeiten, das Streikrecht entweder ganz oder teilweise versagt, kann mit der Charta vereinbar sein, wenn die Beschränkung in den von Artikel 31 gezogenen Grenzen bleibt.

Die Wirkungen eines Streiks sind gem. Artikel 6 Abs. 4 ebenfalls wichtig. Wenn ein Streik zur Beendigung eines Arbeitsvertrags führt, ist dies nicht mit der Charta vereinbar. Wenn dagegen in der Praxis die Streikenden nach Beendigung des Streiks vollständig wiedereingegliedert werden und ihre vorher erworbenen Ansprüche (z.B. betreffend Rente, Urlaub, und Dienstalter) nicht betroffen sind, verletzt die formelle Beendigung des Arbeitsvertrages nicht die Charta.

Jeder Abzug vom Gehalt der Streikenden muss strikt verhältnismäßig zur Dauer des Streiks sein.

Wenn Regierungen eingreifen und Gesetzgebung oder Pflichtschlichtung benutzen, um Streiks zu beenden, untersucht der Ausschuss jeden Einzelfall nach seinen Umständen, um festzustellen, ob Artikel 31 tatsächlich beachtet wurde.

Aussperrung

Artikel 6 Abs. 4 erkennt auch das Recht der Arbeitgeber auf kollektive Maßnahmen an, die normalerweise die Form der Aussperrung annehmen. Staaten sind jedoch nicht verpflichtet, volle rechtliche Gleichheit zwischen dem Streikrecht und dem Recht auf Aussperrung herzustellen.

Informationsblatt C – 7

Artikel 7 – Rechte der Kinder – Schutz von Jugendlichen

Um die wirksame Ausübung des Rechtes der Kinder und Jugendlichen auf Schutz zu gewährleisten, verpflichten sich die Vertragsparteien,

1. das Mindestalter für die Zulassung zu einer Beschäftigung auf 15 Jahre festzusetzen, vorbehaltlich von Ausnahmen für Kinder, die mit bestimmten leichten Arbeiten beschäftigt werden, welche weder ihre Gesundheit noch ihre Moral noch ihre Erziehung gefährden;
2. ein höheres Mindestalter für die Zulassung zur Beschäftigung in bestimmten Berufen festzusetzen, die als gefährlich oder gesundheitsschädlich gelten;
3. die Beschäftigung Schulpflichtiger mit Arbeiten zu verbieten, die verhindern würden, dass sie aus ihrer Schulausbildung den vollen Nutzen ziehen;
4. die Arbeitszeit von Jugendlichen unter 16 Jahren, entsprechend den Erfordernissen ihrer Entwicklung und insbesondere ihrer Berufsausbildung zu begrenzen;
5. das Recht der jugendlichen Arbeitnehmer und Lehrlinge auf ein gerechtes Arbeitsentgelt oder eine angemessene Beihilfe anzuerkennen;
6. vorzusehen, dass die Zeit, die Jugendliche während der normalen Arbeitszeit mit Zustimmung des Arbeitgebers für die Berufsausbildung verwenden, als Teil der täglichen Arbeitszeit gilt;
7. für Arbeitnehmer unter 18 Jahren die Dauer des bezahlten Jahresurlaubs auf mindestens drei Wochen festzusetzen;
8. für Personen unter 18 Jahren Nachtarbeit zu verbieten, mit Ausnahme bestimmter, im innerstaatlichen Recht festgelegter Arbeiten;
9. vorzusehen, dass Arbeitnehmer unter 18 Jahren, die in bestimmten, in dem innerstaatlichen Recht festgelegten Beschäftigungen tätig sind, einer regelmäßigen ärztlichen Überwachung unterliegen;

10. einen besonderen Schutz gegen die körperlichen und sittlichen Gefahren sicherzustellen, denen Kinder und Jugendliche ausgesetzt sind, insbesondere gegen Gefahren, die sich unmittelbar oder mittelbar aus ihrer Arbeit ergeben.

Anhang

Artikel 7 Abs. 8
Es besteht Einverständnis darüber, dass eine Vertragspartei die in diesem Absatz vorgesehene Verpflichtung eingehen kann, wenn sie dem Geist dieser Verpflichtung dadurch nachkommt, dass die überwiegende Mehrheit der Personen unter 18 Jahren kraft Gesetzes nicht zur Nachtarbeit herangezogen werden darf.

Artikel 7 der Sozialcharta verbietet Kinderarbeit (Abs. 1, 2 und 3) und regelt verschiedene Aspekte der Arbeitsbedingungen von Jugendlichen (Abs. 4, 5, 6, 7, 8 und 9). Das Ziel ist der Schutz ihrer Gesundheit und ihres Rechts, den vollen Nutzen aus der Schulpflicht und beruflicher Bildung zu ziehen.

Artikel 7 Abs. 10 legt außerdem fest, dass Kinder und Jugendliche vor körperlichen und sittlichen Gefahren geschützt werden müssen, insbesondere – aber nicht nur – in der Arbeitsumwelt (siehe dazu Informationsblatt C – 17).

Absatz 1 – Verbot der Kinderarbeit

Die Vertragsparteien müssen das Mindestalter für die Zulassung zu einer Beschäftigung auf fünfzehn Jahre festlegen.

Das Verbot der Arbeit von Kindern unter fünfzehn Jahren gilt für alle Wirtschaftsbereiche, einschließlich Landwirtschaft, und alle Arbeitsplätze, einschließlich Arbeit in Familienunternehmen und privaten Haushalten. Es erstreckt sich auch auf alle Formen von wirtschaftlicher Aktivität, unabhängig vom Status des Arbeitnehmers (angestellt, selbständig, unbezahlter Helfer in der Familie oder andere). Die Charta erlaubt eine Ausnahme in Bezug auf leichte Arbeit, d.h. Arbeit, die nicht die Gesundheit, Sittlichkeit oder Erziehung des Kindes gefährdet. Nationales Recht kann entweder eine Liste mit konkreten Aufgaben aufstellen, die Kinder ausführen dürfen, oder die Arten der Arbeit definieren, die in diesem Zusammenhang als leicht gelten.

Keine Arbeit darf als leicht gelten, wenn die Arbeitszeit zu lang ist.

Absatz 2 – Höheres Mindestalter für die Zulassung zu bestimmten Berufen

Die Vertragsparteien müssen für festgelegte Tätigkeiten, die als gefährlich oder gesundheitsschädlich angesehen werden, ein höheres Mindestalter vorschreiben.

Um potentiell gefährliche Arbeit zu identifizieren, muss es einen angemessenen gesetzlichen Rahmen geben, der entweder solche Arbeiten auflistet oder die Risikoarten (physisch, chemisch, biologisch) definiert, die während der Arbeit auftreten können. Staaten sollten das für jegliche solcher Arbeiten erforderliche Mindestalter klar herausstellen.

Wie bei den allgemeinen Gesundheits- und Sicherheitsvorschriften (siehe Informationsblatt C – 3) wird eine Risikobewertung durch den Arbeitgeber, die wirksame Vorsorgemaßnahmen nach sich zieht, dazu beitragen, dass jugendliche Arbeitnehmer den Schutz erhalten, der von dieser Bestimmung der Charta beabsichtigt ist.

Im Prinzip muss die Beschäftigung von jugendlichen Arbeitnehmern in sehr gefährlichen Tätigkeiten (z.B. solchen, bei denen sie Benzol ausgesetzt sind) verboten sein. Wenn diese Tätigkeiten jedoch für die Berufsausbildung wesentlich ist, kann ihre Ausführung erlaubt werden, aber nur unter strenger Aufsicht und nur für die erforderliche Dauer.

Absatz 3 – Das Recht auf vollen Nutzen der Schulausbildung

Diese Bestimmung verbietet die Beschäftigung von schulpflichtigen Kindern mit Arbeiten, die verhindern würden, dass sie aus ihrer Schulausbildung den vollen Nutzen ziehen.

Leichte Arbeit für Schulkinder kann nach dieser Bestimmung erlaubt werden. Wie bei Artikel 7 Abs. 1 kann Arbeit als leicht gelten, wenn sie keine Bedrohung für die Gesundheit, Sittlichkeit oder Erziehung des Kindes darstellt.

Unter Artikel 7 Abs. 3 wird auch genau auf die Arbeitszeit geachtet. Während der Schulzeit muss die Zeit, während der Kinder arbeiten dürfen, begrenzt sein, damit ihre Anwesenheit, Aufmerksamkeit und Hausaufgaben nicht beeinträchtigt werden. Als exzessiv wurde es angesehen, Kinder 3 Stunden Arbeit pro Tag zu erlauben. Andererseits wurden 2 Stunden Arbeit pro Tag und 17 Stunden pro Woche während der Schulzeit nicht als Verstoß gegen diese Bestimmung der Charta angesehen. Grundsätzlich ist es mit Artikel 7 Abs. 3 unvereinbar, Kindern zu erlauben, morgens vor Schulbeginn zu arbeiten. Wenn nationales Recht dies erlaubt, sollten Staaten darlegen, dass es angemessene Schutzvorkehrungen gibt, die es den Behörden (Arbeitsaufsicht, soziale Dienste und Bildungsdienste) erlauben, Kinder vor Arbeit zu schützen, die verhindern würde, dass sie den vollen Nutzen aus ihrer Schulausbildung ziehen.

Während der Sommerschulferien können längere Arbeitszeiten für Kinder erlaubt werden. Bis zu 7 Stunden pro Tag und 35 Stunden pro Woche wurden als mit dieser Bestimmung der Charta vereinbar angesehen. Um jedoch sicherzustellen, dass Kinder vor dem nächsten Schuljahr angemessene Ruhe und Erholung erhalten, darf es ihnen nicht erlaubt sein, mehr als die Hälfte der Feriendauer zu arbeiten.[1] Für ältere Kinder, d.h. über fünfzehn Jahre, wurden 8 Stunden pro Tag und 40 Stunden pro Woche für mit der Charta vereinbar gehalten, aber nur, wenn auch ihnen eine Ruhezeit von mindestens der Hälfte der Ferien gewährt wird.

Absatz 4 – Arbeitszeiten für Jugendliche unter sechzehn Jahren

Die Vertragsparteien müssen die Arbeitszeit von Jugendlichen zwischen fünfzehn und sechzehn Jahren begrenzen, die nicht mehr schulpflichtig sind.

Der Ausschuss hat keine absolute Grenze für die Arbeitszeit nach dieser Bestimmung gesetzt, hält aber jede Vorschrift, die Jugendlichen unter sechzehn Jahren erlaubt, 8 Stunden pro Tag oder 40 Stunden pro Woche zu arbeiten, für unvereinbar mit Absatz 4.

Da Artikel 33 auf Artikel 7 Abs. 4 anwendbar ist, gelten die Verpflichtungen von Staaten, in denen diese Bestimmung auf mindestens 80% der jugendlichen Arbeitnehmer unter sechzehn Jahren Anwendung findet, als erfüllt.

Absatz 5 – Gerechtes Arbeitentgelt für jugendliche Arbeitnehmer und Auszubildende

Artikel 7 Abs. 5 verlangt von den Vertragsparteien, das Recht von jugendlichen Arbeitnehmern und Auszubildenden auf gerechtes Arbeitsentgelt oder andere angemessene Beihilfen anzuerkennen.

Der Ausschuss bewertet dies, indem er das Arbeitsentgelt von jugendlichen Arbeitnehmern mit dem Anfangsgehalt oder Mindestgehalt für Erwachsene (achtzehn Jahre alt oder älter) vergleicht. Gemäß der unter Artikel 4 Abs. 1 angenommenen Methode berücksichtigt der Ausschuss das Gehalt nach Abzug von Steuern und Sozialabgaben.

Das Gehalt jugendlicher Arbeitnehmer kann weniger als das Anfangsgehalt eines Erwachsenen sein, aber der Unterschied muss angemessen sein und der Abstand zügig verringert werden. Bei Fünfzehn- bis Sechzehnjährigen akzeptiert die Charta ein Gehalt, das 30% unter dem Anfangsgehalt von Erwachsenen liegt, bei Siebzehn- bis Achtzehnjährigen darf der Unterschied nicht mehr als 20% betragen.

Das Vergleichsgehalt der Erwachsenen muss in jedem Fall ausreichend sein, um Artikel 4 Abs. 1 der Charta zu erfüllen. Wenn das Vergleichsgehalt zu niedrig ist, wird das Gehalt eines jugendlichen Arbeitnehmers auch dann nicht als gerecht angesehen, wenn die maximalen prozentualen Unterschiede eingehalten sind

Auszubildende können ein niedrigeres Gehalt erhalten, da der Wert der von ihnen erhaltenen praktischen Ausbildung berücksichtigt werden muss. Das Be-

[1] Die Sommerschulferien in Europa dauern zwischen 6 und 12 Wochen.

rufsausbildungssystem darf jedoch nicht von seinem Zweck abgelenkt und dazu benutzt werden, jugendliche Arbeitnehmer zu niedrig zu bezahlen. Demnach sollten Berufsausbildungen nicht zu lange dauern und mit dem Erlernen von Fähigkeiten sollte die Beihilfe während der gesamten Vertragsdauer schrittweise erhöht werden: von mindestens einem Drittel des Anfangsgehalts oder Mindestgehalts eines Erwachsenen zu Beginn der Berufsausbildung, bis zu mindestens zwei Dritteln am Ende.

Die Vertragsparteien müssen keine Gesetze erlassen, um Absatz 5 zu erfüllen, aber sie müssen zeigen können, dass Gesamtarbeitsverträge oder andere Mittel gewährleisten, dass alle jugendlichen Arbeitnehmer und Auszubildenden ein gerechtes Arbeitsentgelt erhalten.

Absatz 6 – Behandlung der Zeit für Berufsausbildung als Teil der täglichen Arbeitszeit

Zeit, die jugendliche Arbeitnehmer während der normalen Arbeitszeit für die Berufsausbildung aufwenden, muss als Teil der täglichen Arbeitszeit gelten.

Ausbildungszeiten müssen daher wie normale Arbeitszeit bezahlt werden, und es darf keine Pflicht geben, sie nachzuholen, da dies im Ergebnis die Gesamtzahl der geleisteten Arbeitsstunden erhöhen würde.

Da Artikel 33 hinsichtlich Artikel 7 Abs. 4 gilt, können Staaten diese Bestimmung erfüllen, wenn sie aufgrund von Gesamtarbeitsverträgen oder anderen Mitteln für mindestens 80% der betreffenden Jugendlichen tatsächlich gilt.

Absatz 7 – Bezahlter Jahresurlaub für Personen unter achtzehn Jahren

Arbeitnehmer unter achtzehn Jahren müssen mindestens drei Wochen bezahlten Jahresurlaub erhalten.

Die Einzelheiten sind die gleichen wie die für bezahlten Jahresurlaub für Erwachsene (Artikel 2 Abs. 3, s. Informationsblatt C – 2)

Artikel 33 gilt für Artikel 7, der deswegen auch durch nicht-legislative Maßnahmen durchgesetzt werden kann, sofern mindestens 80% der betreffenden Jugendlichen erfasst sind.

Absatz 8 – Verbot der Nachtarbeit für Personen unter achtzehn Jahren

Die Vertragsparteien müssen sicherstellen, dass Personen unter achtzehn Jahren nicht in Nachtarbeit beschäftigt sind, mit der Ausnahme bestimmter Beschäftigungen, die in nationalen Gesetzen oder Vorschriften festgelegt sind.

Gemäß dem Anhang können Vertragsparteien ihre Verpflichtung erfüllen, wenn gesetzliche Vorschriften sicherstellen, dass die große Mehrheit von Personen unter achtzehn Jahren (mindestens 80%) nicht in Nachtarbeit beschäftigt ist.

Es ist Sache der nationalen Gesetze oder Vorschriften, „Nachtarbeit" zu definieren.

Eine Situation, in der das Verbot der Nachtarbeit nur für Industriearbeit gilt, ist unvereinbar mit der Charta.

Absatz 9 – Regelmäßige ärztliche Aufsicht für Arbeitnehmer unter achtzehn Jahren

Die Vertragsparteien müssen regelmäßige ärztliche Pflichtuntersuchungen für Personen unter achtzehn Jahren vorsehen, die in von nationalen Gesetzen oder Vorschriften festgelegten Beschäftigungen arbeiten.

Diese Untersuchungen müssen an die besondere Situation von jugendlichen Arbeitnehmern und die besonderen Risiken, denen sie ausgesetzt sind, angepasst sein.

Die Verpflichtung bedeutet eine vollständige ärztliche Untersuchung bei der Einstellung und regelmäßige Kontrolluntersuchungen danach. Obwohl der Wortlaut dieser Bestimmung die Häufigkeit der Kontrolluntersuchungen nicht festlegt, dürfen die Zwischenräume nicht zu lang sein. Ein Zwischenraum von zwei oder drei Jahren für jugendliche Seeleute wurde zum Beispiel für zu lang gehalten.

Diese ärztlichen Untersuchungen müssen zwingend vorgeschrieben sein und in der Praxis für alle betreffenden Arbeitnehmer durchgeführt werden.

Absatz 10 – Besonderer Schutz für Kinder und Jugendliche vor physischen und sittlichen Gefahren, denen sie ausgesetzt sind

Die Vertragsparteien müssen Kinder und Jugendliche vor allen physischen und sittlichen Gefahren schützen, denen sie ausgesetzt sind, sei es bei der Arbeit oder anderswo.

Die Vertragsparteien müssen besondere Maßnahmen ergreifen, um jede Form von sexueller Ausbeutung von Kindern zu verbieten und zu bekämpfen. Insbesondere müssen die Vertragsparteien jede Einbeziehung in die Sexindustrie verbieten.

Darüber hinaus muss verboten werden, dass Kinder zum Betteln benutzt werden, sowie andere Formen der Ausnutzung, die für die Wohlfahrt des Kindes nachteilig sind, und Maßnahmen zur Verhinderung solcher Praktiken müssen ergriffen werden.

Informationsblatt C – 8

Artikel 8 – Mutterschaftsrechte – Arbeitsbedingungen für Frauen

Um die wirksame Ausübung des Rechtes der Arbeitnehmerinnen auf Schutz zu gewährleisten, verpflichten sich die Vertragsparteien,

1. sicherzustellen, dass Frauen vor und nach der Niederkunft eine Arbeitsbefreiung von insgesamt mindestens 12 Wochen erhalten, und zwar entweder in Form eines bezahlten Urlaubs oder durch angemessene Leistungen der Sozialen Sicherheit oder aus sonstigen öffentlichen Mitteln;
2. es als ungesetzlich zu betrachten, dass ein Arbeitgeber einer Frau während ihrer Abwesenheit infolge Mutterschaftsurlaubs oder so kündigt, dass die Kündigungsfrist während einer solchen Abwesenheit abläuft;
3. sicherzustellen, dass Mütter, die ihre Kinder stillen, für diesen Zweck Anspruch auf ausreichende Arbeitsunterbrechungen haben;
4. a) die Nachtarbeit von Arbeitnehmerinnen in gewerblichen Betrieben zu regeln;

   b) jede Beschäftigung von Arbeitnehmerinnen mit Untertagarbeiten in Bergwerken und gegebenenfalls mit allen sonstigen Arbeiten zu untersagen, die infolge ihrer gefährlichen, gesundheitsschädlichen oder beschwerlichen Art für sie ungeeignet sind.

Artikel 8 der Charta bestimmt das Recht von Frauen auf Schutz der Mutterschaft und gilt auch für Nachtarbeit und gefährliche, gesundheitsschädliche oder beschwerliche Arbeit.

Diese Bestimmung der Charta gilt für alle Frauen in bezahlter Beschäftigung, einschließlich Beamtinnen. Nur selbständige Frauen sind ausgenommen.

Absatz 1 – Mutterschaftsurlaub

Artikel 8 Abs. 1 legt den Vertragsparteien zwei Verpflichtungen auf:

a. Das Recht auf Mutterschaftsurlaub

Das Recht auf mindestens zwölf Wochen Mutterschaftsurlaub muss gesetzlich gewährleistet sein. Nationales Recht kann Frauen erlauben, eine kürzere Dauer des Mutterschaftsurlaubs zu wählen. Es muss jedoch in jedem Fall eine zwingende Urlaubsdauer von nicht weniger als sechs Wochen geben.

b. Das Recht auf Geldleistungen

Artikel 8 Abs. 1 sieht zwölf Wochen Mutterschaftsurlaub vor, die nach Wahl der Vertragsparteien von Sozialleistungen oder öffentlichen Mitteln abgedeckt werden.

Diese Verpflichtung kann nur erfüllt werden durch die Fortzahlung des Gehalts oder durch die Zahlung einer Leistung, die dem Gehalt gleichkommt oder dessen Wert annähernd erreicht. Der Ausschuss hat zum Beispiel eine Leistung von 70% des Gehalts für unangemessen gehalten (Nachtrag zu den Schlussfolgerungen XI-1, S. 31). Bei hohen Gehältern verstößt eine gewichtige Kürzung der Zahlung während des Mutterschaftsurlaubs nicht an sich gegen Artikel 8 Abs. 1 der Charta. Um die Situation zu bewerten und sicherzustellen, dass sich die Kürzung in angemessenen Grenzen hält, berücksichtigt der Ausschuss verschiedene Aspekte, z.B. die Höchstgrenze bei der Berechnung von Leistungen, einen Vergleich mit den allgemeinen Gehaltsstrukturen und der Zahl von Frauen, deren Gehalt über dieser Grenze liegt. Obwohl das Recht auf Leistungen von Bedingungen abhängig gemacht werden kann, z.B. eine Mindestdauer der Beitragszahlungen und/oder des Beschäftigungsverhältnisses, behält sich der Ausschuss die Möglichkeit vor, die Angemessenheit dieser Bedingungen zu bewerten.

Absatz 2 – Rechtswidrige Kündigung

Gemäß Artikel 8 Abs. 2 dürfen Arbeitgeber Frauen im Mutterschaftsurlaub nicht kündigen bzw. so kündigen, dass die Kündigungsfrist während des Mutterschaftsurlaubs abläuft.

Der geschützte Zeitraum entspricht der Länge des Mutterschaftsurlaubs, auf den Frauen Anspruch haben, nicht lediglich den durch Artikel 8 Abs. 1 garantierten zwölf Wochen. Das Verbot der Kündigung in der Weise, dass die Kündigungsfrist während des Mutterschaftsurlaubs ausläuft, bedeutet, dass das Arbeitsverhältnis während dieses Zeitraums nicht beendet werden darf.

Diese Bestimmung ist nicht zwingend. Von ihr kann unter bestimmten Umständen abgewichen werden: Wenn der betreffenden Frau ein Fehlverhalten zur Last fällt, das die Beendigung des Arbeitsvertrags rechtfertigt, oder wenn der Betrieb in Konkurs geht, oder wenn im Fall von Arbeitnehmerinnen mit befristeten Arbeitsverträgen der Vertrag zum vorgesehenen Zeitpunkt endet.

Diese Bestimmung gilt gleichermaßen für alle Frauen in unbefristeten oder befristeten Arbeitsverhältnissen.

Im Fall einer Kündigung, die gegen diese Bestimmung der Charta verstößt, sollte die Wiedereinstellung der Frauen die Regel sein. Wenn dies unmöglich ist (z.B. wenn das Unternehmen den Betrieb einstellt) oder die Frau dies nicht wünscht, muss es ausnahmsweise angemessene Entschädigung geben. Innerstaatliche Vorschriften dürfen die Gerichte (oder andere zuständige Stellen) nicht daran hindern, Entschädigung zuzusprechen, die ausreicht, um sowohl den Arbeitgeber abzuschrecken als auch das Opfer der Kündigung voll zu entschädigen.

Absatz 3 – Arbeitsunterbrechung für stillende Mütter

Nach diesem Absatz verpflichten sich die Vertragsparteien, Müttern, die ihre Säuglinge stillen, zu diesem Zweck Arbeitsunterbrechungen zu gewähren.

Arbeitsunterbrechungen zum Stillen müssen wie normale Arbeitszeit behandelt und als solche bezahlt werden.

Da die Charta nicht die Dauer der Arbeitsunterbrechung oder den Zeitraum, in dem sie gewährt werden muss, festlegt, bewertet der Ausschuss jede Situation nach ihren eigenen Gegebenheiten. Nach der Definition muss Arbeitsunterbrechung während der Arbeitszeit gewährt werden, und erweiterter Urlaub oder Teilzeitarbeit ist nicht genug, um Artikel 8 Abs. 3 zu genügen. Beispielsweise wurde es als vereinbar mit Artikel 8 Abs. 3 angesehen, wenn die gesetzliche Regelung für ein Jahr zwei tägliche Pausen zum Stillen vorsieht, oder halbstündige Pausen, wenn der Arbeitgeber einen Stillraum bereitstellt, oder eine Stunde Stillpause täglich für Kinder bis zum ersten Lebensjahr.

Absatz 4 – Regelung der Nachtarbeit und Verbot von gefährlicher, gesundheitsschädlicher oder beschwerlicher Arbeit

a. Regelung der Nachtarbeit in gewerblichen Betrieben (Artikel 8 Abs. 4a)

Diese Bestimmung gilt nur für Arbeit in gewerblichen Betrieben im engeren Sinn.

In gewerblichen Betrieben gibt es auch nichtgewerbliche Beschäftigungen, für die sie nicht gilt:

- Frauen in verantwortlichen leitenden oder technischen Positionen;
- Frauen, die in Gesundheits- oder Sozialdiensten arbeiten und normalerweise keine manuelle Arbeit leisten müssen.

Artikel 8 Abs. 4a verlangt von den Staaten nicht, die Nachtarbeit für Frauen zu verbieten, sondern sie zu regeln. Die Regelungen können allgemein sein und für beide Geschlechter gelten. Die Regelungen

- dürfen von den Nachtarbeitsregeln nur begrenzte Ausnahmen erlauben, die nur dann zugelassen werden, wenn besondere Produktionserfordernisse bestehen, unter Beachtung der Arbeitsbedingungen und -organisation in dem betreffenden Betrieb;
- müssen die Bedingungen für die Nachtarbeit von Frauen festlegen, z.B. vorherige Genehmigung durch die Arbeitsaufsicht (sofern anwendbar), festgeschriebene Arbeitszeit, Pausen, Erholungstage nach Nachtarbeitsperioden, das Recht, bei Gesundheitsproblemen in Zusammenhang mit Nachtarbeit auf Tagarbeit gesetzt zu werden usw.;
- sollten auch die Situation von schwangeren Frauen, Frauen kurz nach der Entbindung und stillenden Frauen berücksichtigen.

Besondere Vorschriften über Nachtarbeit von Frauen sind jedoch nicht erforderlich, wenn die allgemein Vorschriften über die Nachtarbeit den geforderten Schutz gewähren.

b. Striktes Verbot für die Beschäftigung von Frauen in bestimmten Tätigkeiten (Artikel 8 Abs. 4b)

Artikel 8 Abs. 4b verbietet zwei Dinge:

- die Beschäftigung von Frauen mit Untertagearbeit im Bergbau. Dies gilt für den eigentlichen Abbau, aber nicht für Frauen, die
  - leitende Positionen haben und keine manuelle Arbeit leisten,
  - in Gesundheits- und Sozialdiensten arbeiten,
  - kurze Ausbildungszeiten im Untertagebereich von Bergwerken absolvieren.

  Dieses Verbot muss gesetzlich bestimmt sein.
- die Beschäftigung von Frauen „mit allen sonstigen Arbeiten, die infolge ihrer gefährlichen, gesundheitsschädlichen oder beschwerlichen Art für sie ungeeignet sind“. Dieses Verbot findet nur Anwendung, wenn es erforderlich ist, insbesondere zum Schutz von Müttern, besonders während der Schwangerschaft, Entbindung und der Phase nach der Geburt, und auch von zukünftigen Kindern.

Bestimmte Tätigkeiten müssen verboten werden, z.B. solche, bei denen man Blei, Benzol, ionisierenden Strahlen, hohen Temperaturen, Vibrationen oder ansteckenden Wirkstoffen ausgesetzt ist.

Informationsblatt C – 9

Artikel 9 – Das Recht auf Berufsberatung

> Um die wirksame Ausübung des Rechtes auf Berufsberatung zu gewährleisten, verpflichten sich die Vertragsparteien, einen Dienst einzurichten oder zu fördern soweit dies notwendig ist, der allen Personen einschließlich der Behinderten hilft, die Probleme der Berufswahl oder des beruflichen Aufstiegs zu lösen, und zwar unter Berücksichtigung ihrer persönlichen Eigenschaften und deren Beziehung zu den Beschäftigungsmöglichkeiten; diese Hilfe soll sowohl Jugendlichen einschließlich Kindern schulpflichtigen Alters als auch Erwachsenen unentgeltlich zur Verfügung stehen.

Nach Artikel 9 der Charta verpflichten sich die Vertragsparteien, Dienste einzurichten oder zu fördern, die allen Personen einschließlich der Behinderten hilft, Probleme der Berufswahl und des beruflichen Aufstiegs zu lösen. Diese Unterstützung muss kostenlos erhältlich sein, sowohl für Jugendliche einschließlich Schulkindern als auch für Erwachsene.

Die Erfüllung von Artikel 9 hängt eng zusammen mit der Erfüllung des Rechts auf Arbeit in Artikel 1.

Um ein befriedigendes Niveau der Fähigkeiten und Qualifikationen in der Arbeitnehmerschaft zu gewährleisten, müssen die Vertragsparteien Berufsberatung innerhalb des Schulsystems (Informationen zu Ausbildung und Zugang zur Ausbildung) und innerhalb des Arbeitsmarkts (Ausbildung und Umschulung, wobei offene Stellen und der Wunsch nach beruflichem Aufstieg berücksichtigt werden) zur Verfügung stellen.

Der Ausschuss legt bei seiner Bewertung der Erfüllung dieser Bestimmung durch die Vertragsparteien verschiedene qualitative und quantitative Kriterien zu Grunde, z.B.:

- den prozentualen Anteil des Budgets für Berufausbildung am Bruttosozialprodukt;
- Anzahl und Qualifikationen der spezialisierten Berufsberater;
- die geographische Verteilung der beiden Arten von Berufsberatung, die ausgewogen sein soll;

- die Art der erhältlichen Informationen und der Mittel, die zur ihrer Verbreitung genutzt werden, wobei es Ziel ist, so viele Menschen wie möglich zu erreichen;
- die Anzahl von Personen, die Beratung erhalten sowie deren Alter und schulischen/beruflichen Hintergrund.

Artikel 9 verlangt auch, dass Berufsberatung kostenlos zur Verfügung gestellt wird.

Wie beim Rest der Charta ist das Grundprinzip auch hier die Chancengleichheit für alle.

Der Ausschuss schaut daher auf die Anstrengungen, welche die Vertragsparteien unternommen haben, um die Gleichheit der Geschlechter bei ihren Beratungs- und -ausbildungsdiensten sowie Zugang von Behinderten zu anderen Programmen sicherzustellen. Ein anderer Aspekt der Nichtdiskriminierung ist die Verpflichtung, sicherzustellen, dass Staatsangehörige einer Vertragspartei, die ihren rechtmäßigen gewöhnlichen Aufenthalt im Hoheitsgebiet einer anderen Vertragspartei haben oder dort ordnungsgemäß beschäftigt sind, genau gleich behandelt werden wie die dortigen Staatsbürger.

Informationsblatt C – 10

Artikel 10 – Das Recht auf berufliche Ausbildung

Um die wirksame Ausübung des Rechtes auf berufliche Ausbildung zu gewährleisten, verpflichten sich die Vertragsparteien,

1. die fachliche und berufliche Ausbildung aller Personen, einschließlich der Behinderten, soweit es notwendig ist, zu gewährleisten oder zu fördern, und zwar in Beratung mit Arbeitgeber- und Arbeitnehmerorganisationen, sowie Möglichkeiten für den Zugang zu Technischen Hochschulen und Universitäten nach alleiniger Maßgabe der persönlichen Eignung zu schaffen;

2. ein System der Lehrlingsausbildung und andere Systeme der Ausbildung für junge Menschen beiderlei Geschlechts in ihren verschiedenen Berufstätigkeiten sicherzustellen oder zu fördern;

3. soweit notwendig, folgendes sicherzustellen oder zu fördern;

a) geeignete und leicht zugängliche Ausbildungsmöglichkeiten für erwachsene Arbeitnehmer,

b) besondere Möglichkeiten für die berufliche Umschulung erwachsener Arbeitnehmer, die durch den technischen Fortschritt oder neue Entwicklungen auf dem Arbeitsmarkt erforderlich wird;

4. zur vollen Ausnutzung der geschaffenen Möglichkeiten durch geeignete Maßnahmen anzuregen, zum Beispiel dadurch, dass

a) alle Gebühren und Kosten herabgesetzt oder abgeschafft werden,

b) in geeigneten Fällen finanzielle Hilfe gewährt wird,

c) die Zeiten, die der Arbeitnehmer während der Beschäftigung auf Verlangen seines Arbeitgebers für den Besuch von Fortbildungslehrgängen verwendet, auf die normale Arbeitszeit angerechnet werden;

d) durch geeignete Überwachung die Wirksamkeit des Systems der Lehrlingsausbildung und jedes anderen Ausbildungssystems für jugendliche Arbeitnehmer sowie ganz allgemein deren ausreichender Schutz gewährleistet wird, und zwar in Beratung mit Arbeitgeber- und Arbeitnehmerorganisationen

Das durch Artikel 10 gewährleistete Recht auf berufliche Ausbildung ist eine Voraussetzung für den Genuss anderer Rechte der Charta, insbesondere das Recht auf Arbeit (Artikel 1). Dieser Zusammenhang zwischen beruflicher Ausbildung und dem Recht auf Arbeit wird in Artikel 1 Abs. 4 deutlich, der von den Vertragsparteien verlangt, eine „geeignete Berufsberatung, Berufsausbildung und berufliche Wiedereingliederung sicherzustellen oder zu fördern"

In Bezug auf den Anwendungsbereich des Artikel 10 gilt Folgendes:

- Selbständige Personen sind in einigen wesentlichen Fällen erfasst (Artikel 10 Abs. 3 ist ein Beispiel).
- Ausländer sind erfasst, wenn sie Staatsbürger anderer Vertragsparteien sind und ihren rechtmäßigen gewöhnlichen Aufenthalt im Hoheitsgebiet einer anderen Vertragspartei haben oder dort ordnungsgemäß beschäftigt sind.
- Der Ausschuss schaut auf die Berufsausbildung für Behinderte gem. Artikel 15 bei Staaten, die beide Bestimmungen akzeptiert haben.

Gemäß Artikel 33 erfüllen die Vertragsparteien ihre Verpflichtungen, wenn mindestens 80% der betreffenden Personen die von Artikel 10 gewährleisteten Rechte genießen.

Absatz 1 – Technische und berufliche Ausbildung – Zugang zu technischen Hochschulen und Universitäten

Diese Bestimmung verpflichtet die Vertragsparteien, zwei Dinge zu tun:

a. Förderung technischer und beruflicher Ausbildung für alle

Der Ausschuss untersucht die allgemeine Berufsausbildungspolitik des Staates und die Gesamtstruktur des Ausbildungssystems, das auf die Schulpflicht folgt, einschließlich der Rolle von Management und Arbeitnehmerschaft bei der Planung und Durchführung der Ausbildung. Er achtet besonders auf die berufliche Erstausbildung in Schulen in den Fällen, in denen sie nicht formaler Teil der Ausbildung in einem Ausbildungsberuf ist, wofür Abs. 2 gilt (s.u.).

Wesentliche Merkmale der Erfüllung sind unter anderem die Gesamtausgaben für Berufsausbildung, die Gesamtkapazität des Systems (insbesondere das Verhältnis von Ausbildungsplätzen und Bewerbern), der Anteil von Jugendlichen, die Berufsausbildungen abschließen, und die geographische Verbreitung.

b. Förderung des Zugangs zu technischen Hochschulen und Universitäten allein auf Grundlage persönlicher Eignung

Der Ausschuss begutachtet auch Erleichterungen für den Zugang zu höherer Ausbildung, die nicht in finanzieller Unterstützung für Studenten bestehen (diese werden unter Absatz 4 behandelt, s.u.). Er behandelt nicht die Hochschulpolitik und ihre Umsetzung, sondern legt Wert darauf, dass der Zugang nur von persönlicher Eignung abhängt. Er hat sich besonders für Maßnahmen interessiert, die den Zugang von Bewerbern zu technischen Hochschulen und Universitäten fördern sollten, unter Berücksichtigung ihrer besonderen Qualifikationen einschließlich Berufserfahrung.

Absatz 2 – Berufsausbildung und andere Ausbildungsmöglichkeiten für junge Menschen

Absatz 2 betrifft die Berufsausbildung und „andere Systeme der Ausbildung für junge Menschen beiderlei Geschlechts in ihren verschiedenen Berufstätigkeiten". Diese Ausbildungsarten müssen theoretische und praktische Ausbildung kombinieren, und die Ausbildungsstätten und die Arbeitswelt müssen eng verknüpft bleiben.

Die Merkmale für die Erfüllung dieses Absatzes sind die Zahl der Personen in Ausbildung, die Verfügbarkeit der Ausbildungsplätze für alle Suchenden, der Anteil von jungen Menschen, die eine Berufsausbildung abschließen und die geographische Verbreitung.

Absatz 3 – Berufliche Ausbildung und Umschulung von erwachsenen Arbeitnehmern

Absatz 3 verpflichtet die Staaten, berufliche Ausbildung für Erwachsene bereitzustellen oder zu fördern.

Die Merkmale für die Erfüllung dieser Bestimmung sind: die auf dem Arbeitsmarkt existierenden Arten der Aus- und Weiterbildung für Erwachsene (insbesondere berufliche Bildung und Umschulung für Arbeitslose), Ausbildungsmaßnahmen für bestimmte Gruppen – z.B. Frauen –, die Zahl der Personen in der Ausbildung, Trends bei den Staatsausgaben und die Wirkung der unternommenen Anstrengungen, besonders hinsichtlich des Arbeitsmarkts.

Absatz 4 –Anreize zur vollen Ausnutzung der Ausbildungsmöglichkeiten

Diese Bestimmung verpflichtet Staaten, vier Dinge für Staatsbürger und von der Charta geschützte Ausländer zu tun:

- Gebühren und Kosten herabzusetzen oder abzuschaffen;
- in geeigneten Fällen finanzielle Unterstützung zu gewähren;

- Zeiten, die auf Verlangen des Arbeitgebers für besondere Fortbildung aufgewendet werden, auf die normale Arbeitszeit anzurechnen;
- die Wirksamkeit der Berufsausbildung und anderer Ausbildungssysteme für junge Menschen zu überwachen, und zwar in Beratung mit Arbeitgeber- und Arbeitnehmorganisationen.

Der Ausschuss benötigt Informationen über die zur Wirksamkeit all dieser Punkte getroffenen Maßnahmen, aber seine Rechtsprechung hat sich bislang hauptsächlich mit der Frage der Gleichbehandlung von Staatsbürgern anderer Vertragsparteien hinsichtlich der finanziellen Unterstützung beschäftigt (Studienbeihilfen, Förderung, Darlehen etc.). In diesem Zusammenhang sollte man beachten, dass der Ausschuss im Überwachungszyklus XIV-2 entschieden hat, von nun an alle Fragen der finanziellen Unterstützung ausschließlich unter Artikel 10 Abs. 4 zu behandeln.

Informationsblatt C – 11

Artikel 11 – Das Recht auf Schutz der Gesundheit

Um die wirksame Ausübung des Rechtes auf Schutz der Gesundheit zu gewährleisten, verpflichten sich die Vertragsparteien, entweder unmittelbar oder in Zusammenarbeit mit öffentlichen oder privaten Organisationen geeignete Maßnahmen zu ergreifen, die u.a. darauf abzielen,

1. soweit wie möglich die Ursachen von Gesundheitsschäden zu beseitigen;
2. Beratungs- und Schulungsmöglichkeiten zu schaffen zur Verbesserung der Gesundheit und zur Entwicklung des persönlichen Verantwortungsbewusstseins in Fragen der Gesundheit;
3. soweit wie möglich epidemischen, endemischen und anderen Krankheiten vorzubeugen

Die Sozialcharta enthält eine Reihe von Bestimmungen, die ausdrücklich oder implizit den Schutz der Gesundheit verlangen. Die durch Artikel 2 garantierten Rechte (das Recht auf gerechte Arbeitsbedingungen) haben ihre Grundlage in dem Bedürfnis, die Gesundheit von Menschen zu schützen. Artikel 3 legt Verpflichtungen fest betreffend Gesundheit und Sicherheit am Arbeitsplatz. Verschiedene Aspekte der Gesundheit und des Wohlbefindens von Kindern und Jugendlichen sind von Artikel 7 erfasst. Artikel 8 schützt die Gesundheit von schwangeren Frauen, und Artikel 12 und 13 behandeln soziale Sicherheit und medizinische Fürsorge. Gesundheit ist auch wichtig im Zusammenhang mit den Rechten von Wanderarbeitnehmern, insbesondere der Familienzusammenführung. Neben diesen verschiedenen Bestimmungen erfasst Artikel 11 das Recht auf Gesundheit im weiten Sinne der Volksgesundheit, ohne die individuellen Aspekte des Rechts auf Gesundheit.

Absatz 1 – Beseitigung der Ursachen von Gesundheitsschäden

a. Gesundheitszustand der Bevölkerung

Staaten müssen ihrer Bevölkerung den bestmöglichen Gesundheitszustand nach aktuellem Wissensstand gewährleisten. Um die Situation zu bewerten, greift der Ausschuss auf allgemeine statistische Merkmale für den Stand der Volksgesundheit zurück – Lebenserwartung, Haupttodesursachen – und prüft nach, ob die Merkmale eine Verbesserung zeigen und nicht offensichtlich hinter dem europäischen Durchschnitt zurückbleiben. Die Kinder- und Muttersterblichkeitsraten sind für die Bewertung wesentlich und sollten so nah wie möglich bei Null liegen.

b. Gesundheitssystem

Das Gesundheitssystem muss für jeden zugänglich sein. Dies bedeutet:

- Die gesundheitliche Versorgung sollte kollektiv finanziert werden;
- Die entstehenden Kosten sollten für den Einzelnen nicht zu belastend sein;
- Der Zugang zur Gesundheitsversorgung sollte ohne unangemessene Verzögerung gewährt werden;
- Personal und Ausrüstung im Gesundheitswesen sollten ausreichend sein.

Absatz 2 – Beratungs- und Schulungsmöglichkeiten

a. Ermutigung zu persönlichem Verantwortungsbewusstsein

Gesundheitserziehung in den Schulen und Information der Öffentlichkeit, vor allem durch Bewusstseinskampagnen, müssen eine Priorität der öffentlichen Gesundheitspolitik sein. Die Überwachung durch den Ausschuss konzentriert sich hauptsächlich auf die Verhinderung von ungesunden Lebensweisen, zu der die Ermutigung zu persönlichem Verantwortungsbewusstsein direkt beitragen kann: Rauchen, Alkohol, Drogen, gesunde Ernährung, Sexualerziehung und Umwelt. Gesundheitserziehung sollte während der ganzen Schulzeit gewährt werden und Teil des Lehrplans sein.

b. Beratung und Untersuchung

Es sollte kostenlose und regelmäßige Beratungen und Untersuchungen für schwangere Frauen und Kinder geben. Es sollte medizinische Dienste in der Schule geben und regelmäßige medizinische Untersuchungen sollten während der gesamten Schulzeit stattfinden. Untersuchungen auf Krankheiten, die hohe frühzeitige Sterblichkeit verursachen, sollten organisiert werden, wenn möglich systematisch.

Absatz 3 – Verhinderung von Krankheiten

a. Gesunde Umwelt

Der Schutz der Umwelt sollte durch gesetzliche, hinreichend entwickelte und konkrete Rahmenbedingungen sichergestellt werden, und angemessene Haushaltsmittel sollten bereitgestellt werden. Kriterien für die Bewertung wurden in folgenden Bereichen aufgestellt:

- Luftverschmutzung: In Bezug auf örtliche Luftverschmutzung sollten in Städten Luftqualitätsziele und Grenzwerte festgelegt und Maßnahmen zu deren Überwachung und zur Information der Bevölkerung ergriffen werden. Die Ergebnisse werden in Bezug darauf bewertet, wie gut die Emissionen der klassischen für die Verschlechterung der Luftqualität verantwortlichen Schadstoffe unter Kontrolle gehalten werden. Hinsichtlich der globalen Verschmutzung überprüft der Ausschuss unter Bezug auf die Verpflichtungen unter der Konvention von Rio zum Klimawandel und die folgende Konferenz von Kioto, wie Emissionen unter Kontrolle gehalten werden.
- Nukleare Risiken für Personen, die in der Nähe von atomaren Einrichtungen leben: Die festgelegten Dosierungsgrenzwerte sollten den Empfehlungen der Internationalen Strahlenschutzkommission von 1990 entsprechen. Die Bewertung ändert sich je nach dem Ausmaß, in dem die Energieproduktion auf Atomenergie basiert. Alle Staaten müssen die Bevölkerung vor den Folgen von Nuklearunfällen im Ausland schützen.
- Risiken im Zusammenhang mit Asbest: Das Verbot von Asbest muss gesetzlich vorgesehen sein, mindestens aber die angemessene Beschränkung seiner Vermarktung, Nutzung und Herstellung; die Gesetze müssen auch die Verpflichtung der Eigentümer von Wohnhäusern und in Bezug auf öffentliche Gebäude festlegen, nach Asbest zu suchen und gegebenenfalls Abrissarbeiten durchzuführen, sowie Verpflichtungen von Unternehmen in Bezug auf Abfallbeseitigung.
- Lebensmittelsicherheit: Staaten müssen auf nationaler Ebene gesetzliche Standards für Lebensmittelhygiene festlegen, die wissenschaftliche Daten berücksichtigen, Überwachungsmechanismen zur Erfüllungskontrolle in der ganzen Nahrungskette durchsetzen, systematische Vorsorgemaßnahmen insbesondere durch Kennzeichnung entwickeln, durchführen und aktualisieren und Lebensmittelkrankheiten überwachen.

b. Tabak, Alkohol und psychotropische Substanzen

Der Ausschuss überprüft, ob Verhütungspolitik das Tabak- und Alkoholangebot durch die Regelung der Herstellung, Verteilung, Vermarktung, des Preises usw. wirksam bekämpft. Die Wirksamkeit der Politik wird auf Grundlage von statistischen Daten zum Tabak- und Alkoholverbrauch bewertet. Die Verhütung von Drogenabhängigkeit wird auch überprüft.

c. Impfungen und Überwachung von Epidemien

Die Staaten müssen zeigen, dass ihre Impfprogramme weitgehend zugänglich sind. Sie müssen eine hohe Impferfassungsrate haben, nicht nur um das Auftreten von Krankheiten zu reduzieren, sondern auch, um den Virenbestand zu neutralisieren und dadurch das Ziel der Weltgesundheitsorganisation zu erreichen, mehrere ansteckende Krankheiten zu beseitigen.

Der Ausschuss untersucht die Fähigkeit der Regierungen, mit ansteckenden Krankheiten fertig zu werden: Vorkehrungen für die Anzeige von und den Bericht über Krankheiten, besondere Behandlung von AIDS-Patienten, Notfallmaßnahmen bei Epidemien etc.

Informationsblatt C – 12

Artikel 12 – Das Recht auf Soziale Sicherheit

Um die wirksame Ausübung des Rechtes auf Soziale Sicherheit zu gewährleisten, verpflichten sich die Vertragsparteien,

1. ein System der Sozialen Sicherheit einzuführen oder beizubehalten;
2. das System der Sozialen Sicherheit auf einem befriedigenden Stand zu halten, der zumindest dem entspricht, der für die Ratifikation des Übereinkommens (Nr. 102) der Internationalen Arbeitsorganisation über die Mindestnormen der Sozialen Sicherheit erforderlich ist;
3. sich zu bemühen, das System der Sozialen Sicherheit fortschreitend auf einen höheren Stand zu bringen;
4. durch den Abschluss geeigneter zwei- und mehrseitiger Übereinkünfte oder durch andere Mittel und nach Maßgabe der in diesen Übereinkünften niedergelegten Bedingungen Maßnahmen zu ergreifen, die folgendes gewährleisten:

a) die Gleichbehandlung der Staatsangehörigen anderer Vertragsparteien mit ihren eigenen Staatsangehörigen hinsichtlich der Ansprüche aus der Sozialen Sicherheit einschließlich der Wahrung der nach den Rechtsvorschriften der Sozialen Sicherheit erwachsenen Leistungsansprüche, gleichviel wo die geschützten Personen innerhalb der Hoheitsgebiete der Vertragsparteien ihren Aufenthalt nehmen;

b) die Gewährung, die Erhaltung und das Wiederaufleben von Ansprüchen aus der Sozialen Sicherheit, beispielsweise durch die Zusammenrechnung von Versicherungs- und Beschäftigungszeiten, die nach den Rechtsvorschriften jeder der Vertragsparteien zurückgelegt wurden.

Anhang

Artikel 12 Abs. 4
Die Worte „und nach Maßgabe der in diesen Übereinkünften niedergelegten Bedingungen“ in der Einleitung zu diesem Absatz sollen unter anderem bedeuten, dass eine Vertragspartei hinsichtlich von Leistungen, die unabhängig von Versicherungsbeiträgen gewährt werden, die Zurücklegung einer vorgeschriebenen Aufenthaltsdauer vor der Gewährung derartiger Leistungen an Staatsangehörige anderer Vertragsparteien verlangen kann.

Soziale Sicherheit und Fürsorge fallen unter zwei verschiedene Artikel (Artikel 12 und 13), die verschiedene Verpflichtungen begründen.

Für die Überwachung und Auslegung von Artikel 12 und 13 hat der Ausschuss die Kriterien festgelegt, nach denen Leistungen entweder zur sozialen Sicherheit oder zur Fürsorge gehören. Die Einordnung einer Leistung im innerstaatlichen Recht ist nicht unbedingt ausschlaggebend.

Unter soziale Sicherheit fallen allgemeine und betriebliche Programme. Nach Artikel 12 umfasst sie beitragsabhängige, beitragsunabhängige und kombinierte Leistungen im Zusammenhang mit bestimmten unvorhergesehenen Umständen (Krankheit, Berufsunfähigkeit, Mutterschaft, familiäre Pflichten, Arbeitslosigkeit, Alter, Tod, Witwenstatus, Arbeitsunfälle und Berufskrankheit), wobei die Leistungen aber nicht dazu dienen, Bedürftigkeit auszugleichen, die durch diese Umstände entstanden sein können.

Fürsorge gem. Artikel 13 betrifft Leistungen, die im wesentlichen auf Grundlage persönlicher Bedürftigkeit bereitgestellt werden, ohne dass sie entweder von der Teilnahme an einem Sozialversicherungssystem für ein bestimmtes Risiko oder von einem Beschäftigungsverhältnis oder Beitragszahlungen in das Sozialversicherungssystem abhängen. Die Unterstützung wird gewährt, wenn es keine Sozialleistungen gibt, die sicherstellen, dass die betreffende Person angemessene Mittel hat.

Absatz 1 – Einführung oder Erhaltung eines Systems der Sozialen Sicherheit

Ein System der Sozialen Sicherheit gem. Absatz 1 existiert, wenn:

- es einige der neun traditionellen Zweige der sozialen Sicherheit umfasst. Nach der ILO Konvention Nr. 102 über Mindeststandards der sozialen Sicherheit sind dies: medizinische Versorgung, Krankengeld, Arbeitslosengeld, Rente, Leistungen bei Berufsunfällen oder -krankheit, Familienleistungen, Mutterschaftsleistungen, Invaliditätsleistungen und Leistungen für Hinterbliebene;
- es angemessene Leistungen im Verhältnis zu den Lebenshaltungskosten und dem Einkommensniveau bereitstellt;

- es einen wesentlichen Anteil der Bevölkerung erfasst;
- es kollektiv finanziert wird.

Der Ausschuss gibt eine allgemeine Bewertung des Systems der Sozialen Sicherheit ab und untersucht die Erfüllung dieser Bedingungen im Ganzen.

Absatz 2 – Erhalten eines Systems der Sozialen Sicherheit auf einem befriedigenden Stand, der zumindest dem entspricht, was zur Ratifikation der ILO Konvention Nr. 102 erforderlich ist.

Artikel 12 Abs. 2 verpflichtet die Staaten, ein System der Sozialen Sicherheit einzuführen und zu erhalten, von dem mindestens drei Zweige den Mindeststandard erreichen, der von ILO Konvention Nr. 102 über Mindeststandards in der sozialen Sicherheit verlangt wird. Einer dieser Zweige muss Arbeitslosengeld, Rente, Leistungen bei Arbeitsunfällen und Berufskrankheiten, Leistungen für Invaliden oder Hinterbliebene betreffen.

Der Ausschuss untersucht bei der Erfüllung von Artikel 12 Abs. 2, ob ein Staat die ILO Konvention Nr. 102 ratifiziert hat oder nicht.

Wenn ein Staat entweder ILO Konvention Nr. 102 oder die Europäische Ordnung der Sozialen Sicherheit ratifiziert hat, entscheidet der Ausschuss über die Erfüllung von Artikel 12 Abs. 2. Dabei berücksichtigt er die Anmerkungen des ILO Sachverständigenausschusses, der die Umsetzung dieser beiden Verträge überwacht.

Absatz 3 – Fortschreitende Verbesserung des Systems Sozialer Sicherheit

Diese Bestimmung verlangt von den Staaten, sicherzustellen, dass Änderungen des Systems der Sozialen Sicherheit dieses verbessern. Dies gilt für die Ausweitung von Programmen, den Schutz vor neuen Risiken und die Erhöhung der Leistungen über die Steigerung der Lebenshaltungskosten hinaus.

Um zu entscheiden, ob eine Entwicklung, die *a priori* keine Verbesserung des Systems der Sozialen Sicherheit darstellt, mit Artikel 12 Abs. 3 vereinbar ist, versucht der Ausschuss, Erklärungen von dem betreffenden Staat zu erhalten über die Gründe der Maßnahmen, den sozialen und wirtschaftlichen Zusammenhang und die erzielten Ergebnisse.

Das Verfolgen wirtschaftlicher Ziele an sich ist nicht problematisch. Maßnahmen zur Konsolidierung der öffentlichen Finanzen können als Mittel zur Erhaltung des Systems der Sozialen Sicherheit angesehen werden.

Jedoch darf keine Änderung den wirksamen Schutz aller Mitglieder der Gesellschaft vor sozialen und wirtschaftlichen Risiken vermindern und das System der Sozialen Sicherheit in ein System der bloßen grundlegenden Fürsorge umwandeln.

Diese Beschränkung bedeutet, dass Staaten einfache Pflichtsysteme der Sozialen Sicherheit aufrecht erhalten müssen, die ausreichend weit gefasst sind, da dies die einzige wirksame Garantie gegen die unterschiedliche Behandlung ist, die freiwilligen Versicherungssystemen immanent ist. Die kollektive Natur der Finanzierung der Sozialversicherungspflicht, entweder durch Beiträge und/oder Steuern, ist ein Schlüsselelement dieser Garantie, da es die Verteilung des Risikos auf verschiedene Mitglieder der Gruppe erlaubt.

Absatz 4 – Gleichbehandlung von Staatsangehörigen der anderen Vertragsparteien in Bezug auf soziale Sicherheit

Unter Artikel 12 Abs. 4 verpflichten sich die Staaten zu Folgendem:

Gewährleistung der Gleichbehandlung (Artikel 12 Abs. 4a)

Staaten müssen jede Diskriminierung von Ausländern aus anderen Vertragsparteien aus ihrem System der Sozialen Sicherheit entfernen.

Innerstaatliches Recht darf keine Sozialleistungen ausschließlich für Staatsbürger vorbehalten, oder besondere oder strengere Bedingungen für Ausländer aufstellen, abgesehen von einer bestimmten Aufenthaltsdauer bei beitragsunabhängigen Leistungen. Der Ausschuss bestimmt, ob eine verlangte Aufenthaltsdauer verhältnismäßig zum angestrebten Ziel ist.

Nationales Recht darf keine Kriterien für die Berechtigung zu Sozialleistungen aufstellen, die, obwohl sie ohne Bezug auf die Staatsangehörigkeit gelten, für Ausländer schwieriger zu erfüllen sind und sie dadurch in größerem Ausmaß treffen.

Gewährleistung der Erhaltung der erworbenen Rechte (Artikel 12 Abs. 4a)

Das Hauptanliegen des Ausschusses ist die Prüfung, ob Leistungen in Bezug auf Invaliden, Hinterbliebene, Arbeitsunfall, Berufskrankheit und Renten, die unter dem Recht eines Staates gemäß den dortigen gesetzlichen Anspruchsvoraussetzungen erworben wurden, unabhängig vom Umzug des Empfängers erhalten bleiben.

Gewährleistung des Erhalts von zusammengerechneten Ansprüchen (Artikel 12 Abs. 4b)

Es sollte für eine Person kein Nachteil sein, wenn sie das Land verlässt, in dem sie arbeitet, und sie dort noch nicht die Beschäftigungs- oder Versicherungsdauer erreicht hat, die nach dem nationalen Recht erforderlich ist, um anspruchsberechtigt zu sein und bestimmte Leistungshöhen zu erhalten. Um dies umzusetzen, ist es gegebenenfalls erforderlich, die im Ausland erreichten Beschäftigungs- oder Versicherungszeiten anzurechnen und bei Langzeitleistungen eine anteilige Anspruchsberechtigung und Leistungshöhe zu gewähren.

Mittel der Umsetzung

Die Gewährleistung der Gleichbehandlung im Rahmen von Artikel 12 Abs. 4 verlangt von den Staaten, jede Form der Diskriminierung aus ihrem Sozialrecht zu entfernen.

Hinsichtlich der anderen Grundsätze der Koordination können Staaten zwischen den folgenden Mitteln wählen: multilaterales Übereinkommen, bilaterales Abkommen oder jedes andere Mittel wie einseitige, gesetzliche oder administrative Maßnahmen.

Wenn es wenig Wanderungsbewegungen zwischen zwei Staaten gibt, kann es als ausreichend angesehen werden, wenn einseitige Maßnahmen in Form von Verwaltungsvorkehrungen getroffen werden oder wenn jeder vorhandene oder zukünftige Einzelfall gelöst wird. Wenn eine große Zahl von Staatsangehörigen betroffen ist, werden diese Grundsätze meistens durch die Ratifikation eines völkerrechtlichen multilateralen oder bilateralen Vertrags umgesetzt, der die technischen und praktischen Gesichtspunkte festlegt. Bei Staaten, die das Europäische Übereinkommen zur Sozialen Sicherheit ratifiziert haben, wird angenommen, dass sie ausreichende Anstrengungen unternommen haben, um die Erhaltung der angesammelten Ansprüche zu garantieren.

Informationsblatt C – 13

Artikel 13 – Das Recht auf Fürsorge

Um die wirksame Ausübung des Rechtes auf Fürsorge zu gewährleisten, verpflichten sich die Vertragsparteien,

1. sicherzustellen, dass jedem, der nicht über ausreichende Mittel verfügt und sich diese auch nicht selbst oder von anderen, insbesondere durch Leistungen aus einem System der Sozialen Sicherheit verschaffen, kann, ausreichende Unterstützung gewährt wird und im Falle der Erkrankung die Betreuung, die seine Lage erfordert;
2. sicherzustellen, dass Personen, die diese Fürsorge in Anspruch nehmen, nicht aus diesem Grunde in ihren politischen oder sozialen Rechten beeinträchtigt werden;
3. dafür zu sorgen, dass jedermann durch zweckentsprechende öffentliche oder private Einrichtungen die zur Verhütung, Behebung oder Milderung einer persönlichen oder familiären Notlage erforderliche Beratung und persönliche Hilfe erhalten kann;
4. die in den Absätzen 1, 2 und 3 genannten Bestimmungen auf die rechtmäßig in ihrem Hoheitsgebiet befindlichen Staatsangehörigen der anderen Vertragsparteien anzuwenden, und zwar auf der Grundlage der Gleichbehandlung und in Übereinstimmung mit den Verpflichtungen, die sie in dem am 11. Dezember 1953 zu Paris unterzeichneten Europäischen Fürsorgeabkommen übernommen haben.

Anhang

Artikel 13 Abs. 4
Regierungen, die nicht Vertragsparteien des Europäischen Fürsorgeabkommens sind, können die Sozialcharta hinsichtlich dieses Absatzes ratifizieren, sofern sie den Staatsangehörigen der anderen Vertragsparteien eine Behandlung gewähren, die mit dem genannten Abkommen im Einklang steht.

Erläuterungen zum Unterschied, den die Charta zwischen sozialer Sicherheit und Fürsorge macht, sind in den einführenden Bemerkungen von Informationsblatt C – 12 zu Artikel 12 zu finden.

Absatz 1 – Das Recht bedürftiger Personen auf Fürsorge

Nach dieser Bestimmung haben alle Staatsangehörigen und vom Anhang zur Charta erfassten Ausländer (s.u.), die ohne angemessene Mittel sind, ein subjektives Recht auf angemessene soziale und medizinische Fürsorge.

Nach dem Sinn dieser Vorschrift umfasst soziale Unterstützung Geld- und Sachleistungen, die hauptsächlich auf der Grundlage der Bedürftigkeit gewährt werden. Die Bestimmung umfasst Leistungen sowohl für die Allgemeinheit als auch für einen beschränkten Empfängerkreis. Medizinische Fürsorge beinhaltet kostenlose oder subventionierte Gesundheitsversorgung, oder Zahlungen, mit denen Personen in die Lage versetzt werden, die benötigte Behandlung zu bezahlen.

Da es sich um ein Recht handelt, muss es auch durchsetzbar sein. Es muss gesetzlich klar bestimmt sein und auf objektiven Kriterien beruhen. Es darf nicht von der Haushaltslage abhängen.

Personen, die soziale Fürsorge beantragen, müssen ein Recht auf Beschwerde haben, wenn der Antrag durch die Behörden abgelehnt wird. Die Beschwerdeinstanz muss unabhängig sein und ermächtigt, die inhaltliche Richtigkeit der angegriffenen Entscheidung zu untersuchen. Wenn es eine außergerichtliche Instanz ist, müssen bestimmte institutionelle Merkmale ihre Unabhängigkeit garantieren (z.B. die Ernennung der Mitglieder, Amtsdauer, rechtliche Kenntnisse etc.). Um die wirksame Ausübung des Rechts auf Beschwerde zu gewährleisten, muss Prozesskostenhilfe erhältlich sein.

Die Höhe der gewährten Fürsorge darf nicht offensichtlich außer Verhältnis zu den Lebenshaltungskosten und/oder dem Existenzminimum in dem betreffenden Land stehen. Der Ausschuss nimmt eine umfassende Bewertung vor, für die er alle erhältlichen Arten der Fürsorge in Betracht zieht (Geld- und Sachleistungen, besondere Leistungen für unterprivilegierte Gruppen etc.).

Da die Bedürftigkeit das einzige in Artikel 13 Abs. 1 genannte Kriterium ist, wird jede einschränkende Bedingung wahrscheinlich die Charta verletzen. So ist ein Mindestalter (z.B. fünfundzwanzig) mit der Charta unvereinbar. Die Zahlung von niedrigeren Leistungen an junge Menschen ohne Unterhaltsberechtigte ist dagegen mit dieser Vorschrift nicht unvereinbar. Das Recht auf soziale Fürsorge muss so lange bestehen, wie die Bedürftigkeit besteht. Jedoch ist die Kopplung von Fürsorge an die Bereitschaft zur Arbeit oder an eine Berufsausbildung mit der Charta vereinbar, wenn diese Bedingungen angemessen sind und das angestrebte Ziel verfolgen, nämlich eine dauerhafte Lösung der Probleme dieser Person zu finden (s.u. Absatz 3). Das Recht zur Beschwerde muss auch hier gewährleistet sein.

Nach dem Anhang der Charta haben alle Staatsangehörigen einer Vertragspartei, die ihren rechtmäßigen gewöhnlichen Aufenthalt im Hoheitsgebiet einer anderen Vertragspartei haben oder dort ordnungsgemäß beschäftigt sind, einen Anspruch auf Fürsorge unter den gleichen Voraussetzungen wie deren Staatsangehörige. Die Voraussetzung einer Mindestaufenthaltsdauer ist mit dieser Vorschrift nicht vereinbar, da sie unausweichlich bestimmte Personen ausschließt, die Fürsorge für einen bestimmten Zeitraum brauchen. Solche Beschränkungen treffen Ausländer meist mehr als andere und stellen daher indirekte Diskriminierung dar.

So lange ihre Aufenthaltserlaubnis gültig ist, dürfen Staatsangehörige anderer Vertragsparteien, die sich rechtmäßig im Gebiet eines anderen Vertragsstaats aufhalten, nicht ausgewiesen werden, nur weil sie bedürftig sind.

Absatz 2 – Keine Beschränkung der politischen oder sozialen Rechte von Personen, die Fürsorge erhalten

Nach dieser Vorschrift müssen die Vertragsstaaten sicherstellen, dass ihr innerstaatliches Recht nicht die sozialen oder politischen Rechte von Personen beeinträchtigt, weil sie soziale oder medizinische Fürsorge erhalten. Beispiele für Verletzungen sind Beschränkungen, die Fürsorgeempfängern den Zugang zum öffentlichen Dienst verschließen. In Extremfällen kann die Voraussetzung für Anspruchsteller, einen festen Wohnsitz zu haben, die Wirkung haben, das Recht auf Fürsorge für sie auszuschließen.

Staatsangehörige von Vertragsparteien, die ihren rechtmäßigen gewöhnlichen Aufenthalt im Hoheitsgebiet einer anderen Vertragspartei haben oder dort ordnungsgemäß beschäftigt sind, sind von dieser Bestimmung ebenfalls erfasst, mit den Einschränkungen, die normalerweise in dem Mitgliedstaaten des Europarats für die politischen Rechte von Ausländern gelten.

Absatz 3 – Einrichtungen zur Verhütung, Behebung oder Milderung von persönlichen oder familiären Notlagen

Die in dieser Bestimmung genannten Einrichtungen sind eine wichtige Ergänzung zur in Artikel 13 Abs. 1 gewährten Fürsorge. Zusammen sollen diese Vorschriften sicherstellen, dass die Menschen vollständig über ihre Rechte informiert sind, und in die Lage versetzt werden, ihre Schwierigkeiten zu überwinden und sich selbst zu versorgen anstatt von Leistungen abhängig zu werden.

Die betreffenden staatlichen Einrichtungen müssen diesem Bedürfnis gerecht werden. Der Ausschuss legt seiner Bewertung eine Reihe von Kriterien zu Grunde:

- Aufbau, geografische Lage und Handlungsbereich der betreffenden Einrichtungen;

- Personal (einschließlich Freiwilligen), Qualifikationen und Aufgaben;
- Finanzierung dieser Einrichtungen;
- Bewertungsmethode.

Diese Einrichtungen müssen das gesamte Staatsgebiet abdecken und für Staatsangehörige anderer Vertragsparteien, die dort ihren rechtmäßigen gewöhnlichen Aufenthalt im Hoheitsgebiet haben oder ordnungsgemäß beschäftigt sind, gleichermaßen zugänglich sein.

Absatz 4 – Das Recht von Staatsangehörigen anderer Vertragsparteien, die sich rechtmäßig, aber nicht gewöhnlich im Hoheitsgebiet aufhalten, auf Fürsorge

Diese Bestimmung gilt für Staatsangehörige anderer Vertragsparteien, die sich rechtmäßig im Hoheitsgebiet eines Vertragsstaats aufhalten, aber nicht ihren rechtmäßigen gewöhnlichen Aufenthalt dort haben oder beschäftigt sind. Da sie nur vorübergehend anwesend sind, beinhalten angemessene Formen der Fürsorge nicht notwendigerweise alle Leistungen, die nach den allgemeinen Regeln erhältlich sind. Zeitlich begrenzte Fürsorge im Notfall reicht aus (Nahrung, Unterkunft, Kleidung, medizinische Notfallhilfe). In diesen Fällen muss die Fürsorge unabhängig von örtlichen oder nationalen Ressourcen gewährt werden.

Personen im Anwendungsbereich dieser Bestimmung können zurückgeschafft werden, aber die geltenden Vorschriften des Europäischen Fürsorgeabkommens von 1953 müssen beachtet werden.

Informationsblatt C – 14

Artikel 14 – Das Recht auf Inanspruchnahme sozialer Dienste

Um die wirksame Ausübung des Rechtes auf Inanspruchnahme sozialer Dienste zu gewährleisten, verpflichten sich die Vertragsparteien,

1. Dienste zu fördern oder zu schaffen, die unter Anwendung der Methoden der Sozialarbeit zum Wohlbefinden und zur Entfaltung des einzelnen und der Gruppen innerhalb der Gemeinschaft beitragen, sowie zu ihrer Anpassung an die soziale Umgebung;
2. bei der Bildung und Durchführung dieser Dienste Einzelpersonen und freie oder andere Organisationen zur Beteiligung anzuregen.

Absatz 1 – Die Verpflichtung zur Bereitstellung sozialer Dienste

Durch die Annahme von Artikel 14 Abs. 1 der Charta verpflichten sich die Vertragsparteien, ein Netzwerk von sozialen Diensten einzuführen, um Menschen zu helfen, soziale Anpassungsprobleme zu lösen, und zwar unabhängig von deren Gründen und Wirkungen – persönlich, familien- oder arbeitsbezogen, physisch oder psychisch.

Diese Verpflichtung umfasst:

a. Die Schaffung von sozialen Diensten für alle Gruppen, die sie benötigen könnten

Soziale Dienste gem. Artikel 14 können sich auf bestimmte Gruppen konzentrieren oder allgemeiner Art sein. Es kommt darauf an, dass Gruppen, die von Natur aus anfällig sind – Kinder, ältere Menschen, Behinderte, junge Menschen mit Problemen, junge Straftäter, Minderheiten (Migranten, Sinti und Roma, Flüchtlinge etc.), Obdachlose, Menschen mit Alkohol- oder Drogenproblemen, Opfer häuslicher Gewalt und Ex-Strafgefangene – in der Lage sein sollen, diese Probleme in der Praxis loszuwerden.

b. Wirksamer Zugang zu sozialen Diensten

Der Ausschuss stellt die Gewährleistung des Rechts auf diese Dienste sicher, indem der nachprüft, dass:

- Menschen, die diese Dienste nutzen wollen, einen Anspruch darauf haben und sich bei ungerechter Abweisung beschweren können;
- alle geforderten finanziellen Beiträge im Verhältnis zum Einkommen des Anspruchstellers stehen;
- die geografische Verbreitung dieser Dienste ausreichend groß ist;
- die Inanspruchnahme der Dienste nicht in das Privatleben der Menschen eingreift;
- die Dienste ohne Diskriminierung offen sind für Staatsangehörige anderer Vertragsparteien, die ihren rechtmäßigen gewöhnlichen Aufenthalt im Hoheitsgebiet der betreffenden Vertragspartei haben oder dort ordnungsgemäß beschäftigt sind.

c. Wirksamkeit sozialer Dienste

Die Ausstattung der Dienste muss ihren Aufgaben und den wechselnden Bedürfnissen der Benutzer entsprechen, d.h.:

- Personalausstattung: qualifiziertes Personal in ausreichender Zahl;
- Institutionelle Ausstattung: Entscheidungszentren so nah am Benutzer wie möglich (Dezentralisierung und Delegation von Aufgaben auf örtliche Stellen)
- Finanzielle Mittel, die es ihnen erlauben, ihre Aufgaben ordnungsgemäß zu erfüllen und dynamische Leitlinien zu verfolgen.

Absatz 2 – Ermutigung von Einzelpersonen oder Organisationen, sich bei der Einrichtung und Erhaltung sozialer Dienste zu beteiligen

Durch die Annahme von Artikel 14 Abs. 2 vereinbaren die Vertragsparteien:

a. Freiwillige Vereinigungen zu unterstützen, die soziale Dienste einrichten wollen

Artikel 14 gibt kein festes Modell vor, und Staaten können dieses Ziel auf verschiedenen Wegen erreichen: Sie können die Bildung von Diensten fördern, die gemeinsam von öffentlichen Stellen, privaten Einrichtungen und freiwilligen Vereinigungen betrieben werden, oder sie können die Bereitstellung von bestimmten Diensten ganz dem freiwilligen Sektor überlassen.

Die in Absatz 2 genannten „Einzelpersonen und andere Organisationen" umfassen den freiwilligen Sektor, private Einzelpersonen, Gewerkschaften, Arbeitgeberorganisationen, private Betriebe etc.

Der Ausschuss beachtet alle Formen der Unterstützung, ob finanzieller (Fördermittel oder Steueranreize) oder nicht-finanzieller Art. Er überprüft auch, ob die Vertragsstaaten fortlaufend sicherstellen, dass die Dienste nach den oben genannten Kriterien für alle zugänglich und wirksam sind.

b. Einzelpersonen und Organisationen zu ermutigen, sich bei der Einrichtung und Erhaltung sozialer Dienste zu beteiligen

Der Ausschuss untersucht die zur Stärkung des Dialogs mit der Zivilgesellschaft getroffenen Maßnahmen in den Bereichen der Sozialpolitik, die soziale Dienste betreffen. Dies beinhaltet Maßnahmen zur Förderung der Vertretung von bestimmten Benutzergruppen in Gremien, in denen auch Behörden vertreten sind, sowie Maßnahmen zur Förderung der Konsultation von Benutzern zu Fragen, welche die Organisation der verschiedenen Dienste und ihr Hilfsangebot betreffen.

Informationsblatt C – 15

Artikel 15 – Das Recht Behinderter auf berufliche Ausbildung sowie berufliche und soziale Eingliederung oder Wiedereingliederung

Um die wirksame Ausübung des Rechtes der körperlich, geistig oder seelisch Behinderten auf berufliche Ausbildung sowie auf berufliche und soziale Eingliederung oder Wiedereingliederung zu gewährleisten, verpflichten sich die Vertragsparteien,

1. geeignete Maßnahmen zu treffen für die Bereitstellung von Ausbildungsmöglichkeiten, erforderlichenfalls unter Einschluss von öffentlichen oder privaten Sondereinrichtungen;
2. geeignete Maßnahmen zu treffen für die Vermittlung Behinderter auf Arbeitsplätze, namentlich durch besondere Arbeitsvermittlungsdienste, durch Ermöglichung wettbewerbsgeschützter Beschäftigung und durch Maßnahmen, die den Arbeitgebern einen Anreiz zur Einstellung von Behinderten bieten.

Das Ziel von Artikel 15 ist die Gewährleistung gleicher Arbeitschancen für Behinderte. Die Vertragsparteien verpflichten sich, mit Blick auf die Verbesserung der Chancen, einen Arbeitsplatz zu finden, besondere Maßnahmen für die Berufsausbildung (Absatz 1) und Beschäftigung (Absatz 2) Behinderter einzuführen. Artikel 15 ist eine der drei Bestimmungen der Charta, die den in Artikel 1 Abs. 4 festgelegten allgemeinen Grundsatz näher ausgestalten.[1] Er unterscheidet sich von den anderen beiden – Artikel 9 (Recht auf Berufsberatung) und Artikel 10 (Recht auf Berufsausbildung) – dadurch, dass er weitergehende Pflichten der Vertragsstaaten begründet, einschließlich der Pflicht zu positiven Maßnahmen.

Artikel 15 gilt für Menschen mit physischen und/oder geistigen Behinderungen.

---

[1] Zum Zusammenhang zwischen Artikel 15 und Artikel 1 Abs. 4 siehe Letzteren (Informationsblatt C – 1).

Absatz 1 – Das Recht Behinderter auf berufliche Ausbildung

Berufliche Ausbildung für Behinderte wird als fortlaufender Prozess betrachtet, der Erstausbildung in der Schule, technische Ausbildung mit formalen Qualifikationen und die Umschulung von Menschen, die auf Grund von Arbeitsunfällen oder Berufskrankheiten behindert sind, beinhaltet.

Die regelmäßige Bewertung der Fähigkeiten von Behinderten geht mit diesem Prozess notwendigerweise einher und hat das Ziel, mit ihrem Einverständnis ein Wiedereingliederungsprogramm zu entwerfen, das ihren Bedürfnissen und Fähigkeiten entspricht.

Die Anstrengungen zur Bereitstellung von Ausbildung dürfen nicht bei der Formulierung eines Programms stehen bleiben: Artikel 15 verlangt, dass in der Praxis geeignete und ausreichende Ausbildungseinrichtungen zur Verfügung gestellt werden. Dies bedeutet:

- Bereitstellen von Einrichtungen, die Behinderte benötigen, um Ausbildungsprogrammen unter normalen Bedingungen zu folgen (Lehrmaterial, Zugang zu den Gebäuden etc.);
- Ausbilder: Alle Mitarbeiter, die an der beruflichen Wiedereingliederung von Behinderten oder der Bewertung ihrer beruflichen Fähigkeiten beteiligt sind, müssen angemessene Ausbildung erhalten;
- Bereitstellung finanzieller Hilfe, um die Zusatzkosten der Behinderung zu abzudecken.

Absatz 2 – Das Recht Behinderter auf Arbeit

Artikel 15 verlangt von den Vertragsstaaten nicht, eine bestimmte Politik für die Vermittlung und Beschäftigung von Behinderten zu verfolgen. Sofern sie bestimmte Vorgaben beachten im Hinblick auf das Ziel der wirksamen gleichberechtigter Teilnahme am Wirtschaftsleben, sind sie in der Wahl der Mittel frei.

Artikel 15 Abs. 2 verlangt nicht von ihnen, besondere Vermittlungsdienste für Behinderte einzurichten. Die normalen Arbeitsvermittlungen können genutzt werden, sofern es genug gibt und sie bei der Integration Behinderter in die gewöhnliche Arbeitswelt Erfolg haben. Wenn es sowohl allgemeine als auch besondere Vermittlungsdienste gibt, verlangt Artikel 15 deren Zusammenarbeit.

Die Arbeitspolitik für Behinderte darf gem. Artikel 15 nicht beim Zugang zur Beschäftigung aufhören, sondern muss auch darauf ausgerichtet sein, sie auf Dauer zu integrieren, z.B. durch Maßnahmen zum Erhalt der Arbeitsstelle. Zu diesem Zweck müssen den Arbeitgebern sowohl positive (Wiedereingliederung) als auch negative (kein Arbeitnehmer darf wegen Behinderung entlassen werden) Pflichten auferlegt werden.

Geschützte Arbeitsstellen sind eine Hilfsmaßnahme nur für den Fall, dass die Vermittlung in eine normale Arbeitsumwelt unmöglich ist, und sollten letztlich auf den Transfer auf eine normale Position gerichtet sein. Menschen, die in geschützten Arbeitsstellen arbeiten, in denen Produktion die Haupttätigkeit ist, müssen die üblichen Leistungen des Arbeitsrechts genießen, insbesondere Entgelt gemäß geleisteter Arbeit.

Informationsblatt C – 16

Artikel 16 – Das Recht der Familie auf sozialen, gesetzlichen und wirtschaftlichen Schutz

Um die erforderlichen Voraussetzungen für die Entfaltung der Familie als einer Grundeinheit der Gesellschaft zu schaffen, verpflichten sich die Vertragsparteien, den wirtschaftlichen, gesetzlichen und sozialen Schutz des Familienlebens zu fördern, insbesondere durch Sozial- und Familienleistungen, steuerliche Maßnahmen, Förderung des Baues familiengerechter Wohnungen, Hilfen für junge Eheleute und andere geeignete Mittel jeglicher Art.

Die Familie als „Grundeinheit der Gesellschaft" wird durch die Sozialcharta besonders geschützt. Das Recht der Familien auf sozialen, gesetzlichen und wirtschaftlichen Schutz gem. Artikel 16 verpflichtet die Vertragsparteien, eine echte Familienpolitik mit verschiedenen Mitteln umzusetzen.

Dieser Artikel umfasst einen sehr weiten Bereich, indem er sich weit über die zivilrechtlichen Gesichtspunkte im engeren Sinne hinaus auch auf bestimmte Bereiche des Sozial- und Steuerrechts erstreckt (d.h. Familienpolitik).

1. Gleichheit der Familienrechte

„Familie" kann je nach Ort und Zeit verschiedene Dinge bedeuten – daher verweist die Charta auf die Definitionen im nationalen Recht. Der Ausschuss hat nie einen Unterschied gemacht zwischen den verschiedenen Familienmodellen, abgesehen davon, dass er sicherstellt, dass es größeren Schutz gibt für bestimmte schwache Formen, z.B. Familien von Alleinerziehenden.

2. Gleichheit der Rechte von Ehegatten und Kindern

Die Charta verlangt die Gleichstellung von Ehegatten, insbesondere in Bezug auf die Rechte und Pflichten innerhalb der Ehegemeinschaft (Vertretungsmacht, Eigentum, Verwaltung und Nutzung des Vermögens etc.), und Kindern (Feststellung der Elternschaft, Adoption, Sorgerecht, Verwaltung des Vermögens).

Die Vertragsparteien müssen gem. Artikel 16 verschiedene Arten der Vermittlung zur Schlichtung familiärer Streitigkeiten und zum Schutz der Familie bereitstellen. Wenn Familien auseinanderbrechen, gilt der Schutz des Artikel 16 vor allem für die Kinder. Die Staaten müssen daher bei der Entscheidung über Sorgerecht und Zugang die Interessen der Kinder berücksichtigen und ihnen die Möglichkeit geben, in den sie betreffenden Verfahren ihre Ansicht vorzutragen.

3. Familienpolitik und Schutz der sozialen Bindung

Artikel 16 enthält eine nicht ausschließliche Liste von Instrumenten der Familienpolitik. Von bestimmen Mindestanforderungen abgesehen sind die Vertragsparteien frei, ihre eigenen Mittel zu wählen, um die folgenden Ziele zu erreichen:

a. Gewährleistung eines angemessenen Lebensstandards für Familien

Unter Artikel 16 müssen die Vertragsparteien ein System von Familienleistungen haben. Die dadurch auferlegten Verpflichtungen sind daher konkreter als die unter Artikel 12 (siehe Informationsblatt C – 12). Die Leistungen müssen eine wesentliche Zahl von Familien erfassen und eine angemessene Ergänzung zum Einkommen darstellen. Sie müssen regelmäßig überprüft werden, um der Inflation angeglichen zu werden.

Wie bei Artikel 12 Abs. 4 müssen Staatsangehörige anderer Vertragsparteien Gleichbehandlung in allen Bereichen des Artikel 16 genießen. Da Familienleistungen im Allgemeinen beitragsunabhängig sind, kann der Anspruch von einer Mindestdauer des gewöhnlichen Aufenthalts abhängig gemacht werden, sofern dieser Zeitraum:

- nur die Eltern der Kinder betrifft, die Leistungen empfangen, nicht aber die Kinder selbst;
- nicht unangemessen lang ist;
- nicht ausschließlich oder verhältnismäßig mehr Ausländer betrifft.

Wie Familienleistungen können auch Steuererleichterungen für Familien mit Kindern diesen helfen, ihren Lebensstandard zu halten. Obwohl solche Regelungen unter Artikel 16 keine zwingende Verpflichtung sind, entsprechen sie voll dem Sinn dieser Bestimmung.

Die Vertragsparteien müssen darüber hinaus besondere Maßnahmen für alleinerziehende Eltern und Familien mit geringem Einkommen treffen.

b. Bau familiengerechter Wohnungen

Die Vertragsparteien müssen gem. Artikel 16 die Finanzierung von familiengerechten Wohnungen unterstützen und ein ausreichendes Angebot an subventionierten Wohnungen haben.

Sie müssen auch finanzielle Unterstützung bereitstellen, um Familien beim Zugang zu Wohnungen zu helfen.

Schließlich müssen sie sicherstellen, dass ihre Wohnungspolitik die Bedürfnisse von Familien befriedigt (ausreichend große Wohnungseinheiten mit den wesentlichen Einrichtungen).

c. Geeignete Kinderbetreuungsdienste für Familien

Kinderbetreuungsdienste, insbesondere für Kleinkinder, müssen in ausreichender Zahl für die Bedürfnisse von Familien vorhanden sein, einen hohen Standard bieten und für alle zugänglich sein.

Informationsblatt C – 17

Artikel 17 – Das Recht von Müttern und Kindern auf sozialen und wirtschaftlichen Schutz

Um die wirksame Ausübung des Rechtes der Mütter und der Kinder auf sozialen und wirtschaftlichen Schutz zu gewährleisten, werden die Vertragsparteien alle hierzu geeigneten und notwendigen Maßnahmen treffen, einschließlich der Schaffung und Unterhaltung geeigneter Einrichtungen und Dienste.

In Überwachungszyklus XV-2 wurde Artikel 17 ein neuer Schwerpunkt gegeben, um allgemeine Entwicklungen im Recht des Kindes auf nationaler und völkerrechtlicher Ebene zu berücksichtigen und eine Überschneidung mit Artikel 7 Abs. 10 zu vermeiden. Artikel 17 ist nunmehr gerichtet auf:

- Die Feststellung der Elternschaft und Adoption;
- Kinder in öffentlicher Betreuung;
- Schutz der Kinder vor Misshandlung;
- Kinder im Rechtssystem, einschließlich straffälliger Jugendlicher.

1. Die Feststellung der Elternschaft und Adoption

Der Ausschuss untersucht die zur Feststellung der Vater- und Mutterschaft verfügbaren Verfahren, und besonders die Situationen, in denen die Feststellung der Vater- oder Mutterschaft nicht möglich ist.

2. Kinder in staatlicher Betreuung

Jegliche Beschränkung oder Einschränkung der elterlichen Sorgerechte sollte auf gesetzlich festgelegten Kriterien beruhen und nicht über das hinausgehen, was für den Schutz und die besten Interessen des Kindes sowie die Zusammenführung der Familie erforderlich ist.

Die Langzeitbetreuung von Kindern außerhalb ihres Elternhauses sollte hauptsächlich in Pflegefamilien stattfinden, die für das Aufziehen geeignet sind, und nur wenn notwendig in Heimen.

Grund- und Menschenrechte wie das Recht auf körperliche Integrität, Privatsphäre, Eigentum sowie das Recht, nahestehende Personen zu treffen, müssen für Kinder, die in Heimen leben, in angemessener Weise gewährleistet werden.

Die innerstaatliche Gesetzgebung muss eine Möglichkeit vorsehen, eine Beschwerde einzulegen gegen die Entscheidung über die Beschränkung der Elternrechte, über die staatliche Betreuung von Kindern und über Zugangsbeschränkungen für die engere Familie des Kindes. Weiterhin muss es ein Beschwerdeverfahren in Bezug auf die Betreuung und Behandlung in Heimen geben.

Das System der Kindeswohlfahrt und insbesondere der dazu gehörenden Heime muss angemessen überwacht werden.

3. Schutz der Kinder vor Misshandlung

Die verschiedenen Formen der Misshandlung von Kindern müssen strafrechtlich sanktioniert sein. Es muss Einrichtungen und Dienste zum Schutz vor und zur Verhinderung der Misshandlung von Kindern geben.

Artikel 17 verlangt das gesetzliche Verbot jeder Form von Gewalt (einschließlich Züchtigung) gegen Kinder in der Schule, in Heimen, zu Hause oder anderswo.

4. Kinder und Recht

Artikel 17 der Charta erlaubt keine Diskriminierung zwischen ehelichen und unehelichen Kindern, z.B. hinsichtlich der Unterhaltsverpflichtung und des Erbrechts.

Jugendliche Straftäter

Das Alter der Strafmündigkeit darf nicht zu niedrig sein. Das Strafverfahren für Kinder und Jugendliche muss ihrem Alter angepasst sein. Minderjährige sollten nur ausnahmsweise für schwere Straftaten in Untersuchungshaft genommen und in diesen Fällen von Erwachsenen getrennt werden.

Gefängnisstrafen sollten für jugendliche Straftäter nur ausnahmsweise verhängt werden. Sie sollten nur für eine kurze Dauer sein, und die Strafdauer muss durch ein Gericht bestimmt werden. Jugendliche Straftäter sollten ihre Strafe nicht zusammen mit erwachsenen Strafgefangenen verbüßen.

Informationsblatt C – 18

Artikel 18 – Das Recht auf Ausübung einer Erwerbstätigkeit im Hoheitsgebiet jeder anderen Vertragspartei

> Um die wirksame Ausübung des Rechtes auf Ausübung einer Erwerbstätigkeit im Hoheitsgebiet jeder anderen Vertragspartei zu gewährleisten, verpflichten sich die Vertragsparteien,
>
> 1. bestehende Vorschriften großzügig anzuwenden;
> 2. bestehende Formvorschriften zu vereinfachen und Verwaltungsgebühren und andere von ausländischen Arbeitnehmern oder ihren Arbeitgebern zu entrichtende Abgaben herabzusetzen oder abzuschaffen;
> 3. die Vorschriften über die Beschäftigung ausländischer Arbeitnehmer einzeln oder gemeinschaftlich zu liberalisieren;
>
> und anerkennen
>
> 4. das Recht ihrer Staatsangehörigen, das Land zu verlassen, um im Hoheitsgebiet anderer Vertragsparteien eine Erwerbstätigkeit auszuüben.

Artikel 18 gewährt nicht als solches das Recht, in das Hoheitsgebiet einer anderen Vertragspartei einzureisen und sich dort aufzuhalten.

Er betrifft vielmehr Erwerbstätigkeiten von Staatsangehörigen anderer Vertragsparteien, die sich bereits rechtmäßig in dem betreffenden Hoheitsgebiet aufhalten.

Absatz 1 – Großzügige Anwendung bestehender Vorschriften

Absatz 2 – Vereinfachung bestehender Formalitäten und Herabsetzung von Gebühren und Abgaben

Absatz 3 – Liberalisierung von Vorschriften

Der Ausschuss bewertet die allgemeine Erfüllung dieser drei Bestimmungen durch einen Staat.

Durch deren Annahme verpflichten sich die Vertragsparteien:

- die Arbeitserlaubnis nicht rechtlich oder faktisch auf eine bestimmte Stelle oder einen bestimmten Arbeitgeber zu beschränken; wirtschaftliche oder soziale Gründe können jedoch die Einstellung von Ausländern auf bestimmte Erwerbsarten in bestimmten Erwerbssektoren und geographischen Gebieten beschränken,
- die Formalitäten für Antragssteller, die eine Arbeitserlaubnis als Angestellte oder Selbständige erhalten oder verlängern wollen, so weit wie möglich zu liberalisieren. Die Gebühren und Abgaben für diese Arbeitserlaubnis dürfen nicht zu hoch sein.

Absatz 4 – Das Recht der Staatsangehörigen auf Ausreise

Die Vertragsparteien verpflichten sich durch die Annahme dieser Vorschrift, das Recht ihrer Staatsangehörigen auf Ausreise zum Zweck der Erwerbstätigkeit in anderen Vertragsstaaten nicht zu beschränken.

Die einzigen erlaubten Einschränkungen sind die in Artikel 31 der Charta genannten, d.h. solche, die „gesetzlich vorgeschrieben und in einer demokratischen Gesellschaft zum Schutz der Rechte und Freiheiten anderer oder zum Schutz der öffentlichen Sicherheit und Ordnung, der Sicherheit des Staates, der Volksgesundheit oder Sittlichkeit notwendig sind".

Informationsblatt C – 19

Artikel 19 – Das Recht der Wanderarbeitnehmer und ihrer Familien auf Schutz und Beistand

Um die wirksame Ausübung des Rechtes der Wanderarbeitnehmer und ihrer Familien auf Schutz und Beistand im Hoheitsgebiet jeder anderen Vertragspartei zu gewährleisten, verpflichten sich die Vertragsparteien,

1. geeignete Stellen zu unterhalten oder sich zu vergewissern, dass solche Stellen bestehen, die diese Arbeitnehmer unentgeltlich betreuen, insbesondere durch Erteilung genauer Auskünfte sowie im Rahmen des innerstaatlichen Rechts geeignete Maßnahmen gegen irreführende Werbung zur Auswanderung und Einwanderung zu treffen;

2. in den Grenzen ihrer Zuständigkeit geeignete Maßnahmen zur Erleichterung der Abreise, der Reise und der Aufnahme dieser Arbeitnehmer und ihrer Familien zu treffen und ihnen in den Grenzen ihrer Zuständigkeit während der Reise notwendige Gesundheitsdienste, ärztliche Betreuung und gute hygienische Bedingungen zu verschaffen;

3. soweit erforderlich, die Zusammenarbeit zwischen den öffentlichen und privaten sozialen Diensten der Auswanderungs- und Einwanderungsländer zu fördern;

4. sicherzustellen, dass diese Arbeitnehmer, soweit sie sich rechtmäßig in ihrem Hoheitsgebiet befinden, nicht weniger günstig behandelt werden als ihre eigenen Staatsangehörigen in bezug auf die folgenden Gegenstände, soweit diese durch Rechtsvorschriften geregelt oder der Überwachung durch die Verwaltungsbehörden unterstellt sind:

a) das Arbeitsentgelt und andere Beschäftigungs- und Arbeitsbedingungen;

b) den Beitritt zu gewerkschaftlichen Organisationen und den Genuss der durch Gesamtarbeitsverträge gebotenen Vorteile;

c) die Unterkunft;

5. sicherzustellen, dass diese Arbeitnehmer, soweit sie sich rechtmäßig in ihrem Hoheitsgebiet befinden, nicht weniger günstig behandelt werden als ihre eigenen Staatsangehörigen in bezug auf die Steuern, Abgaben und Beiträge, die für den Arbeitnehmer auf Grund der Beschäftigung zu zahlen sind;
6. soweit möglich, die Zusammenführung eines zur Niederlassung im Hoheitsgebiet berechtigten Wanderarbeitnehmers mit seiner Familie zu erleichtern;
7. sicherzustellen, dass diese Arbeitnehmer, soweit sie sich rechtmäßig in ihrem Hoheitsgebiet befinden, nicht weniger günstig behandelt werden als ihre eigenen Staatsangehörigen in bezug auf die Möglichkeit, hinsichtlich der in diesem Artikel behandelten Angelegenheiten den Rechtsweg zu beschreiten;
8. sicherzustellen, dass diese Arbeitnehmer, soweit sie in ihrem Hoheitsgebiet ihren rechtmäßigen gewöhnlichen Aufenthalt haben, nur ausgewiesen werden können, wenn sie die Sicherheit des Staates gefährden oder gegen die öffentliche Sicherheit und Ordnung oder die Sittlichkeit verstoßen;
9. innerhalb der gesetzlichen Grenzen die Überweisung der Teile des Verdienstes und der Ersparnisse zuzulassen, die diese Arbeitnehmer zu überweisen wünschen;
10. den in diesem Artikel vorgesehenen Schutz und Beistand auf die aus- oder einwandernden selbständig Erwerbstätigen zu erstrecken, soweit solche Maßnahmen auf diesen Personenkreis anwendbar sind.

Anhang

Artikel 19 Abs. 6
Für die Anwendung dieser Bestimmung ist der Ausdruck „Wanderarbeitnehmer mit seiner Familie“ dahin auszulegen, dass er zumindest seine Ehefrau und seine Kinder unter 21 Jahren, für die er unterhaltspflichtig ist, umfasst.

Der Zweck von Artikel 19 ist die Verbesserung der rechtlichen und sozialen Lage der Wanderarbeitnehmer und ihrer Familien, um ihnen die Gleichbehandlung mit Staatsangehörigen zu garantieren.

Er gilt für Staatsangehörige einer Vertragspartei, die ihren rechtmäßigen gewöhnlichen Aufenthalt im Hoheitsgebiet einer anderen Vertragspartei haben oder dort ordnungsgemäß beschäftigt sind.

Bei der Bewertung der Erfüllung berücksichtigt der Ausschuss Migrationsmuster.

Absatz 1 – Kostenlose Informations- und Betreuungsdienste; Maßnahmen gegen irreführende Werbung in Bezug auf Emigration und Immigration

Die Vertragsstaaten verpflichten sich, Staatsbürgern, die auswandern wollen, und Ausländern aus anderen Vertragsparteien, die einwandern wollen, kostenlos Informationen zur Verfügung zu stellen, d.h. verlässliche und objektive Informationen über die notwendigen Formalitäten sowie Angaben über die Lebens- und Arbeitsbedingungen in dem betreffenden Land (Berufsberatung und -ausbildung, soziale Sicherheit und Dienste, Mitgliedschaft in Gewerkschaften, Wohnungen, Erziehung und Gesundheit).

Staaten, die diese Vorschrift angenommen haben, müssen Maßnahmen gegen irreführende Werbung in Bezug auf Immigration und Emigration treffen. Solche Maßnahmen sollten die Mitteilung von irreführenden Informationen an auswandernde Staatsbürger verhindern und falschen Informationen entgegenwirken, die an einwanderungswillige Ausländer gerichtet sind.

Um wirksam zu sein, sollten die Maßnahmen gegen irreführende Werbung rechtliche und praktische Maßnahmen gegen Rassismus und Fremdenfeindlichkeit einschließen. Solche Maßnahmen, die auf die ganze Bevölkerung gerichtet sein sollten, sind notwendig, um der Ausbreitung der stereotypen Annahme zu begegnen, dass Wanderarbeitnehmer zu Straftaten, Gewalt, Drogen oder Krankheiten neigen.

Absatz 2 – Maßnahmen zur Erleichterung der Abreise, Reise und Aufnahme der Wanderarbeitnehmer und ihrer Familien

Nach diesem Absatz müssen die Vertragsstaaten Maßnahmen treffen, um Abreise, Reise und Aufnahme der Wanderarbeitnehmer zu erleichtern.

Die Aufnahme muss Hilfe bei der Suche eines Arbeitsplatzes und Eingliederung in diesen einschließen, ebenso Hilfe bei anderen Problemen wie vorübergehende Unterkunft, Krankheit oder finanzielle Engpässe. Sie muss auch angemessene Gesundheitsmaßnahmen beinhalten.

Absatz 3 – Zusammenarbeit zwischen sozialen Diensten der Einwanderungs- und Auswanderungsländer

Diese Bestimmung gilt nicht nur für Einwanderer, sondern auch für Staatsangehörige, die in andere Vertragsstaaten ausgewandert sind.

Sie verlangt das Knüpfen von Kontakten und den Informationsaustausch zwischen öffentlichen oder privaten sozialen Diensten der Einwanderungs- und Auswanderungsländer. Formale Vereinbarungen sind nicht erforderlich, vor allem wenn es kaum Migrationsbewegungen gibt. Praktische Zusammenarbeit je nach Erforderlichkeit kann ausreichen. Eine solche Kooperation kann zum Beispiel nützlich sein, wenn ein Wanderarbeitnehmer, der seine Familie im Heimatstaat zurückgelassen hat, kein Geld nach Hause schickt, wenn er von seiner Familie aus familiären Gründen erreicht werden muss, wenn der Wanderarbeitnehmer in seinen Heimatstaat zurückgekehrt ist, aber noch Ansprüche auf unbezahltes Arbeitsentgelt oder Leistungen verfolgen will, oder wenn er verschiedene Angelegenheiten im Beschäftigungsstaat erledigen muss.

Absatz 4 – Gleichbehandlung für Wanderarbeitnehmer in Bezug auf Arbeitsbedingungen, Mitgliedschaft in Gewerkschaften und Unterkunft

Die Vertragsparteien müssen alle Formen der rechtlichen oder tatsächlichen Diskriminierung beseitigen in Bezug auf:

- Arbeitsentgelt und andere Beschäftigungs- und Arbeitsbedingungen, einschließlich der Weiterbildung und Beförderung;
- Mitgliedschaft in gewerkschaftlichen Organisationen und Genuss der durch Gesamtarbeitsverträge gewonnenen Vorteile, einschließlich Zugang zu Verwaltungs- und Leitungsfunktionen in gewerkschaftlichen Organisationen;
- Zugang zum öffentlichen und privaten Wohnungsmarkt. Es darf keine rechtlichen oder tatsächlichen Beschränkungen für den Kauf von Häusern oder Eigentumswohnungen, für subventionierte Wohnungen oder Wohnungsbeihilfen wie Darlehen oder Freibeträge geben.

Über die rechtliche Gleichheit hinaus darf es keine tatsächliche, direkte oder indirekte Diskriminierung geben.

Absatz 5 – Gleichbehandlung von Wanderarbeitnehmern hinsichtlich der Steuern, Abgaben und Beiträge im Zusammenhang mit der Beschäftigung

Nach diesem Absatz muss es vollständige rechtliche und tatsächliche Gleichbehandlung in all diesen Bereichen geben.

Absatz 6 – Familienzusammenführung

Die Staaten müssen den Familien der zur Niederlassung in ihrem Hoheitsgebiet berechtigten Wanderarbeitnehmer die Zusammenführung erlauben. Wenn die Altersgrenze für die Familienzusammenführung von Kindern unter 21 Jahren liegt, berücksichtigt der Ausschuss die tatsächliche Situation: Er fordert die Staaten auf, durch die Vorlage von Zahlenmaterial zu beweisen, dass Kinder zwischen 18 und 21 Jahren in der Praxis zur Familienzusammenführung berechtigt sind.

„Unterhaltsberechtigte" Kinder sind solche, die keine unabhängige Existenz außerhalb der Familiengruppe haben, insbesondere aus wirtschaftlichen oder gesundheitlichen Gründen, oder weil sie ein unbezahltes Studium absolvieren.

Bedingungen und Beschränkungen der Familienzusammenführung:

a) Ablehnung aus gesundheitlichen Gründen

Ein Staat darf einem Familienmitglied eines Wanderarbeitnehmers die Einreise in sein Hoheitsgebiet zum Zweck der Familienzusammenführung nicht aus gesundheitlichen Gründen verweigern. Die Ablehnung ist nur bei bestimmten Krankheiten zulässig, die wegen ihrer Schwere die Volksgesundheit gefährden. Dies sind die in der Internationalen Gesundheitsvorschrift Nr. 2 der Weltgesundheitsorganisation vom 25. Mai 1952 genannten Krankheiten, die Quarantäne erfordern, andere ernstliche ansteckende Krankheiten oder Infektionskrankheiten wie Tuberkulose oder Syphilis. Der Ausschuss erkennt an, dass eine sehr schwere Drogenabhängigkeit oder Geisteskrankheit die Ablehnung der Familienzusammenführung rechtfertigen kann, aber nur wenn die Behörden für jeden Einzelfall feststellen, dass die Krankheit oder der Zustand eine Gefahr für die öffentliche Sicherheit und Ordnung darstellt.

b) Aufenthaltsdauer

Von den Wanderarbeitnehmern kann eine bestimmte Aufenthaltsdauer verlangt werden, bevor die Familie nachkommen darf. Ein Jahr ist mit der Charta nicht unvereinbar. Dagegen verstoßen drei Jahre gegen diese Bestimmung.

c) Wohnbedingungen

Der Ausschuss untersucht, ob die Voraussetzung ausreichender oder geeigneter Unterkunft für die Familie oder bestimmte Familienmitglieder so einschränkend ist, dass sie jegliche Familienzusammenführung verhindert.

d) Mittelerfordernis

Der Ausschuss prüft nach, ob die Höhe der Mittel, die verlangt werden, um die Familie oder bestimmte Familienmitglieder nachkommen zu lassen, so einschränkend ist, dass sie jegliche Familienzusammenführung verhindert.

Absatz 7 – Gleichbehandlung für Wanderarbeitnehmer in Bezug auf den Rechtsweg

Die Staaten müssen sicherstellen, dass Wanderarbeitnehmer zu den selben Bedingungen Zugang zu den Gerichten, der Hilfe von Rechtsanwälten und Prozesskostenhilfe haben wie ihre eigenen Staatsangehörigen. Diese Verpflichtung gilt für alle gerichtlichen Verfahren, welche die in Artikel 19 gewährleisteten Rechte betreffen.

Absatz 8 – Schutz vor Ausweisung

Nach dieser Bestimmung müssen die Vertragsparteien die Ausweisung von Wanderarbeitnehmern, die rechtmäßig in ihrem Hoheitsgebiet beschäftig sind, gesetzlich verbieten, sofern sie nicht eine Bedrohung der staatlichen Sicherheit darstellen oder gegen die öffentliche Sicherheit und Ordnung oder Sittlichkeit verstoßen.

Risiken für die Volksgesundheit sind nicht an sich Risiken für die öffentliche Sicherheit und Ordnung und können kein Grund für die Ausweisung sein, es sei denn, die betreffende Person verweigert eine angemessene Behandlung.
Der Antrag auf Fürsorge ist ebenfalls nicht gegen die öffentliche Sicherheit und Ordnung gerichtet und kann daher kein Grund für die Ausweisung sein.

Die Anwesenheit eines Straftäters innerhalb des Staatsgebiets ist an sich keine Bedrohung der staatlichen Sicherheit oder gegen die öffentliche Sicherheit und Ordnung oder Sittlichkeit gerichtet und kann nicht automatisch die Ausweisung rechtfertigen. Nur wenn weitere Gesichtspunkte auf eine fortdauernde Bedrohung hinweisen, kann die Ausweisung gem. Artikel 19 Abs. 8 gerechtfertigt sein.
Es ist eine wesentliche Verpflichtung, dass Ausländer, die eine Ausweisungsverfügung erhalten haben, das Recht zur Beschwerde zu einem Gericht oder anderem unabhängigen Spruchkörper haben, auch wenn es um die staatliche Sicherheit, die öffentliche Sicherheit und Ordnung oder Sittlichkeit geht.

Absatz 9 – Überweisung von Verdiensten und Ersparnissen

Diese Bestimmung verlangt von den Vertragsparteien, das Recht der Wanderarbeitnehmer auf die Überweisung ihres Verdienstes und ihrer Ersparnisse während ihres Aufenthalts oder bei ihrer Ausreise keinen unangemessenen Beschränkungen zu unterwerfen.

Wanderarbeitnehmern muss es erlaubt sein, Geld in ihr Heimatland oder ein anderes Land zu überweisen.

Absatz 10 – Ausweitung des gewährten Schutzes und Beistands auf Selbständige

Der in den Absätzen 1 bis 9 gewährte Schutz und Beistand muss sich auf selbständige Wanderarbeitnehmer erstrecken.

Die Vertragsparteien müssen sicherstellen, dass es weder rechtliche noch tatsächliche Diskriminierung gibt:

- einerseits zwischen angestellten und selbständigen Wanderarbeitnehmern. Selbst wenn es jedoch zwischen angestellten und selbständigen Wanderarbeitnehmern volle Gleichheit gibt, wird sich eine Verletzung einer der ersten 9 Absätze auf die Vereinbarkeit mit Absatz 10 auswirken;
- andererseits zwischen selbständigen Wanderarbeitnehmern und selbständigen Staatsangehörigen.

Informationsblatt C – 20

Artikel 1 des Zusatzprotokolls von 1988 (Protokoll Nr. 1) – Recht auf Chancengleichheit und Gleichbehandlung in Beschäftigung und Beruf ohne Diskriminierung aufgrund des Geschlechts

1. Um die wirksame Ausübung des Rechtes auf Chancengleichheit und Gleichbehandlung in Beschäftigung und Beruf ohne Diskriminierung aufgrund des Geschlechts zu gewährleisten, verpflichten sich die Vertragsparteien, dieses Recht anzuerkennen und geeignete Maßnahmen zu ergreifen, um dessen Anwendung in den folgenden Bereichen zu gewährleisten oder zu fördern:

- Zugang zur Beschäftigung, Kündigungsschutz und berufliche Wiedereingliederung,
- Berufsberatung und berufliche Ausbildung, Umschulung und berufliche Rehabilitation,
- Beschäftigungs- und Arbeitsbedingungen, einschließlich des Entgelts,
- beruflicher Werdegang, einschließlich des beruflichen Aufstiegs.

2. Bestimmungen über den Schutz der Frau, insbesondere hinsichtlich der Schwangerschaft, der Niederkunft und der Zeit nach der Niederkunft gelten nicht als Diskriminierung im Sinne des Absatzes 1.

3. Absatz 1 steht der Annahme besonderer Maßnahmen zur Beseitigung von De-facto-Ungleichheiten nicht entgegen.

4. Vom Geltungsbereich dieses Artikels oder einiger seiner Bestimmungen können berufliche Tätigkeiten ausgenommen werden, die aufgrund ihrer Art oder der Bedingungen ihrer Ausübung nur Personen eines bestimmten Geschlechts übertragen werden können.

Anhang

Artikel 1
Es besteht Einverständnis darüber, dass Fragen der sozialen Sicherheit sowie Bestimmungen über Leistungen bei Arbeitslosigkeit, bei Alter und an Hinterbliebene vom Geltungsbereich dieses Artikels ausgenommen werden können.

Artikel 1 Abs. 4
Diese Bestimmung ist nicht so auszulegen, als seien die Vertragsparteien verpflichtet, in Gesetzen oder sonstigen Vorschriften eine Liste der beruflichen Tätigkeiten festzulegen, die auf Grund ihrer Art oder der Bedingungen ihrer Ausübung nur Personen eines bestimmten Geschlechts vorbehalten werden können.

Die Vertragsparteien verpflichten sich, das Recht auf Chancengleichheit und Gleichbehandlung in Beschäftigung und Beruf ohne Diskriminierung aufgrund des Geschlechts anzuerkennen und geeignete Maßnahmen zu treffen, um die Gleichheit in den folgenden Fällen sicherzustellen oder zu fördern:

- Zugang zur Beschäftigung, Kündigungsschutz und berufliche Wiedereingliederung;
- Berufsberatung und berufliche Ausbildung, Umschulung und berufliche Wiedereingliederung;
- Beschäftigungs- und Arbeitsbedingungen, einschließlich des Entgelts;
- beruflicher Werdegang, einschließlich des beruflichen Aufstiegs.

Die Annahme von Artikel 1 verpflichtet die Vertragsstaaten:

- die betreffenden Rechte gesetzlich zu verankern;
- rechtliche Maßnahmen zu treffen, um ihre Wirksamkeit sicherzustellen;
- zum selben Zweck aktive Politiken zu gestalten und umzusetzen.

Die in Artikel 1 des Protokolls niedergelegten Rechte und Pflichten ergänzen die eigentlichen Chartabestimmungen, insbesondere Artikel 1 Abs. 2 und Artikel 4 Abs. 3. Der sachliche Anwendungsbereich von Artikel 1 des Protokolls unterscheidet sich von dem der beiden Artikel der Charta: Während Artikel 1 Abs. 2 der Charta auch die Diskriminierung aus anderen Gründen erfasst, betrifft Artikel 1 des Zusatzprotokolls nur geschlechtsspezifische Diskriminierung; und während Artikel 4 Abs. 3 der Charta gleiche Bezahlung für gleichwertige Arbeit betrifft, geht der Anwendungsbereich von Artikel 1 des Protokolls – unter Einschluss der Bezahlung – darüber hinaus.

Artikel 1 des Protokolls stellt auch weitergehende Pflichten für die Vertragsparteien auf als Artikel 1 Abs. 2 und Artikel 4 Abs. 3 der Charta in ihrem jeweiligen Anwendungsbereich.

In den vier in Artikel 1 genannten Bereichen müssen die Vertragsstaaten allen Gehaltsempfängern ein Recht zur Klage vor einem Gericht oder anderem zuständigen Gremium einräumen: Die Verfügbarkeit von Rechtsbehelfen ist wesentlich für den wirksamen Genuss der von dieser Bestimmung garantierten Rechte.

Eine weitere wesentliche Voraussetzung ist, dass jegliche Klauseln in Einzel- oder Gesamtarbeitsverträgen, die gegen den Grundsatz der Gleichbehandlung verstoßen, in den Vertragsstaaten ungültig sein sollen. Die Gerichte müssen ermächtigt sein, die Anwendung jeglicher Klausel auszusetzen, die gegen den Grundsatz der Gleichbehandlung verstößt.

Die Staaten müssen außerdem Maßnahmen treffen, um Arbeitgeber von der – auch unwissentlichen – Anwendung von Klauseln abzuschrecken, die wahrscheinlich für ungültig erklärt werden. Solche Maßnahmen können Folgendes beinhalten:

- Gesetzgebung, nach der solche Klauseln automatisch ungültig sind;
- Die Ermächtigung der Gerichte, sie mit objektiver Wirkung für ungültig zu erklären;
- Das eigenständige Recht der Gewerkschaften, in diesen Angelegenheiten ein gerichtliches Verfahren einzuleiten, einschließlich des Rechts, in Einzelrechtsstreitigkeiten als Partei aufzutreten;
- Die Erlaubnis für Personen, die ein Interesse an der Ungültigkeitserklärung solcher Klauseln haben, ein Verfahren kollektiv zu betreiben.

Die Gesetzgebung muss darüber hinaus angemessene Sicherheitsvorkehrungen gegen diskriminierende und Vergeltungsmaßnahmen vorsehen. Die gesetzlichen Vorschriften müssen die Behebung der beanstandeten Situation (Wiedereingliederung im Fall der Kündigung) und die Entschädigung für jeglichen in der Zwischenzeit erlittenen finanziellen Schaden regeln. Wenn diese Lösung unmöglich ist, kann statt dessen finanzielle Entschädigung akzeptiert werden, aber nur, wenn sie für zur Abschreckung des Arbeitgebers und Entschädigung des Arbeitnehmers ausreichend ist. Es kann auch andere rechtliche Sanktionen gegen diskriminierende Arbeitgeber geben.

Ebenso müssen bei behaupteter geschlechtsspezifischer Diskriminierung die Beweislastregeln teilweise umgekehrt werden. Wenn eine Person behauptet, dass ihr die durch diese Vorschrift garantierte Gleichbehandlung versagt worden ist, und vor Gericht oder einer anderen zuständigen Behörde Tatsachen vorträgt, die auf eine Diskriminierung schließen lassen, dann muss der Gegner darlegen, dass die anscheinend vorliegende Diskriminierung auf objektiven Umständen beruht, die nichts mit geschlechtsspezifischer Diskriminierung zu tun haben und daher nicht den Gleichbehandlungsgrundsatz verletzen.

Artikel 1 Abs. 3 des Zusatzprotokolls sieht ausdrücklich die Annahme von Maßnahmen zur Beseitigung von faktischen Ungleichheiten vor. Demnach darf innerstaatliches Recht nicht positive Maßnahmen zu Gunsten eines Geschlechts ausschließen, wenn die gegenwärtige Situation es erfordert.

Die Vertragsparteien sind auch verpflichtet, aktive Politiken zu gestalten und umzusetzen, um die Achtung der in Artikel 1 gewährleisteten Rechte sicherzustellen.

Wie bei den anderen Bestimmungen der Charta müssen die Vertragsparteien die Maßnahmen treffen, die für die angemessene praktische Durchsetzung ihrer Gesetze und Vorschriften in diesem Bereich nötig sind.

Informationsblatt C – 21

Artikel 2 des Zusatzprotokolls von 1988 (Protokoll Nr. 1) – Das Recht auf Unterrichtung und Anhörung zur wirtschaftlichen und finanziellen Lage des Unternehmens

1. Um die wirksame Ausübung des Rechtes der Arbeitnehmer auf Unterrichtung und Anhörung im Unternehmen zu gewährleisten, verpflichten sich die Vertragsparteien, im Einklang mit den innerstaatlichen Rechtsvorschriften und Gepflogenheiten Maßnahmen zu ergreifen oder zu fördern, die den Arbeitnehmern oder ihren Vertretern die Möglichkeit geben:

a) regelmäßig oder zu gegebener Zeit umfassend über die wirtschaftliche und finanzielle Lage des sie beschäftigenden Unternehmens informiert zu werden, mit der Maßgabe, dass die Erteilung bestimmter Auskünfte, die für das Unternehmen nachteilig sein könnte, verweigert oder nur unter der Voraussetzung der Vertraulichkeit zugelassen werden kann, und

b) rechtzeitig zu beabsichtigten Entscheidungen gehört zu werden, welche die Interessen der Arbeitnehmer erheblich berühren könnten, insbesondere zu Entscheidungen, die wichtige Auswirkungen auf die Beschäftigungslage im Unternehmen haben könnten.

2. Die Vertragsparteien können vom Geltungsbereich des Absatzes 1 die Unternehmen ausnehmen, deren Beschäftigtenzahl eine durch innerstaatliche Rechtsvorschriften oder Gepflogenheiten festgelegte bestimmte Zahl nicht überschreitet.

Anhang

Artikel 2 und 3

1. Für die Zwecke der Anwendung dieser Artikel bezeichnet der Ausdruck „Arbeitnehmervertreter" Personen, die aufgrund der innerstaatlichen Rechtsvorschriften oder Gepflogenheiten als solche anerkannt sind.

2. Der Ausdruck „innerstaatliche Rechtsvorschriften und Gepflogenheiten" umfasst je nach Lage des Falles neben den Gesetzen und sonstigen Vorschriften auch Gesamtarbeitsverträge sowie andere Vereinbarungen zwischen Arbeitgebern und Arbeitnehmervertretern, übliche Bräuche und einschlägige Gerichtsentscheidungen.

3. Für die Zwecke der Anwendung dieser Artikel wird der Ausdruck „Unternehmen" so ausgelegt, dass er eine Gesamtheit von materiellen und immateriellen Bestandteilen mit oder ohne Rechtspersönlichkeit darstellt, die zur Herstellung von Waren oder Erbringung von Dienstleistungen gebildet wird, auf Gewinn gerichtet ist und mit Entscheidungsbefugnis hinsichtlich ihres Marktverhaltens ausgestattet ist.

4. Es besteht Einverständnis darüber, dass Religionsgemeinschaften und ihre Einrichtungen von der Anwendung dieser Artikel ausgenommen werden können, auch wenn diese Einrichtungen Unternehmen im Sinne des Absatzes 3 sind. Betriebe mit einer von der Rechtsordnung des betreffenden Staates geschützten geistig-ideellen Zielrichtung (Tendenzbetriebe), können von der Anwendung dieser Artikel in dem Umfang ausgenommen werden, wie dies zum Schutz der Tendenz des Unternehmens erforderlich ist.

5. Es besteht Einverständnis darüber, dass, wenn in einem Staat die in den Artikeln 2 und 3 niedergelegten Rechte in den verschiedenen Betriebsstätten eines Unternehmens ausgeübt werden, die Verpflichtungen aus diesen Bestimmungen als von der betreffenden Vertragspartei erfüllt anzusehen sind.

Nach Absatz a) müssen die Vertragsparteien Arbeitnehmern oder ihren Vertretern regelmäßig oder wenn erforderlich Informationen über die wirtschaftliche und finanzielle Lage des sie beschäftigenden Unternehmens geben.

Die in Absatz b) festgelegte zweite Verpflichtung verlangt, dass die Arbeitnehmer oder ihre Vertreter rechtzeitig vor beabsichtigten Entscheidungen gehört werden, welche ihre Interessen erheblich berühren können, insbesondere zu Entscheidungen, die wichtige Auswirkungen auf die Beschäftigungslage im betreffenden Unternehmen haben könnten.

Diese Rechte müssen wirksam gewährleistet werden. Insbesondere muss es Rechtsbehelfe für Arbeitnehmer geben, wenn die Rechte nicht geachtet werden. Es muss auch Sanktionen geben gegen Firmen, die ihre Verpflichtungen aus diesem Artikel nicht erfüllen.

Informationsblatt C – 22

Artikel 3 des Zusatzprotokolls von 1988 (Protokoll Nr. 1) – Das Recht auf Beteiligung an der Festlegung und Verbesserung der Arbeitsbedingungen und der Arbeitsumwelt

1. Um die wirksame Ausübung des Rechtes der Arbeitnehmer auf Beteiligung an der Festlegung und Verbesserung der Arbeitsbedingungen und der Arbeitsumwelt im Unternehmen zu gewährleisten, verpflichten sich die Vertragsparteien, im Einklang mit den innerstaatlichen Rechtsvorschriften und Gepflogenheiten Maßnahmen zu ergreifen oder zu fördern, die es den Arbeitnehmern oder ihren Vertretern ermöglichen, einen Beitrag zu leisten:

a) zur Festlegung und Verbesserung der Arbeitsbedingungen, der Arbeitsorganisation und der Arbeitsumwelt;

b) zum Schutz der Gesundheit und der Sicherheit im Unternehmen;

c) zur Schaffung sozialer und sozio-kultureller Dienste und Einrichtungen des Unternehmens;

d) zur Überwachung der Einhaltung der einschlägigen Vorschriften.

2. Die Vertragsparteien können vom Geltungsbereich des Absatzes 1 die Unternehmen ausnehmen, deren Beschäftigtenzahl eine durch innerstaatliche Rechtsvorschriften oder Gepflogenheiten festgelegte bestimmte Zahl nicht überschreitet.

Anhang

Artikel 2 und 3

1. Für die Zwecke der Anwendung dieser Artikel bezeichnet der Ausdruck „Arbeitnehmervertreter“ Personen, die aufgrund der innerstaatlichen Rechtsvorschriften oder Gepflogenheiten als solche anerkannt sind.

2. Der Ausdruck „innerstaatliche Rechtsvorschriften und Gepflogenheiten" umfasst je nach Lage des Falles neben den Gesetzen und sonstigen Vorschriften auch Gesamtarbeitsverträge sowie andere Vereinbarungen zwischen Arbeitgebern und Arbeitnehmervertretern, übliche Bräuche und einschlägige Gerichtsentscheidungen.

3. Für die Zwecke der Anwendung dieser Artikel wird der Ausdruck „Unternehmen" so ausgelegt, dass er eine Gesamtheit von materiellen und immateriellen Bestandteilen mit oder ohne Rechtspersönlichkeit darstellt, die zur Herstellung von Waren oder Erbringung von Dienstleistungen gebildet wird, auf Gewinn gerichtet ist und mit Entscheidungsbefugnis hinsichtlich ihres Marktverhaltens ausgestattet ist.

4. Es besteht Einverständnis darüber, dass Religionsgemeinschaften und ihre Einrichtungen von der Anwendung dieser Artikel ausgenommen werden können, auch wenn diese Einrichtungen Unternehmen im Sinne des Absatzes 3 sind. Betriebe mit einer von der Rechtsordnung des betreffenden Staates geschützten geistig-ideellen Zielrichtung (Tendenzbetriebe), können von der Anwendung dieser Artikel in dem Umfang ausgenommen werden, wie dies zum Schutz der Tendenz des Unternehmens erforderlich ist.

5. Es besteht Einverständnis darüber, dass, wenn in einem Staat die in den Artikeln 2 und 3 niedergelegten Rechte in den verschiedenen Betriebsstätten eines Unternehmens ausgeübt werden, die Verpflichtungen aus diesen Bestimmungen als von der betreffenden Vertragspartei erfüllt anzusehen sind.

Artikel 3

Diese Bestimmung lässt sowohl die Befugnisse und Verpflichtungen der Staaten hinsichtlich der Annahme von Vorschriften über den Arbeits- und Gesundheitsschutz am Arbeitsplatz als auch die Befugnisse und Zuständigkeiten der mit der Überwachung der Einhaltung dieser Vorschriften beauftragten Stellen unberührt.

Die Ausdrücke „soziale und sozio-kulturelle Dienste und Einrichtungen" beziehen sich auf Dienste und Einrichtungen sozialer und/oder kultureller Art, die bestimmte Unternehmen für die Arbeitnehmer bereitstellen, wie soziale Betreuung, Sportplätze, Stillräume, Büchereien, Kinderferienlager usw.

Nach Artikel 3 des Zusatzprotokolls müssen die Vertragsparteien das Recht der Arbeitnehmer auf Beteiligung im Unternehmen in den folgenden Bereichen organisieren:

- Festlegung und Verbesserung der Arbeitsbedingungen, der Arbeitsorganisation und der Arbeitsumwelt (Artikel 3 Abs. 1a);
- Schutz der Gesundheit und Sicherheit im Unternehmen (Artikel 3 Abs. 1b);
- Schaffung sozialer und sozio-kultureller Dienste und Einrichtungen im Unternehmen (Artikel 3 Abs. 1c);

- Überwachung der Einhaltung der einschlägigen Vorschriften (Artikel 3 Abs. 1d).

Diese Rechte müssen wirksam gewährleistet werden. Insbesondere müssen den Arbeitnehmern Rechtsbehelfe zur Verfügung stehen, wenn die Rechte nicht geachtet werden. Darüber hinaus muss es Sanktionen gegen Firmen geben, die ihre Verpflichtungen aus diesem Artikel nicht erfüllen.

Informationsblatt C – 23

Artikel 4 des Zusatzprotokolls von 1988 (Protokoll Nr. 1) – Das Recht älterer Menschen auf sozialen Schutz

Um die wirksame Ausübung des Rechtes älterer Menschen auf sozialen Schutz zu gewährleisten, verpflichten sich die Vertragsparteien, unmittelbar oder in Zusammenarbeit mit öffentlichen oder privaten Organisationen geeignete Maßnahmen zu ergreifen oder zu fördern, die insbesondere

1. älteren Menschen die Möglichkeit geben sollen, so lange wie möglich vollwertige Mitglieder der Gesellschaft zu bleiben, und zwar durch:

a) ausreichende Mittel, die es ihnen ermöglichen, ein menschenwürdiges Leben zu führen und aktiv am öffentlichen, sozialen und kulturellen Leben teilzunehmen;

b) die Bereitstellung von Informationen über Dienste und Einrichtungen für ältere Menschen und über ihre Möglichkeiten, diese in Anspruch zu nehmen;

2. älteren Menschen die Möglichkeit geben sollen, ihre Lebensweise frei zu wählen und in ihrer gewohnten Umgebung, solange sie dies wollen und können, ein eigenständiges Leben zu führen, und zwar durch

a) die Bereitstellung von auf ihre Bedürfnisse und ihren Gesundheitszustand zugeschnittenen Wohnraum oder von angemessenen Hilfen zur Anpassung des Wohnraums;

b) die gesundheitliche Betreuung und die Dienste, die aufgrund ihres Zustands erforderlich sind;

3. älteren Menschen, die in Anstalten leben, angemessene Unterstützung unter Achtung ihres Privatlebens sowie die Beteiligung an der Festlegung der Lebensbedingungen in der Anstalt gewährleisten.

Anhang

Artikel 4 Abs. 1
Für die Zwecke der Anwendung dieses Absatzes stellt der Ausdruck „so lange wie möglich“ auf die körperlichen, seelischen und geistigen Fähigkeiten des älteren Menschen ab.

Die Vertragsstaaten müssen gem. Artikel 4 in den verschiedenen von diesem Artikel erfassten Bereichen zusammenhängende Maßnahmen erarbeiten und umsetzen, um den sozialen Schutz älterer Menschen sicherzustellen. Diese Maßnahmen müssen:

- älteren Menschen ermöglichen, so lange wie möglich vollwertige Mitglieder der Gesellschaft zu bleiben (Artikel 4 Abs. 1);
- ihnen ermöglichen, ihre Lebensweise frei zu wählen und unabhängige Leben in ihrer gewohnten Umgebung zu führen, so lange sie dies wollen und dazu in der Lage sind (Artikel 4 Abs. 2);
- älteren Menschen in Anstalten angemessene Unterstützung unter Achtung ihres Privatlebens gewährleisten und sie an der Festlegung ihrer Lebensbedingungen in der Anstalt beteiligen (Artikel 4 Abs. 3).

Informationsblatt C – 24

Arbeitsaufsicht

Artikel 20 Abs. 5 der Europäischen Sozialcharta und Artikel A Abs. 4 der revidierten Europäischen Sozialcharta lauten:

> „Jede Vertragspartei hat ein den innerstaatlichen Verhältnissen entsprechendes System der Arbeitsaufsicht zu unterhalten."

Die Rechtsprechung zu einigen Bestimmungen der Charta verweist auf die Arbeitsaufsicht und wie sie an der Umsetzung dieser Bestimmungen beteiligt sein soll. Besonders deutlich ist dies in:

- Artikel 1 Abs. 2: Nichtdiskriminierung bei der Arbeit;
- Artikel 2 Abs. 1 und Artikel 4 Abs. 2: angemessene Arbeitszeiten und erhöhtes Entgelt für Überstunden (insbesondere betreffend die Überwachung der flexiblen Arbeitszeitmodelle;
- Artikel 3 Abs. 2: Kontrolle der Beachtung von Gesundheits- und Sicherheitsvorschriften;
- Artikel 7: Kontrolle der Beachtung des Verbots der Arbeit von Kindern unter fünfzehn Jahren und besondere Arbeitsbedingungen für Kinder zwischen fünfzehn und achtzehn Jahren;
- Artikel 8: Kündigungsverbot während des Mutterschaftsurlaubs und bestimmte Sonderbedingungen für die Arbeit von Frauen;
- Artikel 15: berufliche Eingliederung von Behinderten;
- Artikel 19: Gleichbehandlung von Wanderarbeitnehmern.

Die Arbeitsaufsicht sollte mit angemessenen Mitteln ausgestattet sein, um ihre Pflichten zu erfüllen:

- Das Recht, den Arbeitsplatz zu betreten;
- Das Recht, bei Verstößen gegen Vorschriften sofortige Abhilfemaßnahmen zu ergreifen (Artikel 3 der Charta);
- Die Ermächtigung zur Verhängung von Sanktionen.

Die Dienste sollten mit qualifiziertem Personal ausreichend ausgestattet sein, das regelmäßige Weiterbildungen erhält.

Die Zahl der inspizierten Unternehmen, der durch Besuche erfassten Arbeitnehmer und der registrierten Verstöße sind einige der Kriterien, die der Ausschuss anwendet, um die Wirksamkeit der Arbeitsaufsicht zu bewerten.

Informationsblatt C – 25

Artikel 31 – Beschränkungen der durch die Charta gewährleisteten Rechte

Artikel 31 der Charta und Artikel G der revidierten Sozialcharta lauten:

> „1. Die in Teil I niedergelegten Rechte und Grundsätze dürfen nach ihrer Verwirklichung, ebenso wie ihre in Teil II vorgesehene wirksame Ausübung anderen als den in diesen Teilen vorgesehenen Einschränkungen oder Begrenzungen nur unterliegen, wenn diese gesetzlich vorgeschrieben und in einer demokratischen Gesellschaft zum Schutze der Rechte und Freiheiten anderer oder zum Schutze der öffentlichen Sicherheit und Ordnung, der Sicherheit des Staates, der Volksgesundheit oder der Sittlichkeit notwendig sind.
>
> 2. Von den nach dieser Charta zulässigen Einschränkungen der darin niedergelegten Rechte und Verpflichtungen darf für keinen anderen als den vorgesehenen Zweck Gebrauch gemacht werden.“

Der Ausschuss hat unter dieser Bestimmung der Charta den Einschränkungen des Rechts auf Kollektivverhandlungen (Artikel 6 Abs. 2) und auf kollektive Maßnahmen (Artikel 6 Abs. 4) besondere Aufmerksamkeit gewidmet, vor allem hinsichtlich der Beschränkung des Streikrechts.[1]

Der Ausschuss verweist auch bei anderen Bestimmungen auf Artikel 31:

- Artikel 1 Abs. 2 (Verbot der Zwangsarbeit): Die Zwangsrekrutierung von Schiffsbesatzungen ist nur gerechtfertigt, wenn die Sicherheit des Schiffs oder derjenigen an Bord in Gefahr ist;
- Artikel 19 Abs. 6 (Familienzusammenführung): Gesundheitliche Gründe rechtfertigen nicht die Ablehnung einer Familienzusammenführung, sofern nicht ei-

---

[1] Siehe zum Beispiel: Die Nutzung von Streitschlichtern zur Beendigung kollektiver Maßnahmen ohne die Ermächtigung durch die Streitparteien kann nur gerechtfertigt werden, wenn die gegebene Situation vom Anwendungsbereich des Artikel 31 erfasst wird. Die Definition der Mindestdienste, die im Fall eines Streiks aufrecht erhalten werden sollen, müssen auf die durch diesen Artikel genannten Fälle beschränkt bleiben.

ne Krankheit eine Gefahr für die Volksgesundheit oder die öffentliche Sicherheit und Ordnung darstellt;

- Artikel 19 Abs. 8 (Gewährleistung gegen Ausweisung): Die Ausweisung von Wanderarbeitnehmern aus Gründen ihres schlechten Gesundheitszustands ist nicht gerechtfertigt, es sei denn, dass die betreffende Person eine Gefahr für die öffentliche Sicherheit und Ordnung darstellt, z.B. nach der Ablehnung einer Behandlung.

Informationsblatt C – 26

Artikel 33 – Die 80% - Regel

Gemäß Artikel 33 der Charta gelten die Verpflichtungen bestimmter Vorschriften der Charta für die Vertragsparteien als erfüllt, wenn diese auf „die überwiegende Mehrheit der Arbeitnehmer“ Anwendung finden. Nach dem Verständnis des Ausschusses bedeutet dies mindestens 80% der betreffenden Arbeitnehmer.

Nach dieser Regel können die betreffenden Bestimmungen entweder durch gesetzliche Vorschriften, Gesamtarbeitsverträge oder andere Mittel umgesetzt werden.

Die Bestimmungen, auf die sich diese Regel bezieht, sind:

- Artikel 2 Abs. 1
- Artikel 2 Abs. 2
- Artikel 2 Abs. 3
- Artikel 2 Abs. 4
- Artikel 2 Abs. 5
- Artikel 7 Abs. 4
- Artikel 7 Abs. 6
- Artikel 7 Abs. 7
- Artikel 7 Abs. 8 (wegen des Anhangs zur Charta)
- Artikel 10 Abs. 1
- Artikel 10 Abs. 2
- Artikel 10 Abs. 3
- Artikel 10 Abs. 4
- Artikel 2 des Protokolls Nr. 1
- Artikel 3 des Protokolls Nr. 1

Die Vertragsparteien müssen dem Ausschuss alle Informationen geben, die er benötigt, um die Beachtung der 80%-Regel nachzuprüfen.

Jede gesetzliche Vorschrift, die grundsätzlich mit einer Bestimmung der Charta unvereinbar ist und potentiell auf alle Arbeitnehmer Anwendung findet, ist auch dann mit der Charta unvereinbar, wenn in der Praxis weniger als 20% der Arbeitnehmer betroffen sind. Ein Beispiel sind bestimmte Gesetze über Arbeitszeiten (Artikel 2 Abs. 1).

Wenn die durch die oben genannten Bestimmungen gewährleisteten Rechte durch Gesamtarbeitsverträge umgesetzt werden, müssen die Parteien darauf hinweisen, welche Kategorien von Arbeitnehmern erfasst sind und welche nicht, damit der Ausschuss die Beachtung der 80%-Regel nachprüfen kann.

Teil D

Quiz – Fünfzig Fragen zur Sozialcharta

Fragen

1. Ist die Ratifikation der Charta Pflicht für die Mitgliedstaaten des Europarats? Oder für neue Mitgliedstaaten?
2. Was sind die Kernbestimmungen:
   - der Charta?
   - der revidierten Charta?
3. Was ist die Mindestzahl von Bestimmungen, die Staaten annehmen müssen:
   - in der Charta (...Artikel oder ...Absätze)?
   - in der revidierten Charta (...Artikel oder ...Absätze)?
4. Wie viele Staaten haben alle Bestimmungen der Charta angenommen? Welche Staaten?
5. Wie oft legen Regierungen Berichte vor?
6. Wie viele Mitglieder hat der Europäische Sozialrechtsausschuss?
7. Wie ist der Regierungsausschuss zusammengesetzt?
8. Wie sind die Sozialpartner (Arbeitgeberorganisationen und Gewerkschaften) an dem Überwachungssystem beteiligt?
9. Welche Dokumente des Überwachungssystems sind öffentlich und wann werden sie es?
10. Was ist eine Warnung?
    - Wer spricht sie aus?
    - Unter welchen Umständen?
    - Was ist ihre rechtliche Qualität?
11. Was ist eine Empfehlung?
    - Wer nimmt sie an?
    - Seit wann?
    - Welche Mehrheit ist erforderlich?
12. Wie viele Empfehlungen hat das Ministerkomitee angenommen?
13. Welches ist die Rolle der Beratenden Versammlung im Überwachungsverfahren?
14. Welche Formen der Diskriminierung sind durch die Charta verboten?

15. In welchen Fällen bezieht sich die Rechtsprechung zur Charta auf den Begriff der indirekten Diskriminierung?
16. Welche Rechte werden sowohl von der Charta als auch der Europäischen Menschenrechtskonvention anerkannt?
17. Welche durch den Internationalen Pakt der Vereinten Nationen über Wirtschaftliche, Soziale und Kulturelle Rechte gewährleisteten Rechte werden durch die Charta oder die revidierte Charta nicht anerkannt?
18. Welches sind die von der Charta anerkannten kulturellen Rechte?
19. Welche Rechte sind im Zusatzprotokoll von 1988 enthalten?
20. Welches sind die geänderten Bestimmungen in der revidierten Charta?
21. Welche neuen Rechte gibt es in der revidierten Charta?
22. Wer kann Kollektivbeschwerden erheben?
23. Was ist die Rolle des Regierungsausschusses im Kollektivbeschwerdeverfahren?
24. Was ist die Rolle des Ministerkomitees im Kollektivbeschwerdeverfahren?
25. Was sind die Zulässigkeitsvoraussetzungen für Kollektivbeschwerden?
26. Welche Rechte müssen nach Auffassung des Europäischen Sozialrechtsausschusses gesetzlich verankert sein, um wirksam zu sein?
27. Welche Bestimmungen der Charta gelten als erfüllt, wenn die sie umsetzenden Regeln auf mindestens 80% der Bevölkerung Anwendung finden?
28. Welche Personen werden durch die Charta geschützt (persönlicher Anwendungsbereich)?
29. In welchem Umfang haben Ausländer Anspruch auf Fürsorge?
30. Welche Bestimmungen der Charta beinhalten ein Recht zur Beschwerde zu innerstaatlichen Gerichten?
31. Wie überwacht der Europäische Sozialrechtsausschuss Artikel 1 Abs. 1 der Charta: „Das Recht auf Arbeit - Vollbeschäftigung"?
32. Wie viele Feiertage verlangt die Charta?
33. Unter welchen Voraussetzungen erfüllt ein Staat Artikel 4 Abs. 3, der gleiches Entgelt für gleichwertige Arbeit vorschreibt?
34. Was bedeutet gleichwertige Arbeit in Artikel 4 Abs. 3?
35. Was ist nach der Charta die „Angemessenheitsschwelle" für Arbeitsentgelt?
36. Wie werden Ausgrenzungsregeln („closed shop") und -gepflogenheiten für den Zweck der Charta bewertet?

37. Unter welchen Umständen kann die Streitschlichtung genutzt werden, um einen Streik oder eine andere Form des Arbeitskampfs zu beenden?

38. Was ist die Mindestdauer des vorgeschriebenen Mutterschaftsurlaubs?

39. In welchem Sinn kann man das Konzept der Fürsorge unter der Charta als modern bezeichnen?

40. Verlangt die Charta ein Mindesteinkommen für bedürftige Menschen?

41. Verlangt die Charta eine Arbeitsplatzquote für Behinderte?

42. Welches sind die Chartabestimmungen in Bezug auf Verwandtschaft durch Abstammung?

43. Welches sind nach der Charta die Voraussetzungen hinsichtlich Bildung? Was gilt nach der revidierten Charta?

44. Welches sind nach der Charta die Voraussetzungen in Bezug auf ausländische Staatsangehörige mit gewöhnlichem Aufenthalt in dem Hoheitsgebiet einer Vertragspartei (Aufenthalts- und Arbeitserlaubnis etc.)?

45. Welche der von der Charta gewährleisteten Rechte gelten für Wanderarbeitnehmer?

46. Wer hat unter der Charta Anspruch auf Familienzusammenführung? Unter der revidierten Charta?

47. Unter welchen Umständen kann ein ausländischer Staatsbürger aus einem Staat ausgewiesen werden?

48. Welche Beschränkungen des Streikrechts lässt Artikel 6 Abs. 4 zu?

49. Erlaubt die Charta Nachtarbeit? Für wen? Unter welchen Bedingungen? Und die revidierte Charta?

50. Wie ist der Stand der Verpflichtungen, die Staaten am Ende des Überwachungszyklus XIV-2 angenommen haben?

Antworten

1. Ist die Ratifikation der Charta Pflicht für die Mitgliedstaaten des Europarats? Oder für neue Mitgliedstaaten?

Die Ratifikation der Charta ist weder für alte noch für neue Mitgliedstaaten Pflicht. Seit 1974 gibt es jedoch eine solche Pflicht hinsichtlich der Europäischen Menschenrechtskonvention (EMRK): Die Vertragsstaaten müssen die EMRK am Tag ihres Beitritts zum Europarat unterzeichnen und ein Jahr später ratifizieren.

Obwohl die Ratifikation der Charta nicht Pflicht ist, hat ihre Zielsetzung dennoch starken politischen Rückhalt, der bei einer Reihe von Gelegenheiten bestärkt wurde. Im Mai 1997 zum Beispiel startete die Beratende Versammlung eine Aktion zur Erlangung der maximalen Zahl von Ratifikationen der Charta von 1961 oder der revidierten Charta. Das zweite Gipfeltreffen der Staats- und Regierungschefs am 10. und 11. Oktober 1997 in Straßburg rief zur „weitest möglichen Beachtung“ der Sozialcharta auf.

Bewerber für Mitgliedschaft im Europarat müssen sich verpflichten, die Charta im Hinblick auf ihre Ratifikation zu untersuchen und in der Zwischenzeit eine Politik verfolgen, die ihren Grundsätzen entspricht (Stellungnahme der Beratenden Versammlung betreffend Beitrittsbewerbungen von neuen Staaten). Die Verpflichtung zur Ratifikation wurde von einer Reihe von Staaten angenommen, z.B. Andorra und vor kurzer Zeit Georgien. Georgien hat sich verpflichtet, die Charta binnen 3 Jahren nach seinem Beitritt zu ratifizieren (siehe Informationsblatt B – 1).

2. Was sind die Kernbestimmungen:

- der Charta?
- der revidierten Charta?

Kernbestimmungen der Sozialcharta

Sieben Artikel aus Teil II (siehe Artikel 20 Abs. 1b, von denen die Vertragsparteien mindestens fünf annehmen müssen, bilden den Kern der Charta:

- Artikel 1 (Recht auf Arbeit),
- Artikel 5 (Vereinigungsfreiheit),
- Artikel 6 (Recht auf Kollektiverhandlungen),
- Artikel 12 (Recht auf soziale Sicherheit),
- Artikel 13 (Recht auf Fürsorge),
- Artikel 16 (Recht der Familie auf sozialen, rechtlichen und wirtschaftlichen Schutz),
- Artikel 19 (Recht der Wanderarbeitnehmer und ihrer Familie auf Schutz und Beistand).

Kernbestimmungen der revidierten Charta

Neun Artikel aus Teil II (siehe Artikel A Abs. 1b in Teil III), von denen die Vertragsparteien mindestens sechs annehmen müssen, bilden den Kern:

- Die oben genannten sieben Artikel der Charta, plus
- Artikel 7 (Recht der Kinder und Jugendlichen auf Schutz)
- Artikel 20 (Recht auf Chancengleichheit und Gleichbehandlung in Beschäftigung und Beruf ohne Diskriminierung auf Grund des Geschlechts).

3. Was ist die Mindestzahl von Bestimmungen, die Staaten annehmen müssen:

- in der Charta (...Artikel oder ...Absätze)?
- in der revidierten Charta (...Artikel oder ...Absätze)?

Sozialcharta:

Nach Artikel 20 Abs. 1 der Charta müssen die Vertragsstaaten mindestens fünf der sieben Kernartikel und mindestens zehn Artikel oder fünfundvierzig Absätze aus Teil II annehmen.

Revidierte Sozialcharta:

Nach Artikel A Abs. 1 der revidierten Charta müssen die Vertragsstaaten mindestens sechs der neun Kernartikel und mindestens sechzehn Artikel oder dreiundsechzig Absätze aus Teil II annehmen.

4. Wie viele Staaten haben alle Bestimmungen der Charta angenommen? Welche Staaten?

Fünf Staaten haben alle Bestimmungen der Charta angenommen: Belgien, Frankreich, Italien, Niederlande und Portugal.

Spanien gehörte bis zum 5. Juni 1991 dazu, als es Artikel 8 Abs. 4b ablehnte (Verbot von Frauenarbeit in bestimmten Tätigkeiten).

Bislang hat ein Staat – Frankreich – alle Bestimmungen der revidierten Charta angenommen.

5. Wie oft legen Regierungen Berichte vor?

Nach dem im Juni 1997 eingeführten System zur Vorlage von Berichten legen alle Staaten Berichte zu denselben Artikeln für denselben Referenzzeitraum vor. Die Berichte werden für die Kernbestimmungen alle zwei Jahre und für die anderen Bestimmungen alle vier Jahre vorgelegt.

6. Wie viele Mitglieder hat der Europäische Sozialrechtsausschuss?

Der Europäische Sozialrechtsausschuss besteht aus neun Mitgliedern (gem. Artikel 25 der Charta und der Entscheidung des Ministerkomitees vom März 1994), die vom Ministerkomitee für sechs Jahre gewählt werden, wobei einmalige Wiederwahl möglich ist.

7. Wie ist das Ministerkomitee zusammengesetzt?

Der Regierungsausschuss besteht aus einem Vertreter aus jedem Staat, der die Charta oder die revidierte Charta ratifiziert hat.

Das Ministerkomitee entschied 1992, Beobachter aus den mittel- und osteuropäischen Mitgliedstaaten, welche die Charta unterzeichnet haben, einzuladen, an den Sitzungen des Regierungsausschusses teilzunehmen, um sich auf die Ratifikation vorzubereiten. Im Dezember 1998 weitete das Ministerkomitee diese Einladung auf alle Unterzeichnerstaaten aus.

8. Wie sind die Sozialpartner (Arbeitgeberorganisationen und Gewerkschaften) an dem Überwachungssystem beteiligt?

Gem. Artikel 23 der Charta muss jeder Vertragsstaat eine Kopie der Berichte über angenommene (Artikel 21) und nicht angenommene (Artikel 22) Bestimmungen an innerstaatliche Organisationen schicken, die Mitglieder derjenigen internationalen Vereinigungen sind, die an den Sitzungen des Regierungsausschusses teilnehmen. Diese Vereinigungen können dann ihre Anmerkungen zu den Staatenberichten vorlegen.

Außerdem ermächtigt Artikel 27 der Charta den Regierungsausschuss, zwei internationale Arbeitgeber- und Gewerkschaftsorganisationen einzuladen, in beratender Funktion an seinen Sitzungen teilzunehmen. Bislang wurden die Vereinigung der Industrie- und Arbeitgeberkonföderationen Europas (UNICE), die Internationale Arbeitgeberorganisation (IOE); die Europäische Gewerkschaftskonföderation (ETUC) – welche die Internationale Konföderation der Freien Gewerkschaften übernommen hat – und die Weltarbeitskonföderation (WCL) eingeladen, an den Sitzungen des Regierungsausschusses teilzunehmen.

9. Welche Dokumente des Überwachungssystems sind öffentlich und wann werden sie es?

Die folgenden Dokumente sind öffentlich zugänglich: Staatenberichte, sobald sie dem Europarat vorgelegt worden sind, sowie die Schlussfolgerungen des Europäischen Sozialrechtsausschusses, Berichte des Regierungsausschusses und Resolutionen und Empfehlungen des Ministerkomitees, sobald sie angenommen worden sind.

10. Was ist eine Warnung?

- Wer spricht sie aus?
- Unter welchen Umständen?
- Was ist ihre rechtliche Qualität?

Nach einer negativen Schlussfolgerung des Europäischen Sozialrechtsausschusses, oder wenn wiederholt Informationen nicht geliefert werden, kann der Regierungsausschuss Warnungen an Staaten richten, die eine Bestimmung der Charta nicht erfüllen.

Informationsblatt A – 8 über die Arbeitsmethoden des Regierungsausschusses beschreibt die Fälle, in denen er eine Warnung an einen Mitgliedstaat erwägen kann (siehe insbesondere den Abschnitt über die Prüfung negativer Schlussfolgerungen):

„Wenn es keine Mehrheit für eine Empfehlung gibt, stimmt [der Regierungsausschuss] auch darüber ab, ob eine Warnung an den betreffenden Staat gerichtet werden soll (Zweidrittelmehrheit der abgegebenen Stimmen). Wenn eine Warnung auf eine negative Schlussfolgerung hin folgt, dient sie als Hinweis an den Staat, dass, sofern er keine Maßnahmen trifft, um seine Verpflichtungen aus der Charta zu erfüllen, im nächsten Überwachungszyklus, in dem diese Bestimmung untersucht wird, eine Empfehlung vorgeschlagen werden wird;

soweit die Untersuchung eine Vertragspartei betrifft, die ihren ersten Bericht vorlegt, Gegenstand der ersten Reihe von Schlussfolgerungen des Europäischen Sozialrechtsausschusses, gibt der Ausschuss im Falle einer negativen Schlussfolgerung anstelle einer Empfehlung eine Warnung ab. Der Ausschuss hält dieses Vorgehen für erforderlich, um den betreffenden Staaten Zeit zu geben, die Ergebnisse des Sozialrechtsausschusses zu erwägen und darauf zu reagieren."

Warnungen haben keine Rechtswirkungen. Sie sind eher politischer Natur, Alarmsignale, die Regierungen warnen sollen, dass im nächsten Überwachungszyklus eine Empfehlung erwogen werden wird, wenn sie keine Maßnahmen treffen.

11. Was ist eine Empfehlung?

- Wer nimmt sie an?
- Seit wann?
- Welche Mehrheit ist erforderlich?

Das Ministerkomitee ist zur Annahme von Empfehlungen ermächtigt.

Es hat dieses Recht, eine der Hauptentwicklungen aus dem Turiner Protokoll, seit dem ersten Teil des zwölften Überwachungszyklus (1993), der den Referenzzeitraum 1988-1989 abdeckt.

Die Entscheidungen des Ministerkomitees werden vom Regierungsausschuss vorbereitet, der aus den vom Europäischen Sozialrechtsausschuss benannten Verletzungen der Charta unter Berücksichtigung von sozialpolitischen und politischen Erwägungen diejenigen auswählt, die Gegenstand von Empfehlungen an die betreffenden Regierungen sein sollen.

Zwei Entscheidungen des Ministerkomitees haben die Regeln für die Annahme von Empfehlungen unter der Charta festgelegt:

- Die erste, vom April 1994, beschränkt das Stimmrecht auf die Mitgliedstaaten, welche die Charta ratifiziert haben, wenn das Ministerkomitee in seiner Funktion als eines der Überwachungsorgane der Charta handelt;

- Nach der zweiten, vom Juni 1995, sind zur Annahme einer Empfehlung zwei Drittel der abgegebenen Stimmen und eine Mehrheit aller Vertragsparteien der Charta erforderlich.

12. Wie viele Empfehlungen hat das Ministerkomitee angenommen?

Bislang wurden neunundzwanzig Empfehlungen an vierzehn Staaten gerichtet. Weitere Einzelheiten stehen in Informationsblatt A – 10.

13. Welches ist die Rolle der Beratenden Versammlung im Überwachungsverfahren?

Gemäß Artikel 28 der Charta werden die Schlussfolgerungen des Europäischen Sozialrechtsausschusses an die Beratende Versammlung weitergeleitet, damit sie Stellung nimmt. Nach einem Briefwechsel vom Juni 1992 zwischen dem Präsidenten der Beratenden Versammlung und dem Vorsitz des Ministerkomitees hat sich die Beratende Versammlung in der Praxis aus dem Überwachungssystem der Charta zurückgezogen. Sie verzichtet auf die Abgabe von Stellungnahmen zu den Schlussfolgerungen, nimmt diese aber als Grundlage für regelmäßige Debatten über Sozialpolitik.

14. Welche Formen der Diskriminierung sind durch die Charta verboten?

Die Präambel der Sozialcharta bestimmt, dass „die Ausübung sozialer Rechte sichergestellt sein muss, und zwar ohne Diskriminierung aus Gründen der Rasse, der Hautfarbe, des Geschlechts, der Religion, der politischen Meinung, der nationalen Abstammung oder der sozialen Herkunft". Jede Form der direkten oder indirekten Diskriminierung (siehe auch Frage 15) aus einem oder mehreren dieser Gründe ist daher verboten, und zwar unabhängig davon, welcher Artikel der Charta betroffen ist. Die revidierte Charta von 1996 erweitert den Anwendungsbereich dieses Grundsatzes, indem sie eine allgemeine Nichtdiskriminierungsklausel einführt (Teil V, Artikel E), die in Anlehnung an Artikel 14 der EMRK jegliche Diskriminierung aus in einer nicht abschließenden Liste aufgeführten Gründen verbietet.

15. In welchen Fällen bezieht sich die Rechtsprechung zur Charta auf den Begriff der indirekten Diskriminierung?

Der Europäische Sozialrechtsausschuss hält indirekte Diskriminierung für gegeben, wenn eine Vorschrift in der selben Weise auf verschiedene Gruppen von Einzelpersonen angewendet wird – und insofern neutral erscheint –, aber in der Praxis eine Gruppe mehr als die andere betrifft.

Ein Beispiel ist die Voraussetzung des gewöhnlichen Aufenthalts für die Inanspruchnahme bestimmter Rechte oder Leistungen, die zwar gleichermaßen für Staatsangehörige und Ausländer gelten, aber für letztere schwieriger zu erfüllen sind (siehe z.B. die Stellungnahme des Ausschusses zu Sozialleistungen (Artikel 12 Abs. 4), Familienleistungen (Artikel 16), allgemeinem Zugang zu beruflicher Ausbildung (Artikel 10) und Zugang von Behinderten zu beruflicher Ausbildung (Artikel 15)).

Der Ausschuss hat außerdem entschieden, dass bestimmte Kriterien für die Festlegung von Gehältern, die für Männer und Frauen gelten und daher aus geschlechtsspezifischer Sicht neutral erscheinen, eine indirekte Diskriminierung im Sinne des Artikel 4 Abs. 3 (gleiche Bezahlung für Männer und Frauen) sein können.

16. Welche Rechte werden sowohl von der Charta als auch der Europäischen Menschenrechtskonvention anerkannt?

Die folgenden Rechte werden sowohl von der Europäischen Menschenrechtskonvention als auch der Europäischen Sozialcharta gewährleistet:

- Verbot der Zwangsarbeit (Artikel 4 EMRK und Artikel 1 Abs. 2 der Europäischen Sozialcharta);
- Recht auf Familienleben (Artikel 8 der EMRK und Artikel 16, 17 und 19 Abs. 6 der Charta;
- Vereinigungsfreiheit (Artikel 11 der EMRK und Artikel 5 der Charta).

Beide Verträge beinhalten außerdem Bestimmungen über die Nichtdiskriminierung (Artikel 14 der EMRK, Präambel der Charta, Artikel E Teil V der revidierten Charta).

Darüber hinaus beinhalten Artikel 6 (Zugang zu Gerichten) und 13 (Recht auf wirksame Beschwerde) der EMRK Bestimmungen, auf die der Europäische Sozialrechtsausschuss bei der Interpretation bestimmter Vorschriften der Charta in großem Umfang zurückgegriffen hat (vor allem in Bezug auf das Recht, den Rechtsweg zu verfolgen, siehe die Rechsprechung des Ausschusses zu Art. 1 Abs. 2 (Nichtdiskriminierung bei der Arbeit), Artikel 4 Abs. 3 (gleiche Bezahlung), Artikel 13 Abs. 1 (Rechte fürsorgebedürftiger Personen), Artikel 1 des Zusatzprotokolls (Chancengleichheit und Gleichbehandlung in Arbeits- und Beschäftigungsangelegenheiten) und Artikel 19 Abs. 8 (Sicherheit vor Ausweisung)). Siehe auch die Antwort auf Frage 30.

17. Welche durch den Internationalen Pakt der Vereinten Nationen über Wirtschaftliche, Soziale und Kulturelle Rechte gewährleisteten Rechte werden durch die Charta oder die revidierte Charta nicht anerkannt?

Siehe zum Beispiel:

- Artikel 11 Abs. 2 des Pakts (Recht auf Schutz vor Hunger), der im Einzelnen die Maßnahmen festlegt, welche die Vertragsparteien treffen müssen, um dieses Recht zu schützen (Unterabsätze a und b), wogegen es in der Charta dieses Recht als solches nicht gibt. Die Charta beinhaltet jedoch einige Schlüsselbestimmungen hinsichtlich der Bekämpfung von Hunger: Gem. Artikel 13 (Recht auf Fürsorge) müssen die Vertragsparteien alle mögliche Schritte einleiten, um Bedürftigkeit abzuschaffen oder zu vermindern. Dieser Artikel wird durch Artikel 30 der revidierten Charta ergänzt (Recht auf Schutz vor Armut und sozialer Ausgrenzung), nach dem sich die Vertragsparteien verpflichten, „im Rahmen eines umfassenden und koordinierten Ansatzes Maßnahmen zu ergreifen, um für Personen, die in sozialer Ausgrenzung oder Armut leben oder Gefahr laufen, in eine solche Lage zu geraten, sowie für deren Familien den tatsächlichen Zugang...zu fördern";
- Artikel 15 (Teilnahme am kulturellen Leben und der Verbreitung von Wissenschaft und Kultur);
- Artikel 1 (Recht auf Selbstbestimmung);
- Artikel 5 (Verbot des Rechtsmissbrauchs) und Artikel 10 (Eheschließung aus freiem Einverständnis).

18. Welches sind die von der Charta anerkannten kulturellen Rechte?

Die Sozialcharta deckt diese Gruppe von Rechten nur in beschränkter und manchmal indirekter Weise ab. Zum Beispiel erfasst Artikel 10 das Recht auf berufliche Ausbildung, was ein Recht auf Erstausbildung und damit Erziehung beinhaltet.

Darüber hinaus betreffen eine Reihe von Rechten der Charta die volle Teilnahme am sozialen – und damit kulturellen – Leben, beispielsweise Artikel 4 des Zusatzprotokolls Nr. 1, der geeignete Maßnahmen verlangt, die „älteren Menschen die Möglichkeit geben sollen, so lange wie möglich vollwertige Mitglieder der Gesellschaft zu bleiben", zum Beispiel ihnen angemessene Mittel zu gewähren, um eine aktive Rolle im öffentlichen, sozialen und kulturellen Leben zu spielen.

Ein weiteres Beispiel ist Artikel 15 Abs. 3 der revidierten Charta, der die vollständige Integration und Teilhabe von Behinderten am Leben der Gemeinschaft durch Zugang zu kulturellen und Freizeitaktivitäten betrifft.

Nach Artikel 17 der revidierten Charta müssen kostenlose Grundschul- und weiterführende Schulausbildung gewährt werden.

Artikel 19 Abs. 11 und 12 der revidierten Charta enthalten Bestimmungen über Sprachunterricht für Wanderarbeitnehmer und ihre Familien (Sprache des Gastlands und ihre Muttersprache).

Schließlich verweist Artikel 30 der revidierten Charta auf Kultur im Zusammenhang mit Schutz vor Armut und sozialer Ausgrenzung.

19. Welche Rechte sind im Zusatzprotokoll von 1988 enthalten?

Das Zusatzprotokoll fügt in vier Artikeln eine Reihe von Rechten hinzu:

- Artikel 1: Recht auf Chancengleichheit und Gleichbehandlung in Beschäftigung und Beruf ohne Diskriminierung auf Grund des Geschlechts;
- Artikel 2: Recht der Arbeitnehmer auf Unterrichtung und Anhörung;
- Artikel 3: Recht der Arbeitnehmer, an der Festlegung und Verbesserung der Arbeitsbedingungen und Arbeitsumwelt beteiligt zu werden;
- Artikel 4: Recht älterer Menschen auf sozialen Schutz.

20. Welches sind die geänderten Bestimmungen in der revidierten Charta?

Die Änderungen in der revidierten Charta betreffen die folgenden Artikel:

- Artikel 2 (Recht auf gerechte Arbeitsbedingungen);
- Artikel 3 (Recht auf sichere und gesunde Arbeitsbedingungen);
- Artikel 7 (Recht der Kinder und Jugendlicher auf Schutz);
- Artikel 8 (Recht angestellter Frauen auf Mutterschaftsschutz);
- Artikel 10 (Recht auf berufliche Ausbildung);
- Artikel 12 (Recht auf soziale Sicherheit);
- Artikel 15 (Recht Behinderter auf Unabhängigkeit, soziale Eingliederung und Teilnahme am Leben der Gemeinschaft);
- Artikel 17 (Recht der Kinder und jungen Menschen auf sozialen, rechtlichen und wirtschaftlichen Schutz);
- Artikel 19 (Recht der Wanderarbeitnehmer und ihrer Familien auf Schutz und Beistand).

Zu näheren Einzelheiten siehe Informationsblatt A – 4.

21. Welche neuen Rechte gibt es in der revidierten Charta?

Die revidierte Charta beinhaltet die folgenden neuen Rechte:

- Recht auf Schutz bei Kündigung (Artikel 24);
- Recht der Arbeitnehmer auf Schutz ihrer Ansprüche im Falle der Insolvenz des Arbeitgebers (Artikel 25);
- Recht auf Würde am Arbeitsplatz (Artikel 26);
- Recht der Arbeitnehmer mit Familienpflichten auf Chancengleichheit und Gleichbehandlung (Artikel 27);
- Recht der Arbeitnehmervertreter auf Schutz im Betrieb und auf ihnen zu gewährende Erleichterungen (Artikel 28);
- Recht auf Unterrichtung und Anhörung bei Massenentlassungen (Artikel 29);
- Recht auf Schutz vor Armut und sozialer Ausgrenzung (Artikel 30);
- Recht auf Wohnung (Artikel 31).

Zu näheren Einzelheiten siehe Informationsblatt A – 4.

22. Wer kann Kollektivbeschwerden erheben?

Kollektivbeschwerden können erhoben werden von:

- internationalen Arbeitgebervereinigungen und Gewerkschaften, die gem. Artikel 27 Abs. 2 der Charta an den Aktivitäten des Regierungsausschusses teilnehmen, d.h. UNICE, IOE und ETUC;
- anderen internationale Nichtregierungsorganisationen mit Beobachterstatus beim Europarat, die auf einer besonderen, zu diesem Zweck vom Regierungsausschuss aufgestellten Liste registriert sind (zu näheren Einzelheiten siehe Informationsblatt A – 13);
- den nationalen Arbeitgeberorganisationen und Gewerkschaften des betreffenden Staats;
- außerdem kann jeder Staat nationale Nichtregierungsorganisationen mit Kompetenz in diesem Bereich durch schriftliche Erklärung beim Generalsekretär des Europarats ermächtigen, Beschwerden gegen ihn zu erheben.

23. Was ist die Rolle des Regierungsausschusses im Kollektivbeschwerdeverfahren?

Der Regierungsausschuss wird angehört, wenn die folgenden Voraussetzungen erfüllt sind (Artikel 9 Abs. 3 des Protokolls Nr. 3):

- wenn eine Vertragspartei es verlangt;

- wenn der Bericht des Europäischen Sozialrechtsausschusses neue Fragen aufwirft;
- wenn das Ministerkomitee mit Zweidrittelmehrheit der Vertragsparteien so entscheidet.

24. Was ist die Rolle des Ministerkomitees im Kollektivbeschwerdeverfahren?

Das Ministerkomitee wird am Ende des Kollektivbeschwerdeverfahrens beteiligt, indem es entweder eine Empfehlung oder eine Resolution annimmt:

- Wenn der Europäische Sozialrechtsausschuss in seiner Schlussfolgerung eine Verletzung der Charta feststellt, nimmt das Ministerkomitee eine Empfehlung an. Diese Entscheidung wird mit Zweidrittelmehrheit der Abstimmenden getroffen, wobei nur Vertragsparteien der Charta abstimmen;
- Wenn der Europäische Sozialrechtsausschuss in seiner Schlussfolgerung keine Verletzung der Charta feststellt, nimmt das Ministerkomitee eine Resolution durch Mehrheit der Abstimmenden an. Diese Resolution beendet das Verfahren.

25. Was sind die Zulässigkeitsvoraussetzungen für Kollektivbeschwerden?

Artikel 4 des Protokolls Nr. 3 bestimmt drei Hauptzulässigkeitsvoraussetzungen:

- Die Beschwerde muss schriftlich erhoben sein;
- Sie muss sich auf eine Bestimmung der Charta beziehen, die von der betreffenden Vertragspartei angenommen worden ist;
- Sie muss anzeigen, in welcher Weise die Bestimmung nicht befriedigend angewendet worden ist.

Darüber hinaus bestimmt Absatz 31 des erläuternden Berichts, dass der Europäische Sozialrechtsausschuss die folgenden Gesichtspunkte berücksichtigen soll:

- Eine Beschwerde kann für zulässig erklärt werden, auch wenn ein ähnlicher Fall bereits einem anderen nationalen oder internationalen Spruchkörper vorliegt;
- Die Tatsache, dass die Begründetheit einer Beschwerde als Teil des „normalen" Staatenberichtsverfahrens untersucht wurde, ist an sich kein Hindernis für die Zulässigkeit der Beschwerde;
- Beschwerden dürfen sich nicht auf individuelle Situationen beziehen.

Die Geschäftsordnung des Europäischen Sozialrechtsausschusses enthält weitere relevante Bestimmungen (siehe Artikel 19 - 21):

- Beschwerden müssen von einer zur Vertretung der sich beschwerenden Organisation ermächtigten Person unterzeichnet sein;
- Beschwerden der europäischen Gewerkschaften, Arbeitgeberorganisationen oder NGOs müssen in einer der Amtssprachen des Europarats (Englisch oder Französisch) eingereicht werden; Beschwerden von nationalen Organisationen können in anderen Sprachen eingereicht werden (siehe auch die erste Zulässigkeitsentscheidung: Beschwerde 1/1998, Entscheidung vom 10. März 1999, und die erste Unzulässigkeitsentscheidung: Beschwerde 3/1999, Entscheidung vom 3. Oktober 1999).

26. Welche Rechte müssen nach Auffassung des Europäischen Sozialrechtsausschusses gesetzlich verankert sein, um wirksam zu sein?

Der Ausschuss verlangt die gesetzliche Umsetzung der folgenden Rechte:

- Artikel 1 Abs. 2: die Staaten müssen Gesetze zum Verbot der Diskriminierung zwischen Männern und Frauen in der Beschäftigung erlassen;
- Artikel 3: die Regierungen müssen Gesundheits- und Sicherheitsvorschriften sowie Maßnahmen zur Überwachung ihrer Anwendung erlassen;
- Artikel 4 Abs. 3: die Staaten müssen die gleiche Bezahlung von Männern und Frauen nicht nur für gleiche, sondern auch für gleichwertige Arbeit zur gesetzlichen Pflicht machen;
- Artikel 7 Abs. 1: Staaten müssen Gesetze zum Verbot der Arbeit von Kindern unter 15 Jahren erlassen, mit Ausnahme bestimmter Aufgaben, die als „leichte Arbeit" gelten;
- Artikel 8 Abs. 1: Weibliche Arbeitnehmerinnen müssen ein gesetzliches Recht auf bezahlten Mutterschaftsurlaub haben. Außerdem muss gem. Artikel 8 Abs. 4 ein gesetzliches Verbot bestehen für die Untertagearbeit von Frauen in Bergwerken und für andere Arbeiten, die als gefährlich, gesundheitsschädlich oder beschwerlich angesehen werden;
- Artikel 13: Jedem Bedürftigen muss ein Anspruch auf öffentliche Fürsorge gewährt werden, mit einem Recht auf Beschwerde zu einem unabhängigen Gremium;
- Artikel 19 Abs. 8: Die innerstaatliche Gesetzgebung muss eine bestimmte Anzahl von Sicherheiten gegen Ausweisung vorsehen, insbesondere das Recht auf wirksame Beschwerde zu den Gerichten oder anderen unabhängigen Spruchkörpern;
- Artikel 1 des Protokolls Nr. 1: Um die Chancengleichheit und Gleichbehandlung in Beschäftigung und Beruf ohne Diskriminierung auf Grund des Geschlechts sicherzustellen, müssen die Staaten eine ganze Reihe von Rechten gesetzlich verankern: Das Recht der Arbeitnehmer beiderlei Geschlechts, vor Gericht oder anderen zuständigen Stellen Verfahren einzuleiten; das Recht, Bedingungen, die mit dem Grundsatz der Nichtdiskriminierung unvereinbar sind,

für nichtig erklären zu lassen; und das Recht, diskriminierende Verhältnisse abzustellen oder, im Fall der Kündigung, Wiedereinstellung und Schadensersatz für jeden zwischenzeitlichen finanziellen Verlust bei gleichzeitiger Erleichterung der Beweislast.

27. Welche Bestimmungen der Charta gelten als erfüllt, wenn die sie umsetzenden Regeln auf mindestens 80% der Bevölkerung Anwendung finden?

Gemäß Artikel 33 der Charta, gelten Art. 2 Abs. 1 bis 5 (gerechte Arbeitsbedingungen), Artikel 7 Abs. 4, 6 und 7 (Recht der Kinder und Jugendlicher auf Schutz) und Artikel 10 Abs. 1 bis 4 als erfüllt, wenn sie auf die „überwiegende Mehrheit" der betreffenden Arbeitnehmer (die bei 80% liegt) Anwendung finden.

28. Welche Personen werden durch die Charta geschützt (persönlicher Anwendungsbereich)?

Die Staaten müssen die Charta auf ihre eigenen Staatsangehörigen und auf Staatsangehörige anderer Vertragsparteien anwenden, die ihren rechtmäßigen gewöhnlichen Aufenthalt im Hoheitsgebiet einer anderen Vertragspartei haben oder dort ordnungsgemäß beschäftigt sind.

Außerdem müssen die Vertragsparteien Flüchtlingen nach der Definition der Genfer Flüchtlingskonvention vom 28. Juli 1951, die sich rechtmäßig in ihrem Hoheitsgebiet gewöhnlich aufhalten, eine Behandlung gewähren, die so günstig wie möglich ist (Anhang zur Charta: Persönlicher Geltungsbereich der Sozialcharta, Absätze 1 und 2).

Das Protokoll Nr. 1 und die revidierte Charta haben diese Behandlung auf Staatenlose nach der Definition der New Yorker Konvention vom 28. September 1954 erweitert.

Einige Bestimmungen gehen über diese engen Voraussetzungen für die Anwendung der Charta auf Ausländer hinaus: Diese Bestimmungen gelten für Ausländer, die zwar Staatsangehörige einer der Vertragsparteien der Charta sein müssen, aber sich im betreffenden Staat nicht gewöhnlich aufhalten. Die dazu gehörenden Bestimmungen sind:

- Artikel 12 Abs. 4, der die Gleichbehandlung in Bezug auf die soziale Sicherheit nicht nur für Ansässige vorschreibt, sondern auch für Personen, die sich im Hoheitsgebiet einer anderen Vertragspartei gewöhnlich aufhielten und dadurch Rechte erworben haben (z.B. Rentenansprüche), sowie Personen, die sich im Hoheitsgebiet mehrerer anderer Vertragsparteien gewöhnlich aufhielten;
- Artikel 13 Abs. 4, der in Bezug auf Fürsorge die Gleichbehandlung von Personen mit gewöhnlichem Aufenthalt im Hoheitsgebiet vorschreibt, aber in Bezug

auf bestimmte Formen der Fürsorge auch für Personen, die sich rechtmäßig im Hoheitsgebiet einer Vertragspartei aufhalten, ohne sich dort auch gewöhnlich aufzuhalten;

- Artikel 18, der die Vereinfachung von Formalitäten für die Arbeits- oder Aufenthaltserlaubnis für Ausländer regelt und vor der Einreise Anwendung findet (jedenfalls bei der ersten ausgestellten Erlaubnis);
- Artikel 19, der die Zusammenarbeit von sozialen Diensten bei der Auswanderung von Personen und während ihrer Reise verlangt; diese Bestimmungen gelten eindeutig für Wanderarbeitnehmer, die – noch – nicht im betreffenden Staat ihren gewöhnlichen Aufenthalt haben.

29. In welchem Umfang haben Ausländer Anspruch auf Fürsorge?

Ausländer haben den gleichen Anspruch auf Fürsorge wie ein eigener Staatsangehöriger, wenn sie Staatsangehörige einer Vertragspartei der Charta sind und ihren rechtmäßigen gewöhnlichen Aufenthalt im Hoheitsgebiet des Staats haben, in dem sie Fürsorge beantragen, oder dort ordnungsgemäß beschäftigt sind.

Dieses Recht wird von Artikel 13 Abs. 1 und 4 gewährt. Bei Ländern, die beide Bestimmungen angenommen haben, überprüft der Europäische Sozialrechtsausschuss die Beachtung dieser Rechte aus dem Blickwinkel von Artikel 13 Abs. 1.

Artikel 13 Abs. 4 geht insofern weiter, als er jeden sich „rechtmäßig im Hoheitsgebiet befindlichen“ Staatsangehörigen einer anderen Vertragspartei betrifft. Diese Kategorie erstreckt sich über Personen mit gewöhnlichem Aufenthalt oder Beschäftigung hinaus auf andere Personen wie Studenten oder Touristen, die rechtmäßig in einem Staat sind, ohne sich gewöhnlich dort aufzuhalten.

Nach Artikel 13 Abs. 4 hat die letztgenannte Gruppe auch Anspruch auf Fürsorge. Diese Fürsorge ist definitionsgemäß auf die individuelle Situation beschränkt, muss aber dringende Bedürfnisse umfassen. Außerdem ist die Fürsorge für Personen, die nur zeitweilig in dem Staat sind, zeitlich beschränkt, und es gibt die Möglichkeit der Rückschaffung der betreffenden Personen in ihre Heimatstaaten unter den in der Konvention von 1953 genannten Voraussetzungen und Einschränkungen.

30. Welche Bestimmungen der Charta beinhalten ein Recht zur Beschwerde zu innerstaatlichen Gerichten?

Nach der Auslegung des Europäischen Sozialrechtsausschusses beinhalten Artikel 1 Abs. 2 (Nichtdiskriminierung bei der Arbeit), 4 Abs. 3 (gleiche Bezahlung) und 13 Abs. 1 (Recht bedürftiger Personen auf Fürsorge) sowie Art. 1des Zusatzprotokolls (Chancengleichheit und Gleichbehandlung in Beschäftigung und Beruf) und 18 Abs. 8 (Sicherheit vor Ausweisung) ein Recht auf Beschwerde vor den nationalen Gerichten.

31. Wie überwacht der Europäische Sozialrechtsausschuss Artikel 1 Abs. 1 der Charta: „Das Recht auf Arbeit - Vollbeschäftigung"?

Der Ausschuss versteht diese Bestimmung als Verpflichtung zu einem bestimmten Handeln, nicht zu einem bestimmten Ergebnis. Ihr Zweck ist nicht die Anerkennung eines subjektiven Rechts auf Arbeit durch die Staaten, sondern die Verfolgung einer Wirtschaftspolitik, die auf die Verbesserung der Lage am Arbeitsmarkt gerichtet ist, gepaart mit den dazu erforderlichen Maßnahmen. Der Ausschuss hat seit dem 8. Überwachungszyklus keine Schlussfolgerungen zu diesem Absatz angenommen, aber er überwacht und kommentiert die eingetretenen Veränderungen und den erzielten Fortschritt.

32. Wie viele Feiertage verlangt die Charta?

Nach Artikel 2 Abs. 2 der Charta soll es Feiertage geben, aber die Vorschrift sagt nicht, wie viele Tage gewährt werden sollen. Der Europäische Sozialrechtsausschuss hat nie eine bestimmte Zahl genannt. Er hat jedoch unter Berücksichtigung der Lage in den Staaten, welche die Charta ratifiziert haben, die Schlussfolgerung gezogen, dass zwischen 6 und 17 Tage angemessen sind, um diese Bestimmung zu erfüllen.

33. Unter welchen Voraussetzungen erfüllt ein Staat Artikel 4 Abs. 3, der gleiches Entgelt für gleichwertige Arbeit vorschreibt?

Um die wirksame Ausübung dieses Rechts sicherzustellen, müssen die Vertragsparteien es gesetzlich verankern. Sie müssen objektive Kriterien festlegen zur Bewertung der Arbeit auf Grundlage von Vergleichen außerhalb des Betriebs, und höhere Bezahlung in Bereichen mit hohem Anteil an weiblichen Arbeitnehmern, die im Allgemeinen schlechter bezahlt werden, unterstützen. Schließlich müssen sie wirksamen Schutz in Form von angemessenen Rechtsbehelfen gewährleisten, um die Entfernung jeglicher Klauseln in Einzel- oder Gesamtarbeitsverträgen sicherzustellen, die mit dem Grundsatz gleicher Bezahlung unvereinbar sind.

34. Was bedeutet gleichwertige Arbeit in Artikel 4 Abs. 3?

Die Vertragsstaaten müssen gem. Artikel 4 Abs. 3 das Recht männlicher und weiblicher Arbeitnehmer auf gleiche Bezahlung für gleichwertige Arbeit anerkennen. Mit anderen Worten, der Grundsatz gleicher Bezahlung gilt nicht nur für gleiche Arbeit, sondern auch für Arbeit von gleichem Wert, was die Festlegung von objektiven Kriterien zur Bewertung von Tätigkeiten und ihres jeweiligen Werts erfordert.

35. Was ist nach der Charta die „Angemessenheitsschwelle" für Arbeitsentgelt?

Die Vertragsparteien müssen gem. Artikel 4 Abs. 1 „das Recht der Arbeitnehmer auf ein Arbeitsentgelt...[anerkennen], welches ausreicht, um ihnen und ihren Familien einen angemessenen Lebensstandard zu sichern". Ein angemessener Lebensstandard bedeutet, dass Arbeitnehmer und ihre Familien in der Lage sein müssen, ihre grundlegenden Bedürfnisse, z.B. Nahrung und Unterkunft, zu befriedigen, und in den Genuss von Verbesserungen ihrer Lebensbedingungen zu kommen, so dass sie ihre kulturellen und sozialen Bedürfnisse befriedigen können, sowie Zugang zu Bildung.

Der Ausschuss hat eine „Angemessenheitsschwelle" von 60% des durchschnittlichen Nettojahreseinkommens festgelegt, unter dem das Arbeitsentgelt nicht als mit der Charta vereinbar gelten kann.

36. Wie werden Ausschließlichkeitsregeln und -gepflogenheiten („closed shop") für den Zweck der Charta bewertet?

Gesetzgebung, die Ausschließlichkeitsregeln oder -gepflogenheiten zulässt, verstößt gegen Artikel 5 der Charta. Diese Bestimmung soll negative und positive Inhalte des Vereinigungsrechts abdecken. Die Freiheit, einer Gewerkschaft beizutreten, muss gewährt sein, aber dies beinhaltet auch, dass es in der Praxis keine Pflicht geben darf, Mitglied einer Gewerkschaft zu werden oder zu bleiben.

37. Unter welchen Umständen kann die Streitschlichtung genutzt werden, um einen Streik oder eine andere Form des Arbeitskampfs zu beenden?

Streitschlichtung kann zu diesem Zweck normalerweise nur genutzt werden, wenn beide Streitparteien zustimmen. Sie kann jedoch in bestimmten, durch Artikel 31 der Charta festgelegten Fällen gegen den Willen einer Partei eingesetzt werden, wenn es in einer demokratischen Gesellschaft zum Schutz der Rechte und Freiheiten anderer oder zum Schutz der öffentlichen Sicherheit und Ordnung, der Sicherheit des Staats, der Volksgesundheit oder der Sittlichkeit notwendig ist.

38. Was ist die Mindestdauer des vorgeschriebenen Mutterschaftsurlaubs?

Der Mutterschaftsurlaub muss gem. Artikel 8 Abs. 1 mindestens zwölf Wochen dauern, die man vor oder nach der Geburt nehmen kann. Der Europäische Sozialrechtsausschuss hat entschieden, dass diese Bestimmung der Charta den teilweisen Verzicht der Betroffenen auf diesen Urlaub zulässt, jedoch nicht auf die Arbeitsbefreiung für sechs Wochen nach der Geburt.

39. In welchem Sinn kann man das Konzept der Fürsorge unter der Charta als modern bezeichnen?

Artikel 13 der Charta gibt jedem Bedürftigen ein subjektives Recht auf Fürsorge. Dadurch unterscheidet es sich vom traditionellen Verständnis der Fürsorge als einer auf Wohltätigkeit beruhenden moralischen Pflicht.

40. Verlangt die Charta ein Mindesteinkommen für bedürftige Menschen?

Artikel 13 enthält keinen Hinweis darauf, welche Form die Fürsorge annehmen sollte. Nach dem Verständnis des Europäischen Sozialrechtsausschusses sollte jedoch die gesamte Bevölkerung potentiell Fürsorge in Anspruch nehmen können, was durch die Einführung eines allgemeinen garantierten Mindesteinkommens erfüllt wäre. Solche Systeme gibt es mittlerweile in der Mehrheit der Staaten, welche die Charta ratifiziert haben. In anderen Staaten gibt es dagegen keine Pauschalzahlungen oder Einzelbeträge, sondern die Fürsorge wird nach der individuellen Bedürftigkeit festgelegt.

41. Verlangt die Charta eine Arbeitsplatzquote für Behinderte?

Die Vertragsparteien verpflichten sich gem. Artikel 15 Abs. 2 der Charta, Maßnahmen zur Einrichtung von Arbeitsvermittlungs- und anderen Diensten für Behinderte zu treffen. Die Charta verlangt keine Quote für Behinderte, sondern überlässt es den einzelnen Staaten, zu entscheiden, welche Methoden sie anwenden wollen, um Arbeit für Behinderte zu finden. Der Europäische Sozialrechtsausschuss untersucht die Angemessenheit und Geeignetheit der getroffenen Maßnahmen, wenn er entscheidet, ob eine Situation Artikel 15 erfüllt oder nicht.

42. Welches sind die Chartabestimmungen in Bezug auf Verwandtschaft durch Abstammung?

Der Europäische Sozialrechtsausschuss beschäftigt sich mit Abstammungsregeln in Zusammenhang mit der Feststellung der Vater- oder Mutterschaft, Legitimation oder Adoption. In allen diesen Bereichen bestimmt die Charta, dass eheliche und uneheliche Kinder gleichen Zugang zu den jeweiligen Verfahren haben sollten. Im Bereich der Adoption hat der Ausschuss die Charta dahingehend ausgelegt, dass die Verbindung zwischen den Kindern, ihrer Herkunftsfamilie und ihren Adoptivfamilien erhalten werden muss. In jüngerer Zeit hat der Ausschuss die Adoptionsverfahren im Hinblick auf die gleichberechtigte Beteiligung der Eltern untersucht.

43. Welches sind nach der Charta die Voraussetzungen hinsichtlich Bildung? Was gilt nach der revidierten Charta?

Die Sozialcharta enthält kein ausdrückliches Recht auf Bildung oder Unterricht. Aber sie enthält eine Reihe von Bestimmungen betreffend ein solches Recht. Vor allem das Verbot der Arbeit für Kinder unter fünfzehn Jahren, mit Ausnahme von leichter Arbeit, die nicht das Lernen beeinträchtigt, ist ein wesentlicher Bestandteil des Rechts auf Bildung. Darüber hinaus gewährt Artikel 9 der Charta das Recht auf Berufsberatung, das besonders Schulkinder betrifft.

Artikel 10 Abs. 1 der Charta gewährt das Recht sowohl auf technische und berufliche Ausbildung als auch auf Zugang zu Technischen Hochschulen und Universitäten nach alleiniger Maßgabe der persönlichen Eignung.

Artikel 17 der revidierten Charta sieht ausdrücklich kostenlose Grundschul- und weiterführende Schulausbildung vor sowie staatliche Unterstützung der regelmäßigen Anwesenheit in den Schulen.

44. Welches sind nach der Charta die Voraussetzungen in Bezug auf ausländische Staatsangehörige mit gewöhnlichem Aufenthalt in dem Hoheitsgebiet einer Vertragspartei (Aufenthalts- und Arbeitserlaubnis etc.)?

Die Niederlassungsfreiheit wird von der Sozialcharta nicht gewährt. Die Vertragsstaaten sind weiterhin frei in der Festlegung ihrer eigenen Einwanderungspolitik. Sie müssen aber das Verfahren zur Zulassung von Ausländern in ihr Hoheitsgebiet liberalisieren und vereinfachen.

45. Welche der von der Charta gewährleisteten Rechte gelten für Wanderarbeitnehmer?

Alle in der Charta verankerten Rechte gelten für Wanderarbeitnehmer und ihre Familien, wenn sie Staatsangehörige von Vertragsparteien sind und ihren rechtmäßigen gewöhnlichen Aufenthalt im Hoheitsgebiet der betreffenden Vertragspartei haben oder dort ordnungsgemäß beschäftigt sind. Die Charta bietet Wanderarbeitnehmern auch besonderen Schutz: Artikel 18 gibt Wanderarbeitnehmern und ihren Familien das Recht, im Hoheitsgebiet anderer Vertragsparteien eine rechtmäßige Erwerbstätigkeit aufzunehmen, während ihnen Artikel 19 das Recht auf Schutz und Beistand gewährt.

46. Wer hat unter der Charta Anspruch auf Familienzusammenführung? Unter der revidierten Charta?

Die Vertragsparteien verpflichten sich unter Artikel 19 Abs. 6 der Charta, die Familienzusammenführung von zur Niederlassung im Hoheitsgebiet berechtigten ausländischen Arbeitnehmern zu erleichtern. Nach der Definition im Anhang zur Charta gehören zu solchen Familien mindestens die Ehefrau und unterhaltsberechtigte Kinder unter einundzwanzig Jahren.

Der Europäische Sozialrechtsausschuss hat festgelegt, dass sich der Begriff „Arbeitnehmer" auf Frauen und Männer erstreckt und dass daher die Definition der Familie eines ausländischen Arbeitnehmers im Anhang zur Charta die unterhaltsberechtigten Kinder einer weiblichen Arbeitnehmerin (aber nicht den Ehemann) umfasst.

Die Definition der Familie eines Wanderarbeitnehmers wurde von der revidierten Charta modifiziert. Nach dem Anhang zu Artikel 19 Abs. 6 umfasst die Familie eines ausländischen Arbeitnehmers nicht mehr nur die Ehefrau des Arbeitnehmers, sondern nun auch den Ehepartner eines männlichen oder weiblichen Arbeitnehmers. Außerdem sind die zur Familienzusammenführung zugelassenen

Kinder die unterhaltsberechtigten unverheirateten Kinder, so lange sie im Empfangsstaat als minderjährig gelten.

47. Unter welchen Umständen kann ein ausländischer Staatsbürger aus einem Vertragsstaat ausgewiesen werden?

Nach Artikel 19 Abs. 8 können Arbeitnehmer, die ihren rechtmäßigen gewöhnlichen Aufenthalt im Hoheitsgebiet einer Vertragspartei haben, nur ausgewiesen werden, wenn sie die staatliche Sicherheit gefährden oder gegen die öffentliche Sicherheit und Ordnung oder Sittlichkeit verstoßen.

Diese Gründe sind eng auszulegen: insbesondere kann eine Bedrohung der „Volksgesundheit" nur dann eine Ausweisung auf Grundlage einer Gefährdung der öffentlichen Sicherheit und Ordnung rechtfertigen, wenn die betreffende Person sich weigerte, sich angemessener Behandlung zu unterziehen.

Wenn eine Ausweisungsverfügung erlassen worden ist, muss es ein Recht auf Beschwerde zu einem Gericht oder anderem unabhängigen Spruchkörper geben.

48. Welche Beschränkungen des Streikrechts lässt Artikel 6 Abs. 4 zu?

Es verstößt nicht gegen Artikel 6 Abs. 4, das Streikrecht für bestimmte Kategorien von Beamten auszuschließen, einschließlich Mitgliedern der Polizei und der Streitkräfte, Richtern und hohen Beamten, solange dies keine völlige Abschaffung des Streikrechts für alle Kategorien von Beamten und Personen bedeutet, die wesentliche öffentliche Dienstleistungen erbringen, und die Beschränkungen mit Artikel 31 vereinbar sind.

49. Erlaubt die Charta Nachtarbeit? Für wen? Unter welchen Bedingungen? Und die revidierte Charta?

Die Sozialcharta verbietet Nachtarbeit nicht, verlangt aber von den Vertragsparteien, die Nachtarbeit von Arbeitnehmerinnen in gewerblichen Betrieben zu regeln (Artikel 8 Abs. 4a).

Die revidierte Charta reduziert den persönlichen Anwendungsbereich dieser Verpflichtung, da gem. Artikel 8 Abs. 4 die Vertragsparteien nur die Nachtarbeit von schwangeren Frauen, Frauen kurz nach der Geburt und stillenden Frauen regeln müssen. Unter Artikel 2 Abs. 7 sollten jedoch Männer und Frauen, die Nachtarbeit leisten, in den Genuss von Maßnahmen kommen, die den besonderen Charakter der Arbeit berücksichtigen.

50. Wie ist der Stand der Verpflichtungen, die Staaten am Ende des Überwachungszyklus XIV-2 angenommen haben?

Siehe Informationsblatt A – 12.

Anhang

Anhang 1
Stand der Unterzeichnungen und Ratifikationen der Charta, ihrer Protokolle und der revidierten Charta

Stand am 1. Juli 2000

	Europäische Sozialcharta von 1961		Zusatzprotokoll von 1988		Änderungsprotokoll von 1991		Protokoll über Kollektivbeschwerden von 1995		Revidierte Europäische Sozialcharta von 1996	
Mitgliedstaaten	Unterzeichnung	Ratifikation	Unterzeichnung	Ratifikation	Unterzeichnung	Ratifikation	Unterzeichnung	Ratifikation	Unterzeichnung	Ratifikation
Albanien									21.09.98	
Andorra	-	-	-	-	-	-	-	-	-	-
Belgien	18.10.61	16.10.90	20.05.92	-	22.10.91	**	14.05.96	-	03.05.96	-
Bulgarien	-	-	-	-	-	-	-	-	21.09.98	07.06.00
Dänemark	18.10.61	03.03.65	27.08.96	27.08.96	-	**	09.11.95	-	03.05.96	-
Deutschland	18.10.61	27.01.65	05.05.88	-	-	**	-	-	-	-
Estland	-	-	-	-	-	-	-	-	04.05.98	-
Finnland	09.02.90	29.04.91	09.02.90	29.04.91	16.03.92	18.08.94	09.11.95	17.07.98	03.05.96	-
Frankreich	18.10.61	09.03.73	22.06.89	(2)	21.10.91	24.05.95	09.11.95	07.05.99	03.05.96	07.05.99
Georgien	-	-	-	-	-	-	-	-	-	-
Griechenland	18.10.61	06.06.84	05.05.88	18.06.98	29.11.91	12.09.96	18.06.98	18.06.98	03.05.96	-
Irland	18.10.61	07.10.64	-	-	14.05.97	14.05.97	-	-	-	-
Island	15.01.76	15.01.76	05.05.88	-	-	**	-	-	04.11.98	-
Italien	18.10.61	22.10.65	05.05.88	26.05.94	21.10.91	27.01.95	09.11.96	03.11.97	03.05.97	05.07.99

	Europäische Sozialcharta von 1961		Zusatzprotokoll von 1988		Änderungsprotokoll von 1991		Protokoll über Kollektivbeschwerden von 1995		Revidierte Europäische Sozialcharta von 1996	
Kroatien	08.03.00	-	08.03.99	-	08.03.99	-	08.03.99	-	-	-
Lettland	29.05.97	-	29.05.97	-	29.05.97	-	-	-	-	-
Liechtenstein	09.10.91	-	-	-	-	-	-	-	-	-
Litauen	-	-	-	-	-	-	-	-	08.09.97	-
Luxemburg	18.10.61	10.10.91	05.05.88	-	21.10.91	**	-	-	11.02.98	-
Malta	26.05.88	04.10.88	-	-	21.10.91	16.2.94	-	-	-	-
Mazedonien	05.05.98	-	05.05.98	-	05.05.98	-	-	-	-	-
Moldawien	-	-	-	-	-	-	-	-	03.11.98	-
Niederlande	18.10.61	22.04.80	14.06.90	05.08.92	21.10.91	01.06.93	-	-	-	-
Norwegen	18.10.61	26.10.62	10.12.93	10.12.93	21.10.91	21.10.91	20.03.97	20.03.97	-	-
Österreich	22.07.63	29.10.69	04.12.90	-	07.05.92	13.07.95	07.05.99	-	07.05.99	-
Polen	26.11.91	25.06.97	-	-	18.04.97	25.06.97	-	-	-	-
Portugal	01.06.82	30.09.91	-	-	24.02.92	08.03.93	09.11.95	20.03.98	03.05.96	-
Rumänien	04.10.94	(1)	-	(2)	-	-	-	-	14.05.97	07.05.99
Russland	-	-	-	-	-	-	-	-	-	-

	Europäische Sozialcharta von 1961		Zusatzprotokoll von 1988		Änderungsprotokoll von 1991		Protokoll über Kollektivbeschwerden von 1995		Revidierte Europäische Sozialcharta von 1996	
San Marino	-	-	-	-	-	-	-	-	-	-
Schweden	18.10.61	17.12.62	05.05.88	05.05.89	21.10.91	18.03.92	09.11.95	29.05.98	03.05.98	29.05.98
Schweiz	06.05.76	-	-	-	-	-	-	-	-	-
Slowakei	27.05.9*	22.06.98	27.05.9*	22.06.98	27.05.9*	22.06.98	18.11.99	-	18.11.99	-
Slowenien	11.10.97	(1)	11.10.97	(2)	11.10.97	-	11.10.97	(3)	11.10.97	07.0599
Spanien	27.04.78	06.05.80	05.05.88	24.01.00	21.10.9	27.01.00	-	-	-	
Tschechische Republik	27.05.92*	03.11.99	27.05.9*	17.11.99	27.05.9=	17.11.99	-	-	-	-
Türkei	18.10.61	24.11.89	05.05.98	-	-	**	-	-	-	-
Ukraine	02.05.96	-	-	-	-	-	-	-	07.05.99	-
Ungarn	13.12.91	08.07.99	-	-	13.12.91	**	-	-	-	-
Vereinigtes Königreich	18.10.61	11.7.62	-	-	21.10.91	**	-	-	07.11.97	-
Zypern	22.05.67	07.03.68	05.05.88	-	21.10.91	01.06.93	09.11.95	06.08.96	03.05.96	-

* Datum der Unterzeichnung durch die Tschechische und Slowakische Föderative Republik.

** Staat, dessen Annahme für das Inkrafttreten des Protokolls erforderlich ist.

(1) Staat, der die revidierte Sozialcharta ratifiziert hat.

(2) Staat, der die Rechte (oder bestimmte Rechte), die durch das Protokoll gewährleistet werden, im Rahmen der revidierten Sozialcharta angenommen hat.

(3) Staat, der das Verfahren der Kollektivbeschwerde durch eine Erklärung gem. Artikel D Abs. 2 des Teils IV der revidierten Sozialcharta angenommen hat

Anhang 2
Annahme der Bestimmungen der Charta und der revidierten Charta

Tabelle mit Details der angenommenen Bestimmungen der Europäischen Sozialcharta

Bestimmung der Charta	Belgien	Dänemark	Deutschland	Finnland	Griechenland	Irland	Island	Luxemburg	Malta	Niederlande*
Art. 1 (1)	■	■	■	■	■	■	■	■	■	■
Art. 1 (2)	■	■	■	■	■	■	■	■	■	■
Art. 1 (3)	■	■	■	■	■	■	■	■	■	■
Art. 1 (4)	■	■	■	■	■	■	■	■	■	■
Art. 2 (1)	■		■	■	■	■	■	■	■	■
Art. 2 (2)	■	■	■	■	■	■		■	■	■
Art. 2 (3)	■	■	■	■	■	■	■	■	■	■
Art. 2 (4)	■		■	■	■	■		■		■
Art. 2 (5)	■	■	■	■	■	■	■	■	■	■
Art. 3 (1)	■	■	■		■	■	■	■	■	■
Art. 3 (2)	■	■	■		■	■	■	■	■	■
Art. 3 (3)	■	■	■	■	■	■	■	■	■	■
Art. 4 (1)	■	■	■		■	■	■	■	■	■
Art. 4 (2)	■	■	■	■	■		■	■	■	■
Art. 4 (3)	■	■	■	■	■	■	■		■	■
Art. 4 (4)	■				■	■	■	■	■	■
Art. 4 (5)	■		■	■	■	■	■	■	■	■

■ angenommen □ nicht angenommen

Bestimmung der Charta	Norwegen	Österreich	Polen	Portugal	Slowakei	Spanien	Tschechische Republik	Türkei	Ungarn	Vereinigtes Königreich	Zypern
Art. 1 (1)	■	■	■	■	■	■	■	■	■	■	■
Art. 1 (2)	■	■	■	■	■	■	■	■	■	■	■
Art. 1 (3)	■	■	■	■	■	■	■	■	■	■	■
Art. 1 (4)	■	■	■	■	■	■	□	□	■	■	■
Art. 2 (1)	■	□	■	■	■	■	■	□	■	□	■
Art. 2 (2)	■	■	□	■	■	■	■	□	■	■	□
Art. 2 (3)	■	■	■	■	■	■	■	□	■	■	■
Art. 2 (4)	■	■	■	■	■	■	■	□	■	■	□
Art. 2 (5)	■	■	■	■	■	■	■	□	■	■	■
Art. 3 (1)	■	■	■	■	■	■	■	□	■	■	■
Art. 3 (2)	■	■	■	■	■	■	■	□	■	■	■
Art. 3 (3)	■	■	■	■	■	■	■	□	■	■	■
Art. 4 (1)	■	■	□	■	■	■	□	□	□	■	□
Art. 4 (2)	■	■	■	■	■	■	■	□	□	■	□
Art. 4 (3)	■	■	■	■	■	■	■	■	□	□	□
Art. 4 (4)	■	□	■	■	■	■	■	□	□	■	□
Art. 4 (5)	■	■	■	■	■	■	■	■	□	■	□

Bestimmung der Charta	Belgien	Dänemark	Deutschland	Finnland	Griechenland	Irland	Island	Luxemburg	Malta	Niederlande*
Art. 5	■	■	■	■		■	■	■	■	■
Art. 6 (1)	■	■	■	■		■	■	■	■	■
Art. 6 (2)	■	■	■	■		■	■	■	■	■
Art. 6 (3)	■	■	■	■		■	■	■	■	■
Art. 6 (4)	■	■	■	■		■	■		■	■
Art. 7 (1)	■			■	■			■	■	■
Art. 7 (2)	■		■	■	■	■		■	■	■
Art. 7 (3)	■		■	■	■	■		■	■	■
Art. 7 (4)	■		■	■	■	■		■	■	■
Art. 7 (5)	■		■	■	■	■		■	■	■
Art. 7 (6)	■		■		■	■		■	■	■
Art. 7 (7)	■		■	■	■			■	■	■
Art. 7 (8)	■		■	■	■	■		■	■	■
Art. 7 (9)	■		■		■			■	■	■
Art. 7 (10)	■		■	■	■	■		■	■	■
Art. 8 (1)	■	■	■		■	■		■	■	■
Art. 8 (2)	■			■	■			■	■	■
Art. 8 (3)	■		■		■			■		■
Art. 8 (4)	■				■	■			■	■
Art. 9	■	■	■	■	■	■		■	■	■
Art. 10 (1)	■	■	■	■	■	■		■	■	■
Art. 10 (2)	■	■	■	■	■	■		■	■	■

Bestimmung der Charta	Norwegen	Österreich	Polen	Portugal	Slowakei	Spanien	Tschechische Republik	Türkei	Ungarn	Vereinigtes Königreich	Zypern
Art. 5	■	■	■	■	■	■	■		■	■	■
Art. 6 (1)	■	■	■	■	■	■	■		■	■	■
Art. 6 (2)	■	■	■	■	■	■	■		■	■	■
Art. 6 (3)	■	■	■	■	■	■	■		■	■	■
Art. 6 (4)	■			■	■	■	■		■	■	■
Art. 7 (1)				■	■	■	■				■
Art. 7 (2)	■	■	■	■	■	■	■			■	
Art. 7 (3)	■	■		■	■	■	■	■		■	■
Art. 7 (4)		■	■	■	■	■	■	■			
Art. 7 (5)	■	■		■	■	■	■	■		■	
Art. 7 (6)	■		■	■	■	■	■	■		■	
Art. 7 (7)	■	■	■	■	■	■	■				■
Art. 7 (8)	■	■	■	■	■	■	■	■			■
Art. 7 (9)		■	■	■	■	■	■	■		■	
Art. 7 (10)	■	■	■	■	■	■	■			■	
Art. 8 (1)		■	■	■	■	■	■		■	■	■
Art. 8 (2)		■	■	■	■	■	■		■		■
Art. 8 (3)		■	■	■	■	■	■		■		
Art. 8 (4)		■	■	■	■	1	■		■		
Art. 9	■	■	■	■	■	■		■	■	■	■
Art. 10 (1)	■	■	■	■	■	■		■		■	
Art. 10 (2)	■	■	■	■	■	■		■		■	

Bestimmung der Charta	Belgien	Dänemark	Deutschland	Finnland	Griechenland	Irland	Island	Luxemburg	Malta	Niederlande*
Art. 10 (3)	■	■	■	■	■	■		■	■	■
Art. 10 (4)	■	■		■	■	■		■	1	■
Art. 11 (1)	■	■	■	■	■		■	■	■	■
Art. 11 (2)	■	■	■	■	■		■	■	■	■
Art. 11 (3)	■	■	■	■	■	■	■	■	■	■
Art. 12 (1)	■	■	■	■	■	■	■	■	■	■
Art. 12 (2)	■	■	■	■	■		■	■		■
Art. 12 (3)	■	■	■	■	■	■	■	■	■	■
Art. 12 (4)	■	■	■	■	■	■	■	■		■
Art. 13 (1)	■	■	■	■	■	■	■	■	■	■
Art. 13 (2)	■	■	■	■	■	■	■	■	■	■
Art. 13 (3)	■	■	■	■	■	■	■	■	■	■
Art. 13 (4)	■	■	■	■	■	■	■	■	■	■
Art. 14 (1)	■	■	■	■	■	■	■	■	■	■
Art. 14 (2)	■	■	■	■	■	■	■	■	■	■
Art. 15 (1)	■	■	■	■	■	■	■	■	■	■
Art. 15 (2)	■	■	■	■	■	■	■	■	■	■
Art. 16	■	■	■	■	■	■	■	■	■	■
Art. 17	■	■	■	■	■	■	■	■	■	■
Art. 18 (1)	■	■	■	■	■	■	■	■		■
Art. 18 (2)	■	■	■	■	■	■	■	■		■

1 Nur die Bestimmungen in Absatz 4 lit. a und b sind akzeptiert worden

Bestimmung der Charta	Norwegen	Österreich	Polen	Portugal	Slowakei	Spanien	Tschechische Republik	Türkei	Ungarn	Vereinigtes Königreich	Zypern
Art. 10 (3)	■	■	■	■	■	■		■		■	
Art. 10 (4)	■	■		■	■	■		■		■	
Art. 11 (1)	■	■		■	■	■		■		■	
Art. 11 (2)	■	■	■	■	■	■	■	■	■	■	■
Art. 11 (3)	■	■	■	■	■	■	■	■	■	■	■
Art. 12 (1)	■	■	■	■	■	■	■	■	■	■	■
Art. 12 (2)	■	■	■	■	■	■	■	■		■	■
Art. 12 (3)	■	■	■	■	■	■	■	■			■
Art. 12 (4)	■	■	■	■	■	■	■	■			■
Art. 13 (1)	■	■	■	■	■	■	■	■			■
Art. 13 (2)	■	■		■	■	■	■	■	■	■	
Art. 13 (3)	■	■	■	■	■	■	■	■	■	■	
Art. 13 (4)	■	■	■	■	■	■	■	■	■	■	
Art. 14 (1)	■	■		■		■	■	■	■	■	
Art. 14 (2)	■	■	■	■	■	■	■	■	■	■	■
Art. 15 (1)	■	■		■	■	■	■	■	■	■	■
Art. 15 (2)	■	■	■	■	■	■				■	■
Art. 16	■	■	■	■	■	■	■			■	■
Art. 17	■	■	■	■	■	■	■	■	■	■	
Art. 18 (1)	■	■	■	■	■	■	■	■	■	■	
Art. 18 (2)		■		■	■	■		■		■	

Bestimmung der Charta	Belgien	Dänemark	Deutschland	Finnland	Griechenland	Irland	Island	Luxemburg	Malta	Niederlande*
Art. 18 (3)	■	■	■	■	■	■	■	■		■
Art. 18 (4)	■	■	■	■	■	■	■	■	■	■
Art. 19 (1)	■		■	■	■	■		■		■
Art. 19 (2)	■		■	■	■	■		■		■
Art. 19 (3)	■		■	■	■	■		■		■
Art. 19 (4)	■		■	■	■	■		■		■
Art. 19 (5)	■		■	■	■	■		■		■
Art. 19 (6)	■		■	■	■	■		■		■
Art. 19 (7)	■		■	■	■	■		■		■
Art. 19 (8)	■		■	■	■	■		■		■
Art. 19 (9)	■		■	■	■	■		■		■
Art. 19 (10)	■		■		■	■		■		■

* In Bezug auf die niederländischen Antillen und Aruba hat das Königreich Niederlande Art. 1, 5, 6 und 16 sowie Art. 1 des Zusatzprotokolls angenommen.

Bestimmung der Charta	Norwegen	Österreich	Polen	Portugal	Slowakei	Spanien	Tschechische Republik	Türkei	Ungarn	Vereinigtes Königreich	Zypern
Art. 18 (3)				■		■		■		■	
Art. 18 (4)		■	■	■	■	■	■	■		■	
Art. 19 (1)	■	■	■	■		■		■		■	■
Art. 19 (2)	■	■	■	■		■		■		■	■
Art. 19 (3)	■	■	■	■		■		■		■	■
Art. 19 (4)	■		■	■		■		■		■	■
Art. 19 (5)	■	■	■	■		■		■		■	■
Art. 19 (6)	■	■	■	■		■		■		■	■
Art. 19 (7)	■		■	■		■		■		■	■
Art. 19 (8)			■	■		■		■		■	■
Art. 19 (9)	■	■	■	■		■	■	■		■	■
Art. 19 (10)	■		■	■		■		■		■	■

Tabelle mit Details der angenommenen Bestimmungen des Zusatzprotokolls von 1988[1]

■ angenommen □ nicht angenommen

Bestimmung des Protokolls	Tschechische Republik	Dänemark	Finnland	Griechenland	Niederlande	Norwegen	Slowakei	Spanien
Art. 1	■	■	■	■	■	■	■	■
Art. 2	■	■	■	■	■	■	■	■
Art. 3	■	■	■	■	■	■	■	■
Art. 4	■	■	■	■	□	■	■	■

[1] Die Bestimmungen des Zusatzprotokolls sind in der revidierten Europäischen Sozialcharta mit umfasst: Artikel 1 bis 4 des Protokolls entsprechen den Artikeln 20 bis 23 der revidierten Charta.

Tabelle mit Details der angenommenen Bestimmungen der revidierten Europäischen Sozialcharta

■ angenommen □ nicht angenommen

Bestimmung der revidierten Charta	Bulgarien	Frankreich	Italien	Rumänien	Slowenien	Schweden
Art. 1 (1)	■	■	■	■	■	■
Art. 1 (2)	■	■	■	■	■	■
Art. 1 (3)	■	■	■	■	■	■
Art. 1 (4)	■	■	■	■	■	■
Art. 2 (1)	□	■	■	■	■	□
Art. 2 (2)	■	■	■	■	■	□
Art. 2 (3)	□	■	■	□	■	■
Art. 2 (4)	■	■	■	■	■	□
Art. 2 (5)	■	■	■	■	■	■
Art. 2 (6)	■	■	■	■	■	■
Art. 2 (7)	■	■	■	■	■	□
Art. 3 (1)	■	■	■	■	■	■
Art. 3 (2)	■	■	■	■	■	■
Art. 3 (3)	■	■	■	■	■	■
Art. 3 (4)	■	■	■	□	■	□
Art. 4 (1)	□	■	■	■	■	■
Art. 4 (2)	■	■	■	■	■	□
Art. 4 (3)	■	■	■	■	■	■
Art. 4 (4)	■	■	■	■	■	■

Bestimmung der revidierten Charta	Bulgarien	Frankreich	Italien	Rumänien	Slowenien	Schweden
Art. 4 (5)	■	■	■	■	■	
Art. 5	■	■	■	■	■	■
Art. 6 (1)	■	■	■	■	■	■
Art. 6 (2)	■	■	■	■	■	■
Art. 6 (3)	■	■	■	■	■	■
Art. 6 (4)	■	■	■	■	■	■
Art. 7 (1)	■	■	■	■	■	■
Art. 7 (2)	■	■	■	■	■	■
Art. 7 (3)	■	■	■	■	■	■
Art. 7 (4)	■	■	■	■	■	■
Art. 7 (5)	■	■	■	■	■	
Art. 7 (6)	■	■	■	■	■	
Art. 7 (7)	■	■	■	■	■	■
Art. 7 (8)	■	■	■	■	■	■
Art. 7 (9)	■	■	■	■	■	■
Art. 7 (10)	■	■	■	■	■	■
Art. 8 (1)	■	■	■	■	■	■
Art. 8 (2)	■	■	■	■	■	
Art. 8 (3)	■	■	■	■	■	■
Art. 8 (4)	■	■	■	■	■	
Art. 8 (5)	■	■	■	■	■	
Art. 9		■	■	■	■	■

Bestimmung der revidierten Charta	Bulgarien	Frankreich	Italien	Rumänien	Slowenien	Schweden
Art. 10 (1)		■	■		■	■
Art. 10 (2)		■	■		■	■
Art. 10 (3)		■	■		■	■
Art. 10 (4)		■	■		■	■
Art. 10 (5)		■	■		■	■
Art. 11 (1)	■	■	■	■	■	■
Art. 11 (2)	■	■	■	■	■	■
Art. 11 (3)	■	■	■	■	■	■
Art. 12 (1)	■	■	■	■	■	■
Art. 12 (2)		■	■	■	■	■
Art. 12 (3)	■	■	■	■	■	■
Art. 12 (4)		■	■	■	■	
Art. 13 (1)	■	■	■	■		■
Art. 13 (2)	■	■	■	■	■	■
Art. 13 (3)	■	■	■	■	■	■
Art. 13 (4)		■	■			■
Art. 14 (1)	■	■	■		■	■
Art. 14 (2)	■	■	■		■	■
Art. 15 (1)		■	■	■	■	■
Art. 15 (2)		■	■	■	■	■
Art. 15 (3)		■	■		■	■
Art. 16	■	■	■	■	■	■

Bestimmung der revidierten Charta	Bulgarien	Frankreich	Italien	Rumänien	Slowenien	Schweden
Art. 17 (1)		■	■	■	■	■
Art. 17 (2)	■	■	■	■	■	■
Art. 18 (1)		■	■		■	■
Art. 18 (2)		■	■			■
Art. 18 (3)		■	■	■	■	■
Art. 18 (4)	■	■	■	■	■	■
Art. 19 (1)		■	■		■	■
Art. 19 (2)		■	■		■	■
Art. 19 (3)		■	■		■	■
Art. 19 (4)		■	■		■	■
Art. 19 (5)		■	■		■	■
Art. 19 (6)		■	■		■	■
Art. 19 (7)		■	■	■	■	■
Art. 19 (8)		■	■	■	■	■
Art. 19 (9)		■	■		■	■
Art. 19 (10)		■	■		■	■
Art. 19 (11)		■	■		■	■
Art. 19 (12)		■	■		■	■
Art. 20	■	■	■	■	■	■
Art. 21	■	■	■	■	■	■
Art. 22	■	■	■		■	■

Bestimmung der revidierten Charta	Bulgarien	Frankreich	Italien	Rumänien	Slowenien	Schweden
Art. 23		■	■		■	■
Art. 24	■	■	■	■	■	
Art. 25	■	■			■	■
Art. 26 (1)	■	■	■	■	■	■
Art. 26 (2)	■	■	■	■	■	■
Art. 27 (1)		■	■		■	■
Art. 27 (2)	■	■	■	■	■	■
Art. 27 (3)	■	■	■		■	■
Art. 28	■	■	■	■	■	
Art. 29	■	■	■	■	■	■
Art. 30		■	■		■	■
Art. 31 (1)		■	■		■	■
Art. 31 (2)		■	■		■	■
Art. 31 (3)		■	■		■	■